中等职业教育
财经类改革创新示范教材

小企业财务会计实务

◎ 焦建平 主编　　◎ 李明 徐美玲 副主编

人民邮电出版社

北京

图书在版编目（ＣＩＰ）数据

　　小企业财务会计实务 / 焦建平主编. -- 北京：人
民邮电出版社，2014.4
　　中等职业教育财经类改革创新示范教材
　　ISBN 978-7-115-33936-2

　　Ⅰ．①小… Ⅱ．①焦… Ⅲ．①中小企业－财务会计－
中等专业学校－教材 Ⅳ．①F276.3

　　中国版本图书馆CIP数据核字(2014)第007924号

内 容 提 要

　　本书采用项目导向、任务驱动的设计理念，将财务会计的内容划分为 11 个项目：项目一是认知财务会计、明晰核算依据；项目二是记录货币资金、维护资金安全；项目三是认知结算方式、办理资金收付；项目四是记录应收款项、厘清债权资产；项目五是记录存货增减余、把握存货收发存；项目六是记录投资资产、确认投资收益；项目七是记录固定资产增减变化、核算固定资产维修损耗；项目八是记录各项负债、明确责任义务；项目九是记录投入资本、核算留存收益；项目十是确认收入、记录费用、结转利润；项目十一是编制会计报表、呈现经营状况。本书配有同步实训教材《小企业财务会计职业能力训练》。

　　本书主要供中职会计和相关专业教学使用，也可作为社会培训和会计相关人员的工作参考用书。

◆ 主　　编　焦建平
　　副 主 编　李　明　徐美玲
　　责任编辑　刘　琦
　　责任印制　焦志炜

◆ 人民邮电出版社出版发行　　北京市丰台区成寿寺路 11 号
　　邮编　100164　电子邮件　315@ptpress.com.cn
　　网址　http://www.ptpress.com.cn
　　北京天宇星印刷厂印刷

◆ 开本：787×1092　1/16
　　印张：16.25　　　　　2014 年 4 月第 1 版
　　字数：395 千字　　　2014 年 4 月北京第 1 次印刷

定价：35.00 元
读者服务热线：(010)81055256　印装质量热线：(010)81055316
反盗版热线：(010)81055315
广告经营许可证：京崇工商广字第 0021 号

前　言
PREFACE

　　"企业财务会计"课程是中等职业学校会计专业的专业课程,与其配套的实务内容也非常重要。随着我国经济的发展和产业结构的升极,会计制度发生了一系列的变革。因此,为了加强中职学生对企业财务会计规律的认知,强化"以就业为导向、以能力为本位、以实践为主线"的职教思想,编写本书是十分必要的。

　　本书主要具有如下特点。

　　1. 体例新。

　　本书按项目编写,每一个项目下面设有多个任务。在项目的编排上,尽可能贴近小企业的会计核算内容;在任务的讲述中,按知识准备、任务实施展开,从而实现理实一体。

　　2. 内容新。

　　本书依据《小企业会计准则》,结合最新的税收法规,全面讲解了小企业的各会计要素的会计核算及相关涉税事项的处理,特别是税收部分按2014年1月1日在全国范围内推行的"营改增"最新规定进行了编写。

　　3. 配套全。

　　为配合本书的使用,让学生巩固所学知识,提升动手能力,培养职业素养,本书配套编写了同步实训教材《小企业财务会计职业能力训练》。

　　4. 符合中职学生的认知特点。

　　本书遵循会计职业特点和会计教学规律,结合中职学生的认知能力,深入浅出,通俗易懂地讲述了会计理论知识、会计核算的业务节点与账务处理,语言流畅,表达生动,编排活泼,图文并茂,既保持了知识的完整性,又增加了学生学习的主动性和趣味性。

　　本书主要供中职会计和相关专业教学使用,也可作为社会培训和会计相关人员的工作参考用书。

　　本书由江苏省连云港财经高等职业技术学校焦建平担任主编,具体分工如下:项目一、项目二、项目八由焦建平执笔;项目三由江苏金桥盐化集团徐兵执笔;项目四由常熟高新园中等专业学校徐美玲执笔;项目五、项目六由江苏省连云港财经高等职业技术学校王慧执笔;项目七由上饶职业技术学院李明执笔;项目九由江苏省连云港财经高等职业技术学校汪琦执笔;项目十、项目十一由江苏省连云港财经高等职业技术学校蒋晶执笔;最后由焦建平统稿。

　　本书在编写过程中,借鉴了一些专家的著作,在此一并深表谢意!

　　由于编者水平有限,书中难免存在疏漏和不足之处,敬请专家和读者批评、指正。

编者
2013年12月

目 录
CONTENTS

目 录
CONTENTS

目 录
CONTENTS

项目一 认知财务会计、明晰核算依据

项目导航

知识目标

- 了解会计的历史及会计的含义；
- 了解会计核算岗位的设置及部分岗位职责；
- 了解《基本准则》的基本内容；
- 了解《企业会计准则》的基本内容；
- 了解《小企业会计准则》及小企业划分的标准。

能力目标

- 能说出会计发展的历史；
- 能理解会计的含义；
- 能说出《基本准则》的基本内容；
- 能说出《企业会计准则》的基本内容；
- 能判断企业的类型。

会计作为处理企事业单位经济信息的一个信息系统，经历了从单式簿记到复式簿记的发展过程，同时随着相关职能的拓展，也发展成"财务会计"与"管理会计"两个重要的分支。依照《会计法》的要求，每个企事业单位应根据规模大小、经济业务的繁简，设置会计机构、配备会计人员、划分会计核算岗位、明确各岗位的职责权限。在具体的业务核算过程中，遵循相关的会计法律法规。

任务一　认知财务会计

任务导入

因为人们常谈论"会计"，羡慕"会计"职业，我们也就学习了财经院校的热门专业——"会计"。作为一个"准会计人"，我们应该明白：会计是什么，会计是如何发展演化的，会计的职业领域在向哪些方面拓展。

知识准备

一、会计是什么

会计是什么？目前争论的主要有两个观点：一是信息系统论；二是管理活动论。

信息系统论是会计本质观点的一种，认为会计本质上是一个以提供财务信息为主的经济信息系统。所谓会计信息系统论，不过是运用信息系统论的观点，重新认识、界定会计的本质。信息系统论将整个会计程序分解为确认、计量、记录和报告四个环节，认为确认是对各项经济活动的数据按会计要素的本质特征记入会计系统，它包括初始确认和再确认两个步骤，即计量和报告。

管理活动论认为会计是管理生产过程的一种活动，即会计本身具有管理的职能，是一种管理活动。作为一种管理活动，会计的职能总是通过会计工作者从事多种形式的管理工作实现的。会计是企业管理的重要组成部分，起着核心的作用。

目前两种观点有渐趋融合的走向。现在一般认为，会计是处理经济信息的一个信息系统，是通过一系列会计程序和方法，提供决策有用的信息，并积极参与经营管理决策，提高企业经济效益，服务于市场经济的，健康、有序发展的经济管理活动。

二、会计的发展历程

会计是社会生产发展到一定阶段的产物。主要是应一定时期的商业需要而发展的，与经济的发展密切相关。

（一）中国会计发展历程

在会计的产生与发展的长河中，中国会计的发展主要经历了七个重要时期：西周、秦汉、唐宋、明清、清末民初、计划经济和市场经济，如表 1-1 所示。

表 1-1　　　　　　　　　　　中国会计的发展历程

会计特征	时期	政治经济背景	会计人物及事件
单式簿记	西周	西周是我国奴隶社会的鼎盛时期，也是我国奴隶社会会计发展的高潮时代	西周时期出现了会计工作者——"司会"，而且出现了"会计"一词（《周礼·天官》）。这是"会计"在我国历史文献中第一次出现
	秦汉	秦汉时期是我国商品货币经济发展的繁荣时期，也是我国民间会计发展的辉煌时期	秦汉时期出现了早期会计账簿的雏形——籍书 "入-出=余"的基本结算公式在秦朝得到明确的运用
	唐宋	唐宋时期是我国封建经济发展的高峰时期，也是我国会计的全面发展时期，尤其以记账方法的发展最为突出	唐宋时期会计有了专门的结账方法——四柱清册法；唐人李吉甫所著的《元和国计簿》是我国最早的会计专辑

会计特征	时期	政治经济背景	会计人物及事件
复式簿记	明末清初	明清时期，社会经济发生变化，新的生产方式、经营方式和新的剥削关系开始产生，为与之相适应，新的经营管理制度和新的会计核算方法应运而生 自1840年鸦片战争后，中国沦为半封建半殖民地社会，借贷复式簿记随着外资企业在中国的开办传入中国	①明末清初有了我国最早的复式记账法——龙门账，但它还是一种不成熟的复式记账法 ②清末我国引进西方复式簿记，当时它与中式簿记并存，后来又出现了"中式改良簿记" ③借贷记账法正式传入我国始于1905年（清光绪三十一年），其开端是我国学者蔡锡勇所写的《连环账谱》一书的出版发行
	北洋政府	1914年10月颁布了《会计法》	中国历史上第一部会计法
	国民政府	1943年，公布了《会计师法》	
	中华人民共和国	《中华人民共和国会计法》于1985年1月21日，由第六届全国人民代表大会常务委员会第九次会议通过，同年5月1日起施行	新中国第一部会计法 1993年12月29日修订 1999年10月31日第二次修订
		1996年6月17日，财政部印发《会计基础工作规范》	
		2006年2月15日，财政部发布新的企业会计准则体系——1项基本会计准则和38项具体会计准则	于2007年月1日在上市公司施行，同时鼓励其他企业执行，这是我国会计发展史上新的里程碑，其主要特点是"国际趋同"
		2011年10月18日，为了规范小企业会计确认、计量和报告行为，促进小企业可持续发展，发挥小企业在国民经济和社会发展中的重要作用，财政部发布了《小企业会计准则》（财会[2011]17号）	自2013年1月1日起在小企业范围内施行，鼓励小企业提前执行

（二）国外会计发展历程

国外会计发展历程如表1-2所示。

表1-2 　　　　　　　　　　　　　　国外会计发展历程

时期	会计人物及事件
1494年，复式簿记的起源	意大利数学家卢卡·帕乔利《算术、几何、比及比例概要》对实践已久的复式记账方法（借贷记账法）做了系统的总结，全面系统地总结了当时流行的威尼斯复式记账法，并从理论上给予了必要的阐述。这部著作不仅是意大利数学发展史的光辉篇章，而且还开创了会计发展史的新纪元，是人类最早关于复式簿记的划时代的文献
20世纪初，簿记发展为现代的财务会计	狄克西（Lawrence Robert Dicksee，1864～1937年，英国著名会计学家，现代会计学理论的奠基人之一）的《高等会计学》（1903年）、乔治·利司尔（George Liste）的《会计学全书》（1903年）和皮克斯（Francis William Pixley）的《会计学》（1908年）三大名著的出版，奠定了现代会计学的基础
20世纪50年代以后，会计逐渐形成了相对独立的两个分支："财务会计"和"管理会计"	一方面，电子计算技术被推广到会计领域，引起并继续促进会计工艺的彻底革命，使会计的性质、职能和作用发生了很大的变化；另一方面，由于"标准成本"、"预算控制"理论的应用和"泰罗管理"理论的推广，传统的会计逐渐形成了相对独立的两个分支："财务会计"和"管理会计"。前者主要为企业外部利害关系人提供财务信息，而后者主要帮助企业内部管理当局进行经营决策

三、会计职业的未来

"经济越发展，会计越重要"。随着经济的发展，会计职业领域已从传统的记账、算账、报账为主，拓展到内部控制、投融资决策、企业并购、价值管理、战略规划、公司治理、会计信息化等高端管理领域。但是，对于我们初学会计的人来说，应首先掌握记账、算账、报账的能力，即会计核算的能力。

任务实施

描述记账、算账、报账的基本方法与流程

经济活动发生以后，根据经济活动的实际情况填制和审核会计凭证，按照规定的会计科目进行分类核算，并运用复式记账法在有关账簿中进行登记；对于经济活动过程中发生的各项费用，要按照一定的对象进行成本计算；对账簿登记的结果要通过财产清查加以核实，最后在账实相符的基础上，根据账簿记录定期编制会计报表并对外报告，如图 1-1 所示。

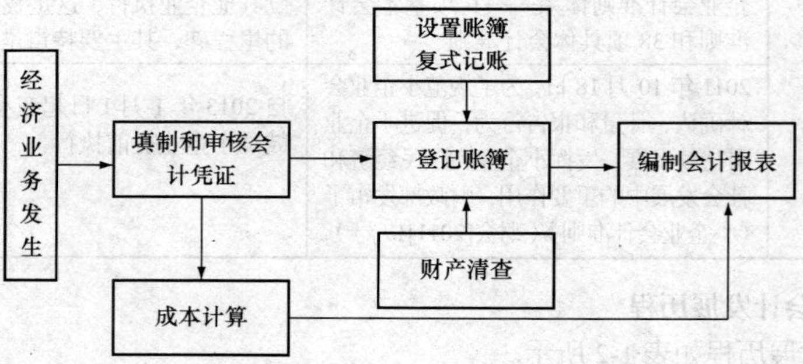

图 1-1　记账、算账、报账的基本方法与流程

任务二　认知会计核算的岗位

任务导入

根据《会计法》的规定，会计核算的内容包括：款项和有价证券的收付；财物的收发、增减和使用；债权债务的发生和结算；收入、支出、费用、成本的计算；财务成果的计算和处理等。不同的核算内容对应形成不同的核算岗位。一个初学会计的人员需要掌握在一个企业中有哪些会计核算岗位，每一会计核算岗位核算的具体内容是什么，这些会计核算岗位应具备哪些任职条件。

一、会计机构设置

在我国《会计法》中对中小企业设置会计机构有如下规定：大、中型企业均应设置会计机构；规模小的企业可以不单独设置会计机构，可以将会计业务并入其他职能部门，或者进行代理记账。

一个单位的规模，往往决定了这个单位内部职能部门的设置，也决定了会计机构的设置与否。一般来说，大中型企业和具有一定规模的事业行政单位，以及财务收支数额较大、会计业务较多的社会团体和其他经济组织都应单独设置会计机构，如会计（或财务）处、部、科、股、组等，以便及时组织本单位各项经济活动和财务收支的核算，实行有效的会计监督，保证会计工作的效率和会计信息的质量。

二、会计岗位划分

会计岗位是指从事会计工作、办理会计事项的具体职位。

会计岗位的划分要从本单位的会计业务量和会计人员配备的实际情况出发，按照效益和精简的原则进行。会计人员的工作岗位一般可分为：总会计师（或行使总会计师职权）；会计机构负责人（会计主管）；出纳；稽核；资本、基金核算；收入、支出、债权债务核算；工资核算、成本费用核算、财务成果核算；财产物资的收发、增减核算；总账；对外财务会计报告编制；会计电算化；会计档案管理等岗位（见表1-3）。这些岗位可以一人一岗、一人多岗或一岗多人，各单位可以根据自身特点具体确定。需要注意的是，为贯彻内部控制中的"钱、财、物"分管的原则，出纳人员不得兼管稽核、会计档案保管及收入、费用、债权债务账目的登记工作。对于企业的会计人员，应有计划地进行岗位轮换，以便会计人员能够比较全面地了解和熟悉各项会计工作，提高业务水平。

表1-3 会计岗位设置

会计岗位名称	会计岗位系统
资金管理系统	资金核算
	往来结算
	工资核算
	出纳
资产管理系统	存货核算
	固定资产核算
转账管理系统	成本会计（含车间核算员）
	税务会计
	财务成果核算
管理控制系统	会计主管
	稽核
	总账报表
	预算管理
	会计电算化管理
	档案管理

三、某企业部分会计岗位职责描述

（一）出纳岗位说明书，如表1-4所示

表 1-4 　　　　　　　　　　　　　　出纳岗位说明书

一、工作标识			
岗 位 名 称	出纳（经办）	岗 位 编 号	
所 在 部 门	财务部	岗 位 编 制	1 人
直接上级岗位名称	财务副经理	直接下属人数	无
直接下级岗位名称	无	岗 位 级 别	

二、工作联系

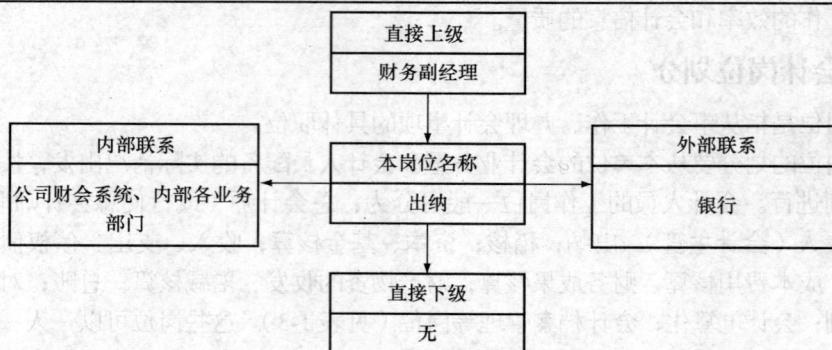

三、岗位目标

主要负责出纳岗位相关业务核算工作，通过协助建立资金收支管理体系和工作标准，实现公司资金的经营等资金管理目标

四、主要工作职责（按业务流程或重要性排序）

职责描述	工作内容	工作标准
政策学习与掌握	1. 熟悉国家和地方相关的政策法规，并结合企业现状，提出相关修订或调整建议	对政策掌握的全面性及建议的可行性
	2. 熟悉公司的财务政策与各项规章制度，能在工作中准确地执行和传达	及时、全面、深入、强化执行
银行和现金业务	1. 及时将银行收付款单据传递给相关会计，提供银行对账单并会同相关岗位会计分析未达账款原因	每日、及时性
	2. 负责现金收发和保管工作，完成网银和资金管理平台中付款录入工作	及时性、准确性、合规性
	3. 结合资金状况，对比各理财品种的流动性和收益率，协助进行投资理财工作	及时性、准确性、合规性
	4. 编制汇总江苏天晴及各全资子公司的资金日报表	及时、准确
票据业务	银行承兑汇票的托收和背书	及时性、安全性
印章管理	财务专用章、转账章、现金付款、收款章的保管，对外需要盖财务章的单位和个人登记备案	合规性、安全性
凭证管理	负责会计凭证的整理装订、内部归档工作	及时、完整
其他日常工作	完成上级领导交办的其他工作任务	保质保量、及时完成

	五、工作权限	
1	收付款相关业务的录入权以及现金的收付讫	
2	对相关业务提出建议	
3	对相关收支业务提出建议，如申购理财	
4	遇到异常情况的建议权	

	六、任职资格
学历	中专及以上
经验要求	
所需资格/职称证书	会计从业资格证
专业知识与技能	财经类相关专业，了解财会相关专业知识
通用技能要求	熟悉 Office 办公软件、SAP 系统操作、网银的基本操作
能力素质要求	有严谨的工作作风；有认真负责的工作态度；有较强的团队协作意识

（二）存货会计岗位说明书，如表1-5所示

表 1-5　　　　　　　　　　存货会计岗位说明书

	一、工作标识		
岗位名称	存货会计	岗位编号	
所在部门	会计部	岗位编制	2 人
直接上级岗位名称	成本核算经理	直接下属人数	无
直接下级岗位名称	无	岗位级别	

二、工作联系

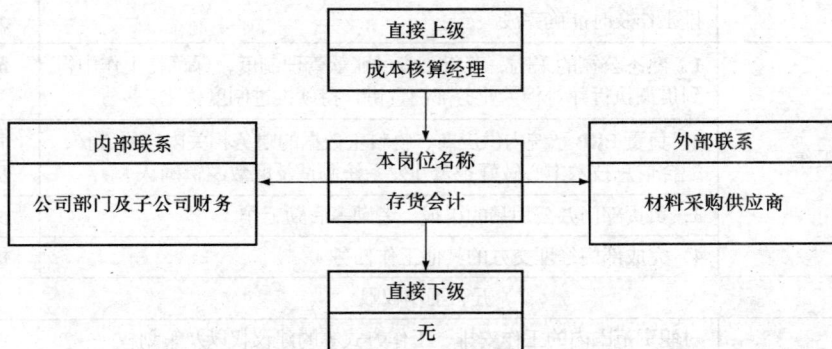

三、岗位目标

在成本核算经理的领导下，负责公司存货资产及材料采购形成的应付账款的核算和管理工作，完善存货、应付账款的核算和管理，完成存货及应付账款各项财务报表的编制，为各级管理人员及相关业务部门提供存货、应付账款管理的有关财务信息，实现存货资产的安全和优良及提升周转效率并为决策提供支持的目标

四、主要工作职责（按业务流程或重要性排序）

职责描述	工作内容	工作标准
存货管理	1．审核采购发票的真实性、合法性及采购业务的合规性，完成采购发票校验，对不合法票据及不合规业务及时反馈给业务部门并做好解释工作	及时校验有效反馈
	2．定期检查存货收发情况，发现异常情况查找原因，并提出相应财务解决方案，负责与各业务部门沟通解决异常情况	及时准确科学合理
	3．向各级管理人员和责任人反馈并追踪库龄 6 个月以上积压存货的形成原因及后续处理情况，给出相应财务处理意见，以保证存货资产优良	反馈及时追踪落实
	4．负责组织并落实存货盘点工作，出具存货盘点报告，对盘点发现的问题给出处理建议，并对存货盘点中的异常事项进行后续追踪反馈	及时盘点报告客观
	5．为公司制定存货安全库存量提供数据支持及合理的财务建议	科学合理
应付账款管理	1．审核付款单据、采购合同条款并编制记账凭证，保证款项支付合规，降低公司资金支付风险	严格执行核算准确
	2．负责每季度与材料类供应商核对往来款项，及时出具应付账款函证报告，确保往来款项清晰真实	科学组织反馈及时
	3．每月向物资供应部反馈预付款、货到发票未到清单，确保发票能够及时入账，进项税金及时抵扣，减少资金占用	及时准确
	4．负责主要原辅料价格调整的市场价格收集调查和整理，参加相应招投标活动中涉及商务条款的洽谈	审核缜密时时监督
相关报表编制	1．编制存货、应付账款的相关报表，根据各子公司提供的财务数据，编写集团层面合并存货分析报告	数据详实编报及时
	2．编制公司内外部审计所需存货、应付账款相关资料，并合理解释，确保内外部审计顺利通过	编制及时合理解释
	3．汇总审核，调整采购、库存、应付账款预算，保证公司预算安排工作及时准确完成	数据详实编报及时
其他工作	1．熟悉公司的采购、存货、应付账款管理制度，保证在工作中得到贯彻执行并对相关业务部门宣讲，持续推进制度优化	精通制度严格执行
	2．负责 ERP 系统内供应商、物料主数据的财务相关内容的维护，配合信息技术中心做好报表开发系统测试及取数逻辑确认	准确维护及时测试
	3．负责部门办公用品的申报、考勤等后勤工作	及时准确
	4．完成部门经理交办的其他工作任务	积极响应

五、工作权限

1	对职责范围内的工作安排、工作方式等的建议权以及策划权
2	存货财务制度授予的审核权

六、任职资格	
学历	大专及以上学历
经验要求	1年以上财会工作经验
所需资格/职称证书	会计从业资格证书
专业知识与技能	财会类相关专业；熟悉国家会计准则，精通存货相关核算方法和分析方法
通用技能要求	熟练操作 Office 办公软件、ERP 软件
能力素质要求	有较好的沟通理解能力、财务分析能力、解决问题能力及数据敏感性，认真负责、积极主动、耐心细致、吃苦耐劳

（三）车间会计核算员岗位说明书，如表1-6所示

表1-6 车间会计核算员岗位说明书

一、工作标识

岗位名称	车间核算员	岗位编号	
所在部门	会计部	岗位编制	
直接上级岗位名称	车间主任、成本主管	直接下属人数	无
直接下级岗位名称	无	岗位级别	

二、工作联系

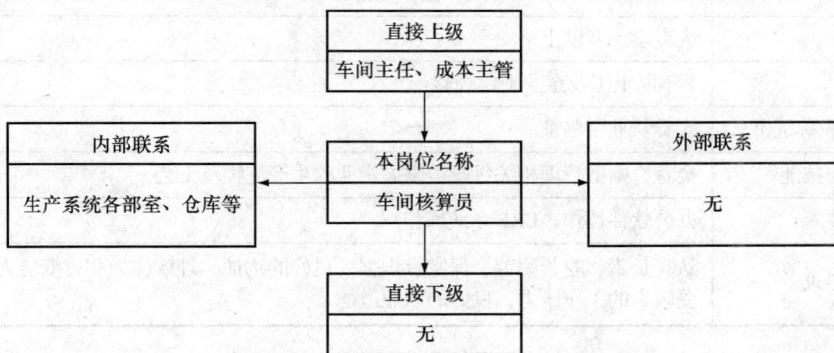

三、岗位目标

在车间主任及成本主管的领导下，负责成本一级核算和车间生产管理服务，为成本核算做好数据的采集、控制和分析，为车间主任提供车间成本中心管理数据支持和合理化建议，实现提升公司成本核算管理水平和车间生产管理水平的目标

四、主要工作职责（按业务流程或重要性排序）

职责描述	工作内容	工作标准
车间成本费用管理	1. 熟悉生产工艺及流程，建议成本核算方法	专业性、建设性
	2. 做好车间生产成本及费用反馈，做好车间主任费用管理助手	
车间物料管理	1. 协调各班组做好领料、退库工作	有效性、及时性、准确性、规范性
	2. 核对材料领料，发现问题后及时与仓库沟通解决	
	3. 车间备品备件、办公用品、劳保用品申报及领用管理	
	4. 盘点车间库房，及时反馈、跟踪发现的问题	

职责描述	工作内容	工作标准
车间生产数据统计	1．每天填制、打印《物料平衡表》,发现问题及时反馈车间技术主管	准确性、有效性、及时性
	2．每天在 ERP 系统内按生产批次及时、准确完成报工	
	3．检查车间成本中心成本、费用发生,发现问题及时沟通;录入车间产品生产作业量和统计指标	
编制相关报表	1．按月编制产品物料单位耗用表	准确性、及时性、合理性、客观性
	2．编制车间制造费用明细表、在产品统计表、设备利用情况统计表、人员效率统计分析表、生产日报表、成本异常报告等,报送车间主任、生产管理部和成本主管	
	3．协助车间主任做好车间年度预算编制、预算执行工作	
其他日常工作	1．协助车间主任车间考勤	及时准确
	2．车间主任及会计部成本主管交办的其他临时性工作	客观评价、及时上报

五、工作权限	
1	对工作范围内的业务、财务情况有了解的权利
2	对工作范围内的事务都有建议权

六、任职资格	
学历	大专学历及以上
经验要求	1 年以上工业企业工作经验
所需资格/职称证书	会计从业资格证
专业知识与技能	会计、财务管理相关经验,掌握企业的生产流程及工艺
通用技能要求	办公软件操作、ERP 系统操作
能力素质要求	认真负责、吃苦耐劳、保密意识强,良好的沟通、理解能力和应变能力,能够承受较大的工作压力,良好的职业道德

任务实施

任务实施一　中小企业应如何设置会计机构

步骤一:知晓《会计法》的相关规定。

《会计法》第三十六条规定:各单位应当根据会计业务的需要,设置会计机构,或者在有关机构中设置会计人员并指定会计主管人员;不具备设置条件的,应当委托经批准设立从事会计代理记账业务的中介机构代理记账。

步骤二:根据本企业的业务规模、会计业务量,确定本企业会计机构的设置。

中小企业可单独设置会计机构;也可在办公室、总务科等机构内设置会计人员;也可请"会计公司"代理记账。

任务实施二 中小企业应设置哪些会计核算岗位

步骤一：知晓会计岗位设置的规定。

一般情况下，企业应该设置会计主管、出纳、固定资产核算、材料物资核算、工资核算、成本核算、收入利润核算、资金核算、总账报表和稽核等会计岗位。

步骤二：根据企业的业务多少，设置会计岗位。

中小企业的任务量较小，可以适当合并减少会计岗位设置，例如，可设出纳、总账报表和明细分类核算等会计岗位。甚至可以只设置出纳和会计两个岗位，出纳管理货币资金（现金、银行存款）；会计管理所有的账务。

任务三 认知会计准则

任务导入

会计人员在进行具体的会计业务核算时，应依据什么来进行核算？不同规模的企业，所遵循的"准则"是否相同？不同类型的业务所遵循的"准则"是否相同？如果出现了新的业务，在现有的"准则"中没有具体规定，又应当如何处置？

知识准备

会计核算的依据是会计准则。

我国的会计准则制定始于 1988 年，于 1992 年 1 月 1 日发布了我国第一个会计准则，并于 1993 年 7 月 1 日开始施行。1997 年至 1999 年，财政部共发布了 16 个具体会计准则（称为旧会计准则）。

2006 年 2 月 15 日，财政部发布了包括 1 个《基本准则》和 38 个具体准则在内的企业会计准则体系（称为新会计准则）。该准则体系自 2007 年 1 月 1 日起首先在上市公司施行，力争在不长的时间内在所有大中型企业中执行。根据财政部在 2011 年 6 月对全国 31 个省、市、自治区、直辖市，5 个计划单列市和新疆生产建设兵团进行的调查，全国大中型企业中超过 90% 已经执行了《企业会计准则》。

2011 年 10 月 18 日，为了规范小企业会计确认、计量和报告行为，促进小企业可持续发展，发挥小企业在国民经济和社会发展中的重要作用，财政部发布了《小企业会计准则》（财会[2011]17 号）。《小企业会计准则》自 2013 年 1 月 1 日起在小企业范围内施行，鼓励小企业提前执行。

目前，我国会计准则分为两个层次：第一层次是《基本准则》；第二层次是《企业会计准则》和《小企业会计准则》。

《基本准则》是准则体系的理论支撑，是准则的准则，在整个会计准则的体系中，具有"统领左右、沟通前后、把握全局"的地位。

《企业会计准则》和《小企业会计准则》是《基本准则》框架下的两个子系统，分别适用于大中型企业和小企业。

一、基本准则

（一）《基本准则》的作用

《基本准则》在企业会计准则体系中具有重要地位，主要体现在以下两个方面。一是统驭作用。《基本准则》规范了包括财务报告目标、会计基本假设、会计基础、会计信息质量要求、会计要素的定义及确认、计量原则、财务报告等在内的基本问题，是制定《企业会计准则》、《小企业会计准则》的基础，可以确保各准则的内在一致性。二是理论支撑。《基本准则》为会计实务中出现的、《企业会计准则》尚未规范的新问题提供会计处理依据。在会计实务中，由于经济交易事项的不断发展、创新，一些新的交易或者事项在《企业会计准则》中尚未规范但又亟须处理，处理时应当严格遵循《基本准则》的要求，尤其是《基本准则》关于会计要素的定义及确认与计量等方面的规定。因此，《基本准则》不仅扮演着《企业会计准则》制定依据的角色，也为会计实务中出现的、《企业会计准则》尚未做出规范的新问题提供了会计处理依据，从而确保了会计准则体系对所有会计实务问题的规范作用。

（二）《基本准则》的内容

《基本准则》的制定吸收了当代财务会计理论研究的最新成果，反映了当前会计实务发展的内在需要，体现了国际上财务会计概念框架的发展动态，构建了完整、统一的财务会计概念体系，从不同角度明确了整个会计准则需要解决的基本问题。

《基本准则》的内容主要包括以下方面。

一是关于财务报告目标。《基本准则》明确了我国财务报告的目标是向财务报告使用者提供决策有用的信息，并反映企业管理层受托责任的履行情况。

二是关于会计基本假设。《基本准则》强调了企业会计确认、计量和报告应当以会计主体、持续经营、会计分期和货币计量为会计基本假设。

三是关于会计基础。《基本准则》坚持了企业会计确认、计量和报告应当以权责发生制为基础。

四是关于会计信息质量要求。《基本准则》建立了企业会计信息质量要求体系，包括可靠性、相关性、可理解性、可比性、实质重于形式、重要性、谨慎性和及时性八个方面。

五是关于会计要素分类及确认、计量原则。《基本准则》将会计要素分为资产、负债、所有者权益、收入、费用和利润六个要素，同时对各要素进行严格定义。会计要素在计量时以历史成本为基础，可供选择的计量属性包括历史成本、重置成本、可变现净值、现值、公允价值等。

六是关于财务报告。《基本准则》为了实现财务报告目标，明确了财务报告的基本概念，包括主要内容和应反映信息的基本要求等。

二、《企业会计准则》

《企业会计准则》是按照《基本准则》的要求，针对各类经济业务做出的具体规定。它的特点是操作性强，可以根据其直接组织相关业务的会计核算。我国目前适用于大中型企业执行的《企业会计准则》的内容包括 38 个具体准则及应用指南和企业会计准则解释（目前 5 个）两大部分。

（一）具体会计准则及应用指南

具体会计准则及应用指南主要规范了五大类业务的会计处理标准。

第一类：通用业务的会计准则（19 个），主要规范各行业共同业务如存货、固定资产、无形资产、职工薪酬、借款费用等业务的会计处理标准。

第二类：特殊业务的会计准则（4 个），主要规范一些特殊业务如外币业务、租赁业务、套期保值等业务的会计处理标准。

第三类：特殊行业的会计准则（4 个），主要规范一些特殊行业如保险、油气等行业中特殊业务的会计处理标准。

第四类：财务报告业务的会计准则（10 个），规范企业主要会计报表编制方法和信息披露的处理标准。

第五类：新旧会计标准衔接的会计准则（1 个），主要规范首次执行企业会计准则的处理标准。

（二）企业会计准则解释

在企业具体会计准则实际执行过程中提出了一些需要解释和进一步明确的问题，为此财政部从 2007 年起陆续制定并发布了 5 个企业会计准则解释。企业会计准则解释以财政部文件的形式发布，其效力等同于企业具体会计准则正文及应用指南，具体包括：

《企业会计准则第 1 号解释》（财会[2007]14 号）；

《企业会计准则第 2 号解释》（财会[2008]111 号）；

《企业会计准则第 3 号解释》（财会[2009]18 号）；

《企业会计准则第 4 号解释》（财会[2010]115 号）；

《企业会计准则第 5 号解释》（征求意见稿）。

三、小企业会计准则

小企业会计准则体系由《小企业会计准则》和附件两部分组成。《小企业会计准则》主要规范小企业通常发生的交易或事项的会计处理原则，为小企业处理会计实务问题提供具体而统一的标准；附件主要规定会计科目的设置、主要账务处理、财务报表的种类、格式编制说明，为小企业执行《小企业会计准则》提供操作性规范。两者相辅相成，相得益彰，共同构成较为完整的小企业会计准则体系。

（一）《小企业会计准则》的适用范围

《小企业会计准则》第二条"本准则适用于在中华人民共和国境内依法设立的，符合《中小企业划型标准规定》所规定的小型企业标准的企业。"

下列三类小企业除外。

（1）股票或债券在市场上公开交易的小企业。

（2）金融机构或其他具有金融性质的小企业。

（3）企业集团内的母公司和子公司。

（二）中小企业划型标准

根据工业和信息化部、国家统计局、国家发展和改革委员会、财政部联合印发的《中小企业划型标准规定的通知》（工信部联企业[2011]300 号），将中小企业划分为中型、小型和微型三种类型，具体标准根据企业从业人员、营业收入、资产总额等指标，结合行业特点制定。

各行业划型标准如下所述。

（1）农、林、牧、渔业。营业收入 20 000 万元以下的为中小微型企业。其中，营业收入 500 万元及以上的为中型企业，营业收入 50 万元及以上的为小型企业，营业收入 50 万元以下的为微型企业。

（2）工业。从业人员 1 000 人以下或营业收入 40 000 万元以下的为中小微型企业。其中，从业人员 300 人及以上，且营业收入 2 000 万元及以上的为中型企业；从业人员 20 人及以上，且营业收入 300 万元及以上的为小型企业；从业人员 20 人以下或营业收入 300 万元以下的为微型企业。

（3）建筑业。营业收入 80 000 万元以下或资产总额 80 000 万元以下的为中小微型企业。其中，营业收入 6 000 万元及以上，且资产总额 5 000 万元及以上的为中型企业；营业收入 300 万元及以上，且资产总额 300 万元及以上的为小型企业；营业收入 300 万元以下或资产总额 300 万元以下的为微型企业。

（4）批发业。从业人员 200 人以下或营业收入 40 000 万元以下的为中小微型企业。其中，从业人员 20 人及以上，且营业收入 5 000 万元及以上的为中型企业；从业人员 5 人及以上，且营业收入 1 000 万元及以上的为小型企业；从业人员 5 人以下或营业收入 1 000 万元以下的为微型企业。

（5）零售业。从业人员 300 人以下或营业收入 20 000 万元以下的为中小微型企业。其中，从业人员 50 人及以上，且营业收入 500 万元及以上的为中型企业；从业人员 10 人及以上，且营业收入 100 万元及以上的为小型企业；从业人员 10 人以下或营业收入 100 万元以下的为微型企业。

（6）交通运输业。从业人员 1 000 人以下或营业收入 30 000 万元以下的为中小微型企业。其中，从业人员 300 人及以上，且营业收入 3 000 万元及以上的为中型企业；从业人员 20 人及以上，且营业收入 200 万元及以上的为小型企业；从业人员 20 人以下或营业收入 200 万元以下的为微型企业。

（7）仓储业。从业人员 200 人以下或营业收入 30 000 万元以下的为中小微型企业。其中，从业人员 100 人及以上，且营业收入 1 000 万元及以上的为中型企业；从业人员 20 人及以上，且营业收入 100 万元及以上的为小型企业；从业人员 20 人以下或营业收入 100 万元以下的为微型企业。

（8）邮政业。从业人员 1 000 人以下或营业收入 30 000 万元以下的为中小微型企业。其中，从业人员 300 人及以上，且营业收入 2 000 万元及以上的为中型企业；从业人员 20 人及以上，且营业收入 100 万元及以上的为小型企业；从业人员 20 人以下或营业收入 100 万元以下的为微型企业。

（9）住宿业。从业人员 300 人以下或营业收入 10 000 万元以下的为中小微型企业。其中，从业人员 100 人及以上，且营业收入 2 000 万元及以上的为中型企业；从业人员 10 人及以上，且营业收入 100 万元及以上的为小型企业；从业人员 10 人以下或营业收入 100 万元以下的为微型企业。

（10）餐饮业。从业人员 300 人以下或营业收入 10 000 万元以下的为中小微型企业。其中，从业人员 100 人及以上，且营业收入 2 000 万元及以上的为中型企业；从业人员 10 人及以上，且营业收入 100 万元及以上的为小型企业；从业人员 10 人以下或营业收入 100 万元以下的为微型企业。

（11）信息传输业。从业人员2 000人以下或营业收入100 000万元以下的为中小微型企业。其中，从业人员100人及以上，且营业收入1 000万元及以上的为中型企业；从业人员10人及以上，且营业收入100万元及以上的为小型企业；从业人员10人以下或营业收入100万元以下的为微型企业。

（12）软件和信息技术服务业。从业人员300人以下或营业收入10 000万元以下的为中小微型企业。其中，从业人员100人及以上，且营业收入1 000万元及以上的为中型企业；从业人员10人及以上，且营业收入50万元及以上的为小型企业；从业人员10人以下或营业收入50万元以下的为微型企业。

（13）房地产开发经营。营业收入200 000万元以下或资产总额10 000万元以下的为中小微型企业。其中，营业收入1 000万元及以上，且资产总额5 000万元及以上的为中型企业；营业收入100万元及以上，且资产总额2 000万元及以上的为小型企业；营业收入100万元以下或资产总额2 000万元以下的为微型企业。

（14）物业管理。从业人员1 000人以下或营业收入5 000万元以下的为中小微型企业。其中，从业人员300人及以上，且营业收入1 000万元及以上的为中型企业；从业人员100人及以上，且营业收入500万元及以上的为小型企业；从业人员100人以下或营业收入500万元以下的为微型企业。

（15）租赁和商务服务业。从业人员300人以下或资产总额120 000万元以下的为中小微型企业。其中，从业人员100人及以上，且资产总额8 000万元及以上的为中型企业；从业人员10人及以上，且资产总额100万元及以上的为小型企业；从业人员10人以下或资产总额100万元以下的为微型企业。

（16）其他未列明行业。从业人员300人以下的为中小微型企业。其中，从业人员100人及以上的为中型企业；从业人员10人及以上的为小型企业；从业人员10人以下的为微型企业。

任务实施

确定江苏环宇公司应执行什么样的《会计准则》

江苏环宇公司成立于2013年1月18日，注册资本200万元，主营食品加工机械的设计、生产与销售。根据企业的工艺流程与设备状况，需要聘请员工200人，年预计销售额1 500万元。

步骤一：对照划型标准，确定公司类型。

对照《中小企业划型标准规定的通知》，江苏环宇公司可以划分为"小型企业"。

步骤二：确定公司现在及未来一段时期内会不会"在市场上公开发行股票或债券"。

江苏环宇公司目前没有、未来一段时期内也不会在市场上公开发行股票或债券。

步骤三：综合相关信息，进行抉择。

因为江苏环宇公司生产经营规模较小，并且现在及未来一段时期内都没有也不会在市场上公开发行股票或债券，所以应当选择执行《小企业会计准则》。

项目总结

  会计是处理经济信息的一个信息系统，是通过一系列会计程序和方法，提供决策有用的信息，并积极参与经营管理决策，提高企业经济效益，服务于市场经济的健康、有序发展的经济管理活动。会计是社会生产发展到一定阶段的产物。"经济越发展，会计越重要"。随着经济的发展，会计职业领域已从传统的记账、算账、报账为主，拓展到内部控制、投融资决策、企业并购、价值管理、战略规划、公司治理、会计信息化等高端管理领域。但是，对于我们初学会计的人来说，应掌握记账、算账、报账的能力，即会计核算的能力。

  会计人员的工作岗位一般可分为：总会计师（或行使总会计师职权）；会计机构负责人（会计主管）；出纳；稽核；资本、基金核算；收入、支出、债权债务核算；工资核算、成本费用核算、财务成果核算；财产物资的收发、增减核算；总账；对外财务会计报告编制；会计电算化；会计档案管理等岗位。

  我国会计准则分为两个层次：第一层次是《基本准则》；第二层次是《企业会计准则》和《小企业会计准则》。《基本准则》是准则体系的理论支撑，是准则的准则，在整个会计准则的体系中，具有"统领左右、沟通前后、把握全局"的地位。

  《企业会计准则》和《小企业会计准则》是《基本准则》框架下的两个子系统，分别适用于大中型企业和小企业。

项目二
记录货币资金、维护资金安全

项目导航

知识目标

- 掌握企业货币资金的组成；
- 理解企业库存现金的管理制度、收支流程；
- 掌握库存现金的核算；
- 知悉银行结算账户的管理制度；
- 掌握银行存款对账的内容；
- 知悉未达账项的形成原因、种类；
- 掌握银行存款余额调节表的编制。

能力目标

- 能说出现金的使用范围；
- 能简约描绘现金内部控制的方法；
- 能处理有关货币资金收支的业务并登记现金日记账和银行存款日记账；
- 能说出货币资金支付程序；
- 能讲述银行存款账户使用的有关规定；
- 能编制银行存款余额调节表。

货币资金是指在企业生产经营过程中处于货币形态的那部分资金，按其形态和用途不同可分为：库存现金、银行存款和其他货币资金。它是企业中最活跃的资金，流动性强，是企业的重要支付手段和流通手段。

任务一　记录与保管库存现金

任务导入

小李从某中专会计专业毕业后，应聘到一家小型制造业企业做第一份"会计"工作——出纳。怀揣职业梦想的小李和所有"会计人"一样从出纳岗位开始职业生涯。

上班的第一天，财务科长就告诉小李出纳岗位的工作内容与工作职责，包括根据记账凭证收付现金；按规定每日登记现金日记账；每日负责盘清库存现金，核对现金日记账；按规定程序保管现金，保证库存现金及有价证券安全；保管好各种空白支票、票据、印鉴等。

同学们，你的第一份"会计"工作也很可能是出纳，主要的工作内容也就是记录与保管库存现金等。下面我们就一起开始专业知识的学习与专业技能的训练吧。

知识准备

一、库存现金

会计上的现金有狭义和广义之分。

狭义的现金是指企业的库存现金；广义的现金是指除了库存现金外，还包括银行存款和其他符合现金定义的票证等。

本章所指现金的定义是指狭义的现金，即库存现金，它是企事业单位为了满足经营过程中零星支付需要而保留的、由出纳人员保管的、存放于财会部门的现钞，包括人民币现金和外币现金。

提醒你　由相关业务部门借支用于本部门零星开支并由相关业务部门自行保管的；或商业零售企业各营业柜组备作找零的款项属于"备用金"项目，不是会计核算上所讲的现金。

二、库存现金的管理制度

（一）现金的收支范围

1. 企业可以用现金收入的款项（即现金收入的范围）

（1）单位和个人交回剩余差旅费和备用金等。

（2）收取不能转账的单位或个人的销售收入。

（3）不足转账起点的定额收入等。

除上述项目可以直接收入现金外，其余收款业务原则上都应通过银行转账结算。

2. 企业可以用现金支出的款项（即现金支出的范围）

（1）职工工资、津贴、奖金和各种劳保福利费。

（2）个人劳务报酬。

（3）根据国家规定发给个人的科学技术、文化艺术、体育等奖金。

（4）各种劳保、福利以及国家规定的对个人的其他支出。

（5）向个人收购农副产品和其他物资的价款。

（6）出差人员必须随身携带的差旅费。

（7）结算起点 1 000 元以下的零星支出。

（8）中国人民银行确定需要支付现金的其他支出。

（二）库存现金限额

库存现金限额是根据企业的规模、日常现金付出量和企业与银行的距离远近等条件，由开户银行与企业共同商定的企业库存现金的最高限额。库存现金限额一般不超过 3～5 天的日常零星开支量；离银行较远、交通不便的，不超过 15 天的零星开支量。企业对超过限额的现金，必须当日或次日送存银行。

（三）货币资金支付业务办理程序

（1）支付申请。单位有关部门或个人用款时，应当提前向审批人提交货币资金支付申请，注明款项的用途、金额、预算、支付方式等内容，并附有效经济合同或相关证明。

（2）支付审批。审批人根据其职责、权限和相应程序对支付申请进行审批。对不符合规定的货币资金支付申请，审批人应当拒绝批准。

（3）支付复核。复核人应当对批准后的货币资金支付申请进行复核，复核货币资金支付申请的批准范围、权限、程序是否正确，手续及相关单证是否齐备，金额计算是否准确，支付方式、支付单位是否妥当等。复核无误后，交由出纳人员办理支付手续。

（4）办理支付。出纳人员应当根据复核无误的支付申请，按规定办理货币资金支付手续，并及时登记现金和银行存款日记账。

单位对于重要货币资金支付业务，应当实行集体决策和审批，并建立责任追究制度，防范贪污、侵占、挪用货币资金等行为。

【知识链接】

> 现金管理工作的"十不准"：
> 1. 不准坐支现金；
> 2. 不准以白条顶替现金；
> 3. 不准挪用现金；
> 4. 不准私人借用公款；
> 5. 不准单位之间套换现金；
> 6. 不准假造用途套取现金；
> 7. 不准将单位收入的现金以个人名义存储；
> 8. 不准用银行账户代其他单位存入或支取现金；
> 9. 不准用任何票证代替人民币；
> 10. 不准超库存限额存留现金。

三、确认、记录库存现金使用的科目（账户）与账簿

（一）"库存现金"科目（账户）

（1）定义：用于核算企业的库存现金收支及结存情况。

（2）核算内容：借方反映企业库存现金的增加，贷方反映库存现金的减少，余额在借方，反映库存现金实有数额。

（3）明细账的设置：有外币现金的企业，应分别就人民币和各种外币设置"库存现金日记账"进行明细核算。

（二）"库存现金"账簿

1. 用于序时核算的库存现金日记账

"库存现金日记账"由出纳员根据现金收款凭证、付款凭证和涉及现金的银行存款付款凭证按照业务发生的先后顺序逐笔登记。每日终了，应结出账面余额，并与实际库存额核对相符。"库存现金日记账"账页格式有三栏式和多栏式，一般采用三栏式，如表2-1所示。

表2-1　　　　　　　　　　　　　　　　库存现金日记账

2012年 月	日	凭证编号	摘要	对方科目	借方 百	十	万	千	百	十	元	角	分	贷方 百	十	万	千	百	十	元	角	分	借或贷	余额 百	十	万	千	百	十	元	角	分
11	2		承前页				3	6	9	2	3	5	8			4	5	1	3	6	7	0	借				1	3	4	7	8	2
	2		提取现金				1	7	0	0	0	0	0										借			1	8	3	4	7	8	2
	2		徐良借差旅费														1	0	0	0	0	0	借			1	7	3	4	7	8	2

2. 用于总分类核算的库存现金总分类账

"库存现金总分类账"是根据"库存现金"总分类账户设置的，用来总括地反映企业库存现金增减变化的，提供总括性的会计核算资料的账户。总账账页的格式一般采用"三栏式"，如表2-2所示。

表2-2　　　　　　　　　　　　　总账账户名称：库存现金

年 月	日	凭证编号	摘要	借方 百	十	万	千	百	十	元	角	分	贷方 百	十	万	千	百	十	元	角	分	借或贷	余额 百	十	万	千	百	十	元	角	分

"总分类账"可以直接根据各种记账凭证逐笔进行登记，也可以把各种记账凭证先汇总，编制成汇总记账凭证或科目汇总表后再据以进行登记。

四、备用金

（一）备用金的定义

备用金是企事业单位或其他经济组织等拨付给非独立核算的内部单位或工作人员备作差旅费、零星采购、零星开支等用途的款项。

（二）备用金的管理方式

一种是"一次性备用金"，它的特点是"先借后用，用后报销"，预借备作差旅费、零星采购等用途的备用金，一般采用"一次性备用金"。

另一种是"定额备用金"。定额备用金是指企业内部的某一用款部门按定额持有的备用金。实行这种制度，通常是根据用款部门的实际需要，由财会部门会同有关用款部门核定备用金定额并拨付款项，同时规定其用款和报销期限，待用款部门实际支用后，凭有效单据向财会部门报销，财会部门根据报销数用现金补足备用金定额。报销数和拨补数都不再通过"其他应收款"账户核算。这种方法便于企业对备用金的使用进行控制，并可减少财会部门日常的核算工作，一般适用于有经常性费用开支的内部用款单位。

（三）核算备用金的会计科目

根据《小企业会计准则》规定，备用金的核算采用"其他货币资金"账户。

（四）"其他货币资金"账户

（1）定义：核算企业的外埠存款、银行本票存款、银行汇票存款、信用卡存款、信用证存款和存出投资款及备用金的增减变动和结余情况。

（2）核算内容：借方登记其他货币资金的增加数，贷方登记其他货币资金的减少数，期末余额在借方，反映企业其他货币资金的结余数。

（3）明细账的设置：按其种类设置"外埠存款"、"银行本票"、"银行汇票"、"信用卡"、"信用证保证金"和"存出投资款"及"备用金"等明细科目。

五、库存现金的清查

为避免库存现金收支出现差错，防止工作中的错误，保证做到账实相符，企业出纳和会计主管、内部稽核人员应定期或不定期对库存现金进行核对和清查。

（一）库存现金盘点清查的方法

（1）出纳人员每日终了要对库存现金进行清点，并将清点确认的库存现金实有数（不包括借条、收据等白条）与现金日记账的每天余额核对相符；如发现账款不符，产生现金溢余或短缺，要及时查明原因，按有关规定进行处理。

（2）会计主管人员或企业内部稽核人员应定期或不定期对现金进行清点，清查时，出纳人员必须在场，清查后，应填写"库存现金清查盘点报告单"，并签章确认。

（二）核算财产盘盈、盘亏和毁损的会计科目

根据《小企业会计准则》规定，财产盘盈、盘亏和毁损的核算采用"待处理财产损溢"账户。

（三）"待处理财产损溢"账户

（1）定义：核算小企业在清查财产过程中查明的各种财产盘盈、盘亏和毁损的价值；物资在运输途中发生的非正常短缺与损耗，也通过本科目核算。

（2）核算内容：借方登记盘亏、毁损的各项资产损失的价值及结转的盘盈的净收益；贷方登记盘盈的各项资产的价值及结转的盘亏的净损失；期末一般没有余额。

（3）明细账的设置：按"待处理流动资产损溢"和"待处理固定资产损溢"进行明细核算。

（四）库存现金盘点的业务节点与账务处理

库存现金盘点的业务节点与账务处理如表 2-3 所示。

表 2-3   库存现金盘点的业务节点与账务处理

业务节点	账务处理
发现现金溢余	按现金溢余金额借记"库存现金",贷记"待处理财产损溢——待处理流动资产损溢"
经批准,处理现金溢余	属于应支付给有关人员或单位的,转入"其他应付款——应付现金溢余"账户,属于无法查明原因的现金溢余,经批准后,转入"营业外收入——现金溢余"
发现现金短缺	按现金短缺金额借记"待处理财产损溢——待处理流动资产损溢",贷记"库存现金"
经批准,处理现金短缺	属于应由责任人赔偿的部分,转入"其他应收款——应收现金短缺";属于企业多付或少收其他单位或个人的,先转入"其他应收款",并及时向对方收回;属于无法查明的其他原因,根据管理权限,经批准后转入"管理费用"账户

任务实施

任务实施一 提取现金,以作备用

步骤一:填写现金支票、加盖预留印鉴如图 2-1 所示。

图 2-1 现金支票

注意:在现金支票的背面也要加盖预留的印鉴。

步骤二:到银行提取现金。

步骤三:根据现金支票存根,编制会计分录如下。

借:库存现金   17 000

　　贷:银行存款——中行开发区支行   17 000

步骤四:登记"库存现金日记账"(见表 2-1)

任务实施二 一次性备用金

步骤一:审核"借款单"(见图 2-2)、付出"库存现金",编制会计分录,登记"库存现金日记账"。

借　　据

2012 年 11 月 2 日

借款单位	厂部办公室徐良		
用途	出差预借差旅费		
金额（大写）人民币壹仟元整		￥1 000.00	
还款计划	2012 年 11 月 5 日		
领导批准	张定忠	借款人签字（盖章）	徐良

图 2-2　借据

借：其他货币资金——备用金（徐良）　　　　　　　　　　　　　1 000

　　贷：库存现金　　　　　　　　　　　　　　　　　　　　　　　　1 000

步骤二：在徐良出差回来后，向财务部门报销差旅费时，审核"报销单"（见图 2-3），结算应收徐良的借款。

出差费用报销单

填报日期：2012 年 11 月 5 日

出差人员		徐良		部门		厂部办公室		事由			公务活动		
月 日	起止 时间		起迄 地点	车船费		途中 补贴	住勤补贴		误餐补贴			住宿 费	市内 交通 费	其他
				车次	金额	金额	天数	金额	中	晚	金额			
11/2	午时分		徐州至上海		80							700		
	午时分													
11/5	午时分		上海至徐州		70		4	280					70	
	午时分													
支出小计					150			280				700	70	
预借金额	1 000	支出（报销）金额	1 200	应付（退）			200							
领导审核	张定忠		报销人签章	徐良		说明								

图 2-3　出差费用报销单

借：管理费用——差旅费　　　　　　　　　　　　　　　　　　　1 200

　　贷：其他货币资金——备用金（徐良）　　　　　　　　　　　　1 000

　　　　库存现金　　　　　　　　　　　　　　　　　　　　　　　　200

（注：此笔业务可以这样理解，财务部门在办理徐良报销业务时，收到了 1 200 元的经审核后的单据，应作为企业的"管理费用"处理，增加"管理费用"；同时徐良是用经审核后的单据来偿还借款的，故应减少"其他货币资金——备用金（徐良）"1 000 元，结清徐良的债务；最后，因徐良只借了 1 000 元，而实际报销的是 1 200 元，则财务部门还要付给徐良 200 元，财务部门减少库存现金 200 元。）

任务实施三　定额备用金

步骤一：江苏环宇公司的后勤管理部实行定额备用金制度。11 月 6 日，财会部门根据核定的备用金定额 2 000 元，开出现金支票拨付。

    借：其他货币资金——备用金（总务科）   2 000

        贷：银行存款   2 000

    步骤二：11 月 26 日，江苏环宇公司的后勤管理部向财会部门报销日常办公用品费 1 530 元，财会部门经审核有关单据后，同意报销，并以现金补足定额。

    借：管理费用——办公费   1 530

        贷：库存现金   1 530

任务实施四　库存现金的盘点

    步骤一：11 月 15 日有关人员对库存现金清查盘点后，发现盘亏 350 元，如图 2-4 所示。

库存现金清查盘点报告单

单位名称：江苏环宇公司　　　　　2012 年 11 月 15 日　　　　　　　　金额单位：元

实存金额	账面余额	盘　盈	盘　亏	备　注
850	1 200		350	

盘点人：×× 　　　　监盘人：×× 　　　　制表人：×× 　　　　出纳员：××

图 2-4　库存现金清查盘点报告单

    借：待处理财产损溢——待处理流动资产损溢   350

        贷：库存现金   350

    步骤二：11 月 19 日，查明短缺原因，其中 250 元是出纳员李梅工作失职造成，应由其负责赔偿；另外 100 元无法查明原因，经批准后转作管理费用。

    借：其他应收款——应收现金短款（李梅）   250

        管理费用——现金短缺   100

        贷：待处理财产损溢——待处理流动资产损溢   350

    步骤三：11 月 28 日，江苏环宇公司在现金清查中，发现现金溢余 20 元，原因待查。

    借：库存现金   20

        贷：待处理财产损溢——待处理流动资产损溢   20

    步骤四：11 月 30 日，无法查明现金溢余原因，经批准后转作"营业外收入"。

    借：待处理财产损溢——待处理流动资产损溢   20

        贷：营业外收入——流动资产盘盈利得   20

任务二　记录与核对银行存款

📢 任务导入

    出纳工作包括现金出纳与银行出纳两个方面，在大型企业中，它是两个岗位，由两人或更多人员承担；但在中小企业，一般是由一个人来完成的。所以，小李的科长就告诉小李：出纳工作除了"保管与记录库存现金"外，还有就是"记录与核对银行存款"。需要知悉国家有关银行账户的使用政策，几乎每天要到银行办理资金的收付业务，拿取各种结算单据，记录与核对银行存款。

知识准备

一、银行存款

银行存款是指企业存入银行或其他金融机构的货币资金。广义的银行存款包括银行结算户存款、其他货币资金等一切存入银行或其他金融机构的货币资产。狭义的银行存款仅指银行结算户存款，简称为"银行存款"，包括人民币存款和外币存款。本书讲的银行存款均指结算户存款。

二、企业银行结算账户的开立

银行结算账户是指银行为存款人开立的办理资金收付结算的人民币活期存款账户。

银行结算账户按存款人分为单位银行结算账户和个人银行结算账户。

凡是独立核算的企业都必须在当地银行开设账户，以办理存款、取款和支付结算。企业在银行开设的存款账户分为基本存款账户、一般存款账户、临时存款账户和专用存款账户。

（1）基本存款账户是存款人因办理日常转账结算和现金收付需要开立的银行结算账户。基本存款账户是存款人的主办账户。存款人日常经营活动的资金收付及工资、奖金和现金的支取，应通过该账户办理。

（2）一般存款账户是存款人因借款或其他结算需要，在基本存款账户开户银行以外的银行营业机构开立的银行结算账户。用于办理存款人借款转存、借款归还和其他结算的资金收付。该账户可以办理现金缴存，但不得办理现金支取。

（3）临时存款账户是存款人因临时需要并在规定期限内使用而开立的银行结算账户。临时存款账户用于办理临时机构以及存款人临时经营活动发生的资金收付。

（4）专用存款账户是存款人按照法律、行政法规和规章，对其特定用途资金进行专项管理和使用而开立的银行结算账户。

提醒你

企业可以自主选择银行，但一个企业只能选择一家银行的一个营业机构开立一个基本存款账户，不得在多家银行机构同时开立基本存款账户。

企业要合法使用银行账户，不准出租、出借银行账户；不准签发空头支票和远期支票，以套取银行信用；不得签发、取得和转让没有真实交易和债权债务的票据，以套取银行和他人的资金；不准无理拒付款项，任意占用他人资金；不准违反规定开立和使用账户。

三、银行存款的内部控制

（一）单位应当严格按照《支付结算办法》等国家有关规定，加强银行账户的管理，严格按照规定开立账户，办理存款、取款和结算。单位应当定期检查、清理银行账户的开立及使用情况，发现问题，及时处理。单位应当加强对银行结算凭证的填制、传递及保管等环节的管理与控制。

（二）单位应当严格遵守银行结算纪律，不准签发没有资金保证的票据或远期支票，以套取银行信用；不准签发、取得和转让没有真实交易和债权债务的票据，以套取银行和他人资金；不准无理拒绝付款，任意占用他人资金；不准违反规定开立和使用银行账户。

（三）单位应当指定专人定期核对银行存款账户，每月至少核对一次，编制银行存款余额调节表，使银行存款账面余额与银行对账单余额调节相符，如调节不符，应查明原因，及时处理。需要特别强调的是，为了加强对银行存款风险的管制，银行存款余额调节表应由出纳以外的人员编制。

（四）单位应当加强与货币资金相关的票据的管理，明确各种票据的购买、保管、领用、背书、转让、注销等环节的职责权限和程序，并专设登记簿进行记录，防止空白票据的遗失和盗用。

（五）单位应当加强银行预留印鉴的管理。财务专用章应由专人保管，个人名章必须由本人或其授权人员保管。严禁一人保管支付款项所需的全部印章。按规定需要有关负责人签字或盖章的经济业务，必须严格履行签字或盖章手续。

（六）支付银行存款时，应按支付申请、支付审批、支付复核、办理支付等程序办理。

四、记录银行存款的账户

（一）总分类账户

为了总括反映银行存款的收支和结存情况，企业应设置"银行存款"总分类账户（见表2-4），进行总分类核算。

表2-4　　　　　　　　　　　银行存款总分类账户
账户名称：银行存款

年		凭证编号	摘要	借　方									贷　方									借或贷	余　额								
月	日			百	十	万	千	百	十	元	角	分	百	十	万	千	百	十	元	角	分		百	十	万	千	百	十	元	角	分

它可以直接根据涉及库存现金、银行存款的记账凭证逐笔进行登记，也可以把记账凭证先行汇总，编制成汇总记账凭证或科目汇总表后再据以进行登记。

（二）银行存款序时核算

为了随时掌握银行存款的收支和结存余额，合理调度资金，组织货币资金的收支平衡，提供信息资料，要求一切有资金结算业务的单位都要设置银行存款日记账，对银行存款进行序时核算。

企业应按开户银行、其他金融机构、存款种类及货币种类分别设置银行存款日记账，逐日逐笔记录银行存款收支及结存情况。

银行存款日记账的账页格式大致可分为"三栏式"、"多栏式"和"收付分页式"三种，实际工作中普遍采用"三栏式"账页，其格式与登记要求与"库存现金日记账"相同。

五、银行存款的核对

在生产经营过程中，企业所发生的资金收付，绝大部分是通过银行以转账结算方式进行的，因此，银行存款的存取业务非常频繁；而且企业与银行的凭证传递和记账时间往往不一致，为及时发现记账错误和银行存款收付业务中存在的问题，查明银行存款的实有数，保证企业主要货币资金的安全、完整，应定期和不定期组织银行存款的核对。

（一）银行存款核对的内容

银行存款的核对包括银行存款的账证核对、账账核对和账单核对。

（1）银行存款的账证核对是指将银行存款日记账与银行存款收、付款凭证进行核对。检查记账金额、记账方向是否一致，避免发生重记、漏记、记错方向、记错数字的现象，做到账证相符。这一核对工作应在登记银行存款日记账时进行。

（2）银行存款的账账核对是将银行存款日记账与银行存款总账进行核对。这两种账簿是由不同人员分别登记的，银行存款日记账是由出纳人员根据银行存款收、付款凭证和库存现金付款凭证登记的，而银行存款总账一般由其他会计人员根据汇总收付款凭证或科目汇总表登记，在记账或汇总过程中，可能会产生差错，所以期末应进行账账核对，检查银行存款日记账和总账的期末余额、借方发生额合计数及贷方发生额合计数是否相符。

（3）银行存款的账单核对，即将银行存款日记账与开户银行开出的银行对账单进行核对。企业把款项存入银行，企业要逐日逐笔登记银行存款日记账；银行接受企业的存款，也要逐笔逐日登记分户账。银行所登记的分户账每月至少给企业一张用以对账，这就是我们常说的银行对账单，所以，银行对账单实际就是银行接受企业的存款所记的账。企业的银行存款日记账与银行的对账单所记的内容是相同的，都是企业的银行存款，因此，它们的收支变动的情况和结果应该相同。企业银行存款的清查，不能像现金那样采用实地盘点的方法，只须进行账单核对，即用企业的银行存款日记账与银行转来的银行对账单核对。账单核对每月至少一次。核对时，应将每笔银行存款收支业务的凭证种类、编号、摘要内容、方向、金额等逐项进行检查，经核对相符的，在对账单上分别做出"√"标记。如有未达账项，导致账单余额不符，应通过编制银行存款余额调节表进行调节，调整完未达账项后的余额应当相符。如果未达账项调整完后余额还不相符，则说明企业和开户银行某一方或双方账目发生错误。属于开户银行错误的，应当与银行核查更正；属于企业错误的，应画出错误所在，区分漏记、重记、错记或串户等情况，采用正确的方法进行更正。

（二）未达账项

未达账项是指由于凭证传递时间先后顺序不同，造成企业和银行之间的记账时间不一致，即一方接到凭证已经记账，而另一方未接到凭证尚未记账的款项。未达账项是银行存款收付结算业务中的正常现象。

未达账项有以下四种情况。

第一，银行代企业收款，已经收妥并已记账，而企业尚未收款记账。如企业委托银行收款，银行已收妥并已记账，而收账通知尚未转到企业，企业尚未记账。

第二，银行代企业付款，款已付出并已记账而企业尚未付款记账。如电力、电信、自来水等单位委托银行向企业收取款项，银行已办理付款转账手续，企业未接到付款通知，未记账。

第三，企业已收款记账而银行尚未收款记账。如企业收到外来转账支票送存银行，银行尚未办理转账手续。

第四，企业已付款记账而银行尚未付款记账。如企业开出支票并已记账，而接受单位未及时送存银行，银行未记账。

（三）银行存款余额调节表的编制

如前所述，企业银行存款日记账与银行对账单所记录的是同一事项：企业银行存款的收支及结余。在记账过程中，企业银行存款日记账与银行对账单应是同增同减，而且余额也应是相等的。银行存款余额调节表（见表2-5），就是在企业银行存款日记账与银行对账单账面余额的基础上，各自加上对方已收，本单位未收账款数额，减去对方已付，本单位未付账款数额，以调整双方余额使其一致的一种调节方法。

表 2-5 银行存款余额调节表

项　目	余　额	项　目	金　额
企业银行存款日记账余额 +银行已收企业未收的款项 -银行已付企业未付的款项		银行对账单余额 +企业已收银行未收的款项 -企业已付银行未付的款项	
调节后银行存款余额		调节后银行存款余额	

调节后银行存款余额，如果相等，则说明双方账目一般没有错误，如果调节后余额不相等，则可能是银行记账有错误，也可能是企业记账有错误，应查明原因予以更正。

提醒你　　银行存款余额调节表中调节后的存款余额，既不是企业账面余额，也不是银行账面余额，而是对账日包括未达账项在内的企业存款实有数额，是企业可以动用的银行存款实际数额。企业不应也不需要根据调节后的余额调整银行存款日记账的余额，因为未达账项不是记账错误。对于银行已入账而企业尚未入账的未达账项，企业应该等待，应在收到有关结算凭证后再进行有关账务处理，也就是说"银行存款余额调节表"不能作为记账依据。

任务实施

编制银行存款余额调节表

资料：江苏环宇公司2013年12月31日银行存款日记账账面余额为95 200元（见表2-6），银行对账单的余额为96 700元（见表2-7）。两者余额不相符，应编制银行存款余额调节表。

表 2-6　　　　　　　　　　　银行存款日记账　　　　　金额单位：元

2013 年		结算凭证		摘要	借方	贷方	余额
月	日	种类	号数				
12	17			承前页	2 356 890.70	1 678 653.35	380 500.00
				略			
	29	特转	1902#	存款利息	350.00		91 300 .00
	30	银行汇票	9107#	收销货款	5 500.00		96 800.00
	31	转账支票	3605#	支付货款		1 600.00	95 200.00
12	31			月末余额			95 200.00

表 2-7　　　　　　　　　　　银行对账单

开户单位：江苏环宇公司　　　　　　　　　　　　　　　　　金额单位：元

2013 年		结算凭证		摘要	借方	贷方	余额
月	日	种类	号数				
12				略			
				略			
	29	特转	1902#	存款利息		350.00	91 300 .00
	30	电汇凭证	9107#	代收销货款		5 800.00	97 100.00
	31	委托收款凭证	3605#	支付电话费	400.00		96 700.00
12	31			月末余额			96 700.00

步骤一：逐笔核对银行存款日记账和银行对账单，找出双方存在的未达账项。

（1）银行已将一笔委托收款 5 800 元入账，而企业尚未接到收款通知；

（2）银行已支付电话费 400 元，而企业尚未接到付款通知；

（3）企业送存银行的销货款 5 500 元，银行尚未入账；

（4）企业签发转账支票一张，票面金额为 1 600 元，持票人尚未到银行办理转账手续。

步骤二：编制银行存款余额调节表，如表 2-8 所示。

表 2-8　　　　　　　　　　　银行存款余额调节表

2013 年 12 月 31 日　　　　　　　　　　　　　单位：元

项　目	金　额	项　目	金　额
企业"银行存款日记账"余额	95 200	银行对账单余额	96 700
加：银行已收款入账而企业尚未收款入账的款项	5 800	加：企业已收款入账而银行尚未收款入账的款项	5 500
减：银行已付款入账而企业尚未付款入账的款项	400	减：企业已付款入账而银行尚未付款入账的款项	1 600
调整后的存款余额	100 600	调整后的存款余额	100 600

任务三　记录其他货币资金

任务导入

　　小李在出纳工作中，除了库存现金的收付、银行存款的收付外，还经常办理银行汇票、银行本票、信用卡、信用证等方式的结算，也曾把款项汇往企业外地办事机构开设的临时账户，形成"外埠存款"。以上这些就是货币资金的第三种表现形式——"其他货币资金"。

知识准备

一、其他货币资金的定义

　　其他货币资金是指企业除现金、银行存款以外的其他各种货币资金，包括外埠存款、银行汇票存款、银行本票存款、信用卡存款、信用证保证金存款以及存出投资款等。

二、其他货币资金的种类

　　外埠存款是企业到外地进行临时零星采购时，汇往采购地银行开立采购专户的款项；

　　银行汇票存款是企业为取得银行汇票按照规定存入银行的款项；

　　银行本票存款是企业为取得银行本票按照规定存入银行的款项；

　　信用卡存款是指企业为取得信用卡按照规定存入银行的款项；

　　信用证存款是企业存入银行作为信用证保证金专户的款项；

　　存出投资款是指企业已经存入证券公司但尚未购买股票、基金等投资对象的款项。

任务实施

　　计算确定"其他货币资金"的金额。

　　资料：2013 年 10 月 31 日，江苏环宇公司财会部门保管的有价证券等财物如下。

　　（1）从银行购入的空白现金支票（编号：20003612 至 20003650）和空白转账支票（编号：200078089 至 200078100）；

　　（2）向银行申请办理的银行汇票二张，金额分别为：200 000 元 150 000 元；

　　（3）向银行申请办理的信用卡，信用卡余额为 36 000 元；

　　（4）南京东方公司签发并承兑的商业汇票一张，面值金额 80 000 元，到期日 2013 年 12 月 31 日；

　　（5）从购货单位风华公司接收的"转账支票"一张，签发日期 2013 年 10 月 30 日，金额 117 000 元，收款人为本公司。

　　步骤一：对以上票据进行分析，确定各自的属性。

空白现金支票和空白转账支票是企业重要的空白凭证，不具有资产属性，不是企业资产；外单位签发并承兑的商业汇票属于"应收票据"资产；从购货单位接收的"转账支票"在办理进账手续后会增加"银行存款"；向银行申请办理的"银行汇票"和"信用卡"符合"其他货币资金"的定义。

步骤二：确定"其他货币资金"的明细科目及金额。

向银行申请办理的银行汇票应确认为："其他货币资金——银行汇票存款"，金额350 000元；

向银行申请办理的信用卡应确认为："其他货币资金——信用卡存款"，金额36 000元。

【知识链接】

出纳员"三字经"

出纳员，很关键；静头脑，清杂念。业务忙，莫慌乱；情绪好，态度谦。取现金，当面点；高警惕，出安全。收现金，点两遍；辨真假，免赔款。支现金，先审单；内容全，要会签。收单据，要规范；不合规，担风险。账外账，甭保管；违法纪，又罚款。长短款，不用乱；平下心，细查点。借贷方，要分清；清单据，查现款。月凭证，要规整；张数明，金额清。库现金，勤查点；不压库，不挪欠。现金账，要记全；账款符，心坦然。

项目总结

本项目共有三个任务，其中任务一主要讲述了库存现金的管理制度；库存现金的两种核算形式（序时核算和总分类核算）及不同的账户（日记账和总分类账）；盘点库存现金的方法与核算方法，对现金溢余，先按现金溢余金额借记"库存现金"，贷记"待处理财产损溢——待处理流动资产损溢"；查明原因后，属于应支付给有关人员或单位的，转入"其他应付款——应付现金溢余"账户，属于无法查明原因的现金溢余，经批准后，转入"营业外收入——现金溢余"；对现金短缺，先按现金短缺金额借记"待处理财产损溢——待处理流动资产损溢"，贷记"库存现金"；查明原因后，属于应由责任人赔偿的部分，转入"其他应收款——应收现金短缺"账户；属于企业多付或少收其他单位或个人的，应先转入"其他应收款"，并及时向对方收回；属于无法查明的其他原因，根据管理权限，经批准后转入"管理费用"账户。

本项目任务二讲述了对企业银行存款的核算。首先是企业在银行开设的结算账户包括基本存款账户、一般存款账户、临时存款账户和专用存款账户；其次是银行存款的内部控制，包括单位应当指定专人定期核对银行存款账户，每月至少核对一次，编制银行存款余额调节表；单位应明确各种票据的购买、保管、领用、背书、转让、注销等环节的职责权限和程序，并专设登记簿进行记录，防止空白票据的遗失和盗用；单位应当加强银行预留印鉴的管理，财务专用章应由专人保管，个人名章必须由本人或其授权人员保管，严禁一人保管支付款项所需的全部印章。再次是对银行存款核算，包括总分类核算和序时核算；银行存款的核对（包括账证核对、账账核对和账单核对）。未达账项是指由于凭证传递时间先后顺序不同，造成企业和银行之间的记账时间不一致，即一方接到凭证已经记账，而另一方未接到凭证尚未记账的款项，是银行存款收付结算业务中的正常现象。需要同学们重点掌握的银行存款余额调节表的编制采用补缺法，就是在企业银行存款日记账与银行对账单账面余额的基础上，各自加上对方已收，本单位未收账款数额，减去对方已付，本单位未付账款数额，以调整双方余额使其一致的一种调节方法。特别需要注意的是银行存款余额调节表中调节后的存款余额，既不是企业账面余额，也不是银行账面余额，而是对账日包括未达账项在内的企业存款实有数额，是企业可以动用的银行存款实际数额。企业不应也不需要根据调节后的余额调整银行存款日记账的余额，因为未达账项不是记账错误。对于银行已入账而企业尚未入账的未达账项，企业应该等待，应在收到有关结算凭证后再进行有关账务处理。

本项目任务三主要讲述了"其他货币资金"的定义和种类。

项目三
认知结算方式、办理资金收付

项目导航

知识目标

- 了解银行结算的方式及相关政策；
- 掌握支票结算方式的流程及会计处理；
- 掌握银行汇票结算方式的流程及会计处理；
- 掌握商业汇票结算方式的流程及会计处理；
- 掌握委托收款结算方式的流程及会计处理；
- 了解其他结算方式的流程及会计处理。

能力目标

- 能说出支票结算方式的流程，能正确填写支票，能处理支票结算所形成的会计业务与事项；
- 能说出办理银行汇票结算方式的流程，能办理银行汇票，能处理银行汇票结算所形成的会计业务与事项；
- 能说出办理商业汇票结算方式的流程，能处理商业汇票结算所形成的会计业务与事项；
- 能说出办理委托收款、信用卡、信用证等结算方式的流程，处理它们所形成的会计业务与事项；
- 能根据不同的业务类型、信用政策选择结算方式。

　　结算是企业、事业、机关等单位之间因商品交易、劳务供应或资金调拨等原因所发生的货币资金收、付业务的清算。它分为现金结算和支付结算两种。支付结算是指单位、个人在社会经济活动中使用票据、信用卡、汇兑、托收承付、委托收款等结算方式进行货币支付及资金清算的行为。

　　中国人民银行发布的《支付结算方法》规定国内人民币支付结算方式包括支票、银行本票、银行汇票、商业汇票、信用卡、托收承付、委托收款、汇兑、信用证九种；另外还有国内信用证结算方式等。

以上结算方式按结算形式的不同，分为票据结算方式与银行其他结算方式。银行票据结算方式是指通过《票据法》规定的支票、本票和汇票等工具来结清资金的结算方式；银行其他结算方式是指银行票据结算方式之外的结算方式，一般包括汇兑、委托收款、异地托收承付等。

以上结算方式按照适用区域分类，可以分为同城结算和异地结算两种。同城结算是指结算双方在同一票据交换区域的转账结算（不仅限同一城市），银行本票和支票结算方式适用于同城结算；异地结算是指结算双方不在同一票据交换区域内的转账结算，汇兑和托收承付结算方式限于异地结算使用；银行汇票、商业汇票、委托收款、信用证、信用卡结算方式既可用于同城结算，又可用于异地结算。

结算方式的分类拓扑如图 3-1、图 3-2 所示。

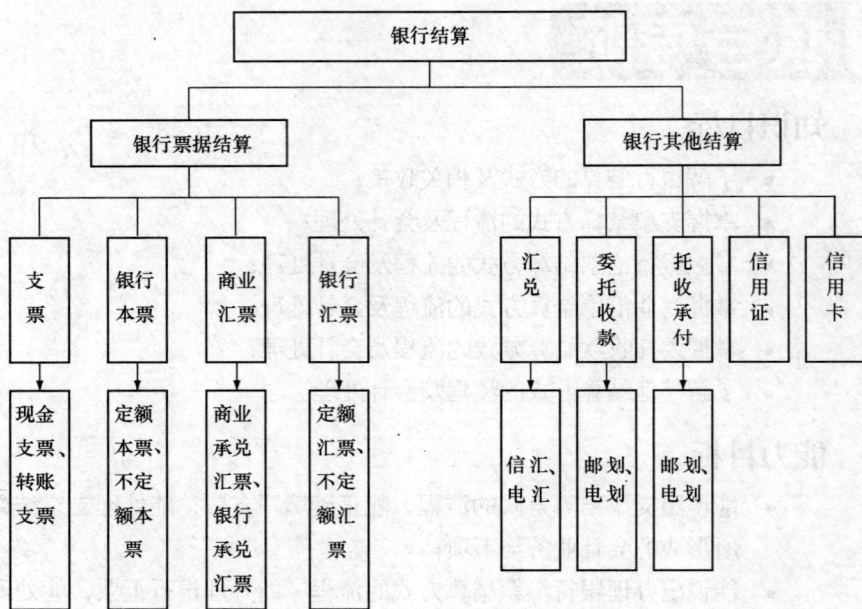

图 3-1 结算方式分类拓扑图 1

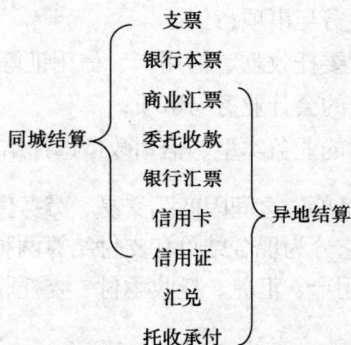

图 3-2 结算方式分类拓扑图 2

任务一　办理支票结算

任务导入

　　业务部门的老王要出差了，经领导审批，预借"差旅费" 8 000 元，老王来到财务科，找出纳小李"拿钱"。小李说："王经理，实在对不起，现在没有那么多现金，要不给您开一张现金支票，您去银行自己提现！"这边老王刚走，业务员小赵又来了："给，这是远东集团开给我们的转账支票，我好不容易把钱要来了。"

　　这样的情境每天都在上演，支票是一种最为常见的结算方式，如何保管、如何签发、如何核算是每一个初级会计从业人员所必须掌握的。

知识准备

一、支票概述

（一）支票的定义

　　支票是单位或个人签发的，委托办理支票存款业务的银行在见票时无条件地支付确定金额给收款人或持票人的票据。支票其实是存款人签发给银行的一种付款通知书，通知其存款银行把款项付给收款人的一种付款通知凭证。

（二）支票的种类

　　支票共有四种，分别为现金支票、转账支票、普通支票和划线支票。支票上印有"现金"字样的为现金支票，现金支票只能用于支取现金；支票上印有"转账"字样的为转账支票，转账支票只能用于转账，转账支票可以根据需要在票据交换区域内背书转让；支票上未印有"现金"或"转账"字样的为普通支票，普通支票可以用于支取现金，也可以用于转账；在普通支票左上角划两条平行线的，为划线支票，划线支票只能用于转账，不得支取现金。目前，实际工作中常用的是现金支票和转账支票。

（三）支票使用的相关规定

　　（1）使用范围：单位及个人在同一票据交换区域的各种款项的结算。

　　（2）支票一律记名。

　　（3）金额起点为 100 元。

　　（4）支票的提示付款期限为自出票日起 10 日内，中国人民银行另有规定的除外，超过提示付款期限的，持票人开户银行不予受理，付款人不予付款。

（四）支票的票样

　　1. 现金支票的票样（正面见图 3-3，背面见图 3-4）

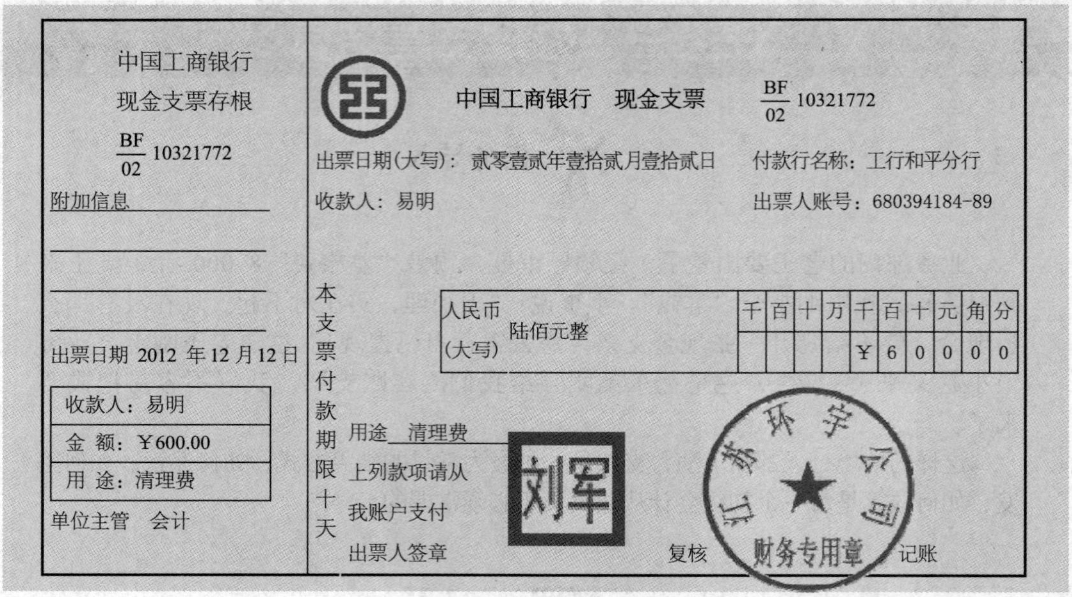

图 3-3　现金支票正面

图 3-4　现金支票背面

2. 转账支票的票样（正面见图 3-5，背面见图 3-6）

（五）签发支票的要求

（1）应使用碳素墨水或墨汁填写支票。

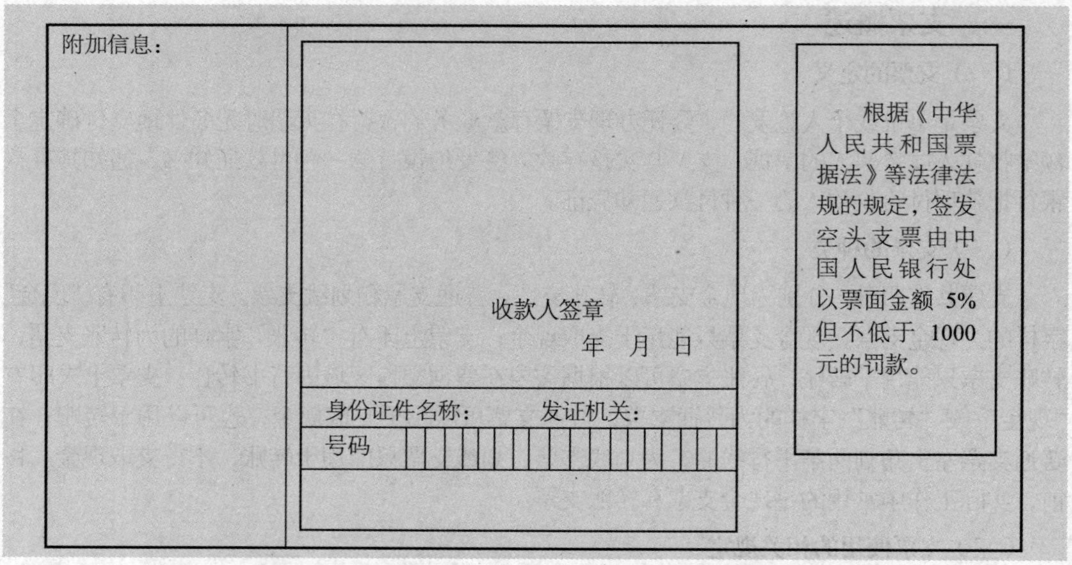

（2）禁止签发空头支票，不得签发与其预留银行签章不符的支票；使用支付密码的，出票人不得签发支付密码错误的支票。

中国工商银行 现金支票存根 $\frac{BF}{02}$ 08867701 附加信息 _____ _____ 出票日期 2012 年 12 月 1 日	
收款人：徐州市自来水公司	
金额：￥59 304.88	
用 途：水费	
单位主管　会计	

中国工商银行　转账支票　$\frac{BF}{02}$ 08867701

出票日期(大写)：贰零壹贰年壹拾贰月零壹日　　付款行名称：工行和平分行

收款人：徐州市自来水公司　　　　　　　　　出票人账号：680394184-89

本支票付款期限十天

人民币 (大写)	伍万玖仟叁佰零肆元捌角捌分	千	百	十	万	千	百	十	元	角	分
				￥	5	9	3	0	4	8	8

用途　水费

上列款项请从我账户支付

出票人签章　　　　　　　　复核　　　　记账

图 3-5　转账支票正面

附加信息：	被背书人： 背书人签章： 年　月　日	被背书人： 背书人签章： 年　月　日	被背书人： 背书人签章： 年　月　日	根据《中华人民共和国票据法》等法律法规的规定，签发空头支票由中国人民银行处以票面金额5%但不低于1000元的罚款。

图 3-6　转账支票背面

（3）出票日期应为大写，小写无效。规则为：月份为 1、2 和 10 的前加"零"，分别写为零壹月、零贰月、零壹拾月；日为 1~9、10、20、30 前加"零"，如 1 日为零壹日，20 日为零贰拾日，30 日为零叁拾日；日为 11~19 的前加"壹"，如 11 日写成壹拾壹日，以此类推。

（4）大写金额与"人民币"字样之间不得留有空白，小写金额前应加"￥"符号。"收款人"、"出票日期"和金额不得更改，更改则无效，发生错误时只能作废重开，作废支票的存根和正本部分应一并保存。

（5）"付款行名称"应填写本支票对应的开户银行名称，"出票人账号"应填写本支票对应开户银行账号，"用途"根据实际用途填写。

（6）小写金额下的方框为密码区，应根据支付密码器生成的密码填写。

（7）出票人签章一般应使用两枚预留银行的签章，通常一枚是单位的财务专用章，另一枚是单位法定代表人的个人名章。

二、办理支票结算业务流程

（一）现金支票结算业务流程

（1）开户单位用现金支票提取现金时，由单位出纳人员签发现金支票，经由财会部门负责人审核并加盖银行预留印鉴后，到开户银行提取现金。

（2）开户单位用现金支票向外单位或个人支付现金时，由付款单位出纳人员签发现金支票，经由财会部门负责人审核并加盖银行预留印鉴和注明收款人后交收款人，收款人持现金支票到付款单位开户银行提取现金，并按照银行的要求交验相关证件。

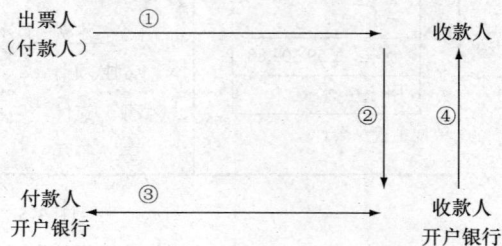

（二）转账支票结算业务流程

（1）转账支票由付款人签发给收款人以办理结算，其流程如图3-7所示。

图 3-7　转账支票结算业务流程图

说明

① 出票人（付款人）签发支票给收款人；

② 收款人填写一式三联进账单后，连同支票一并送交开户银行，银行受理，退回进账单的回单联；

③ 银行之间结算：收款人开户银行向付款人开户银行传递凭证，付款人开户银行将款项划出；

④ 收款人开户银行通知收款人款项收讫。

（2）转账支票由付款人签发给自己的开户银行，委托银行将款项直接支付给收款人，其流程如图3-8所示。

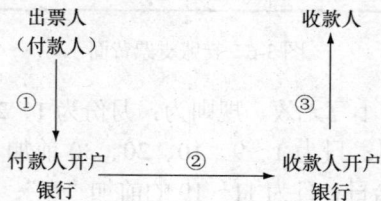

图 3-8　转账支票结算业务流程图

说明

① 出票人签发支票后，代收款人填写进账单，一并送交开户银行；

② 银行之间清算；

③ 收款人开户银行通知收款人款项收妥。

三、办理支票结算业务的账务处理

办理支票结算业务的业务节点与账务处理如表 3-1 所示。

表 3-1　　办理支票结算业务的业务节点与账务处理表

业务节点	账务处理
企业签发支票支付款项	根据支票存根和有关原始凭证（收款人开出的收据或发票等）借记有关科目，贷记“银行存款”科目
企业收到支票	应填写进账单并把支票和进账单送交开户银行，根据银行盖章退回的进账单和有关原始凭证（销货发票记账联等）借记“银行存款”科目，贷记有关科目
如果转账支票由付款人签发给自己的开户银行，委托银行将款项直接支付给收款人	付款人应根据支票存根和有关原始凭证，借记有关科目，贷记“银行存款”科目；收款人则根据银行转来的收款通知和有关原始凭证（销货发票记账联等）借记“银行存款”科目，贷记有关科目

任务实施

任务实施一　签发现金支票，提取现金

江苏环宇公司财务部出纳小李 2013 年 9 月 12 日签发现金支票，提取现金 3 600 元备用。

步骤一：按规定填写支票，如图 3-9 所示。

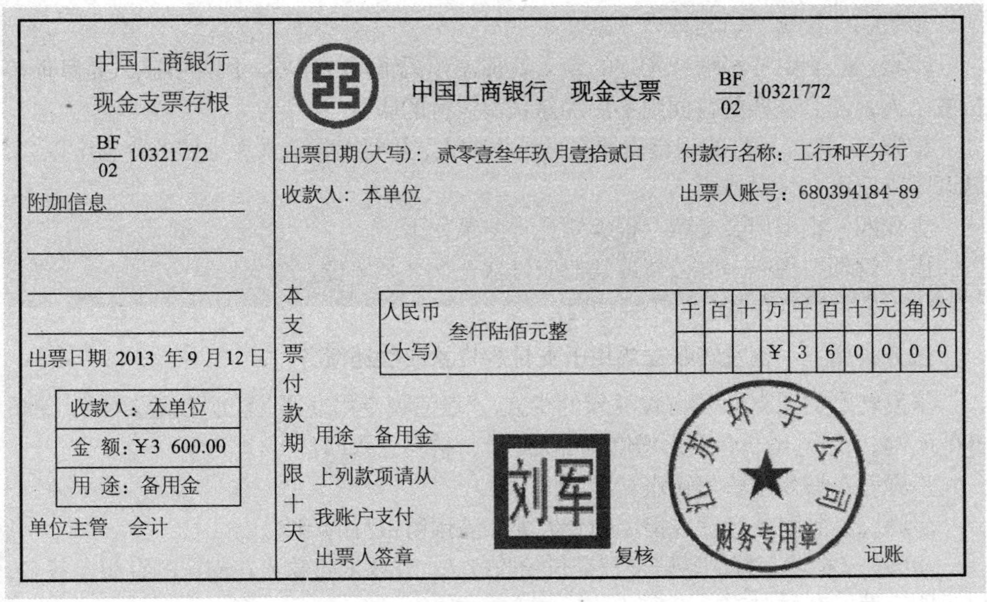
中国工商银行
现金支票存根
BF/02 10321772
附加信息
出票日期 2013 年9月12日
收款人：本单位
金 额：¥3 600.00
用 途：备用金
单位主管　会计

中国工商银行　现金支票　BF/02 10321772
出票日期(大写)：贰零壹叁年玖月壹拾贰日　付款行名称：工行和平分行
收款人：本单位　出票人账号：680394184-89
本支票付款期限十天

人民币（大写）	千	百	十	万	千	百	十	元	角	分
叁仟陆佰元整				¥	3	6	0	0	0	0

用途 备用金
上列款项请从
我账户支付
出票人签章　刘军　江苏环宇公司 财务专用章
复核　记账

图 3-9　小李填写的现金支票正面

步骤二：到财务经理或指定的专人处加盖预留银行的印鉴。不管收款人是谁，正面都要加盖预留银行的印鉴；如果收款人是本单位，则支票背面“收款人签章”处一定要加盖银行预留印鉴；如果收款人是其他单位或个人则不用加盖，如图 3-10 所示。

附加信息:		根据《中华人民共和国票据法》等法律法规的规定，签发空头支票由中国人民银行处以票面金额5%但不低于1000元的罚款。
	收款人签章：2013年 9月12日	
	证件名称： 发证机关：	
号码		

图3-10 小李填写的现金支票背面

步骤三：到银行提取现金。提现时，要在支票的背面写上提取人身份证的相关信息并注意安全。

步骤四：根据支票存根编制会计分录如下。

借：库存现金   3 600

　　贷：银行存款——工商银行   3 600

任务实施二　签发现金支票用于支付购货款或偿还债务

步骤一：按规定填写现金支票。

步骤二：到财务经理或指定的专人处加盖预留银行的印鉴。因为收款人是其他单位或个人，现金支票的背面则不用加盖预留银行的印鉴。

步骤三：把填写好的现金支票交付给收款人，并要求收款人在支票的存根上签名，以证明支票已交付对方。

步骤四：根据现金支票存根编制会计分录如下。

借：管理费用——办公费或其他应付款——××单位、个人

　　贷：银行存款——工商银行

任务实施三　签发转账支票用于支付购货款或偿还债务

签发转账支票支付采购A材料的货款，"增值税专用发票"注明数量20吨，单价800元/吨，价款16 000元，增值税2 720元，材料已入库。

步骤一：按规定填写转账支票。

步骤二：到财务经理或指定的专人处加盖预留银行的印鉴。

步骤三：把填写好的转账支票交付给收款人，并要求收款人在支票的存根上签名，以证明支票已交付对方。

步骤四：根据转账支票存根、增值税专用发票的发票联、材料入库单编制会计分录如下。

借：原材料——A材料   16 000

　　应交税费——应交增值税（进项税额）   2 720

        贷：银行存款——工商银行   18 720

任务实施四　收到转账支票

向江苏黄海公司销售 A 产品，开出增值税专用发票，注明数量 50 台，单价 1 000 元/台，价款 50 000 元，增值税 8 500 元，收到对方开出转账支票，金额 58 500 元。

步骤一：根据转账支票记载的内容填写进账单（一式三联），如图 3-11 所示。

中国工商银行进账单（受理回单）　1

2013 年 9 月 4 日　　　　　　　第 087456 号

付款人	全称	江苏黄海公司	收款人	全称	江苏环宇公司
	账号	593937076—68		账号	680394184—89
	开户银行	工行云龙分行		开户银行	工行和平分行

人民币（大写）	伍万捌仟伍佰元整	亿	千	百	十	万	千	百	十	元	角	分
					￥	5	8	5	0	0	0	0
票据种类												

此联是收款人开户银行交给收款人的回单或收账通知

图 3-11　进账单

步骤二：将填写好的进账单和转账支票送交开户银行，并拿回回单联。

步骤三：根据进账单的收账通知联、增值税专用发票的记账联编制会计分录如下。

借：银行存款——工商银行　　　　　　　　　　　　　　　58 500
　　贷：主营业务收入——A 产品　　　　　　　　　　　　50 000
　　　　应交税费——应交增值税（销项税额）　　　　　　8 500

提醒你

收受支票应注意以下几点。

（1）填写不正确、不规范的支票不能收。

（2）没有签名盖章的支票不能收。鉴章空白的支票是"不完全票据"，这种票据无法律效力，必须请出票人补盖印鉴方可接收。

（3）出票签名或盖章模糊不清的支票不能收，这种支票经常被银行退票。

任务二　办理银行汇票结算

任务导入

公司的副总经理要到外地采购一批原材料，因是第一次与对方打交道，双方还不太了解，而这批材料又是公司急需的，"一手交钱、一手交货"是对方成交的条件，副总经理问出纳小李怎么办才妥当，小李说："您放心，这好办，我给您办一张银行汇票带着就 OK 了。"

一、银行汇票概述

（一）银行汇票的定义

银行汇票是出票银行签发的，由其在见票时按照实际结算金额无条件支付给收款人或者持票人的票据。

（二）银行汇票使用的相关规定

（1）使用范围：不论同城、异地，单位和个人的各种款项的结算均可采用。

（2）一律记名。

（3）没有金额起点的限制。

（4）付款期为1个月，不分大月、小月一律按次月对日计算，到期日遇节假日顺延。

（5）银行汇票可以用于转账，填明"现金"字样的银行汇票也可以用于支取现金。申请人或者收款人为单位的，不得在"银行汇票申请书"上填明"现金"字样。

（三）银行汇票的联次与票样

银行汇票一式四联，第一联为卡片，由签发行结清汇票时作汇出汇款付出传票；第二联为银行汇票，与第三联解讫通知一并由汇款人自带，在兑付行兑付汇票后此联作联行往来账付出传票；第三联是解讫通知，在兑付行兑付后随报单寄签发行，由签发行作余款收入传票；第四联是多余款通知，在签发行结清后交汇款人。银行汇票票样第二联如图 3-12 所示，银行汇票第四联如图 3-13 所示。

图 3-12　银行汇票第二联

付款期限 壹个月	中国工商银行		
	银 行 汇 票（多余款收款通知）	**4**	汇票号码 第 0364 号

出票日期（大写）	贰零壹叁年玖月壹拾伍日	代理付款行：工商银行梁溪城南支行 行号：480

收款人：河南华中公司　　　　　　　　　　　　　账号：100100156312001

出票金额人民币（大写）壹拾贰万元整　　　　　¥120 000 00

实际结算金额人民币（大写）壹拾壹万柒仟元整	千	百	十	万	千	百	十	元	角	分
			¥	1	1	7	0	0	0	0	0

申请人：江苏环宇公司　　　　　　账号或住址：　680394184-89

出票行：工行和平分行

备　注：　货款

代理付款行盖章

	多余金额									科目（贷）＿＿＿＿＿
千	百	十	万	千	百	十	元	角	分	对方科目（借）＿＿＿＿＿
			¥	3	0	0	0	0	0	转账日期：2013 年 9 月 15 日

复核　　　　经办　　　　　　　　　　　　　　　　复核　　　　记账

图 3-13　银行汇票第四联

二、办理银行汇票结算业务流程

银行汇票结算业务流程如图 3-14 所示。

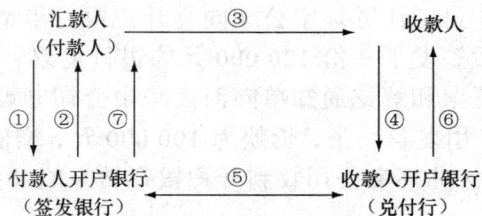

图 3-14　银行汇票结算业务流程图

说明

① 汇款人（付款人）填写"银行汇票委托书"一式三联递交银行申请签发银行汇票。

② 银行受理后，签发银行汇票一式四联，退回申请书回单联（第一联）、银行汇票（第二联）、银行汇票解讫通知（第三联）。

③ 汇款人持银行汇票和银行汇票解讫通知办理结算付款，并取得收款人出具的有关凭证。

④ 收款人填写进账单连同银行汇票、解讫通知递交开户行。

⑤ 银行清算。

⑥ 银行收妥款项后，通知收款人。

⑦ 付款人开户行把多余款退给汇款人。

三、办理银行汇票结算业务账务处理

办理银行汇票结算业务的业务节点与账务处理如表 3-2 所示。

表 3-2 办理银行汇票结算业务的业务节点与账务处理表

业务节点	账务处理
申请办理银行汇票	向银行提交"银行汇票委托书"并将款项交存开户银行，取得汇票后，根据银行盖章退回的委托书存联，借记"其他货币资金——银行汇票"科目，贷记"银行存款"科目
使用银行汇票支付采购款	应根据发票账单及开户行转来的银行汇票有关副联等凭证，经核对无误后借记"原材料"、"应交税费——应交增值税（进项税额）"等科目，贷记"其他货币资金——银行汇票"科目
收到银行汇票多余款	如实际采购支付后银行汇票有余额，应在收到银行的多余款收账通知后，借记"银行存款"科目，贷记"其他货币资金——银行汇票"科目
银行汇票因超过付款期限或其他原因未曾使用而退还款项	应借记"银行存款"科目，贷记"其他货币资金——银行汇票"
销售商品收到银行汇票	应按规定向银行办理收款手续，根据进账单的收款通知联，应借记"银行存款"科目，贷记"主营业务收入"、"应交税费——应交增值税（销项税额）"

任务实施

任务实施一 申请签发银行汇票，办理货款支付

2013 年 9 月 15 日，江苏环宇公司向其开户银行申请签发银行汇票，银行审核、划出款项后签发了一份 120 000 元的银行汇票；18 日江苏环宇公司采购员持上述银行汇票和解讫通知单向河南华中公司办理购买乙材料的货款结算，取得增值税专用发票一张，货款为 100 000 元，增值税额为 17 000 元，材料已入库；26 日江苏环宇公司收到开户银行转来的"多余款收账通知"，金额为 3 000 元。

步骤一：填写银行汇票申请书，向银行申请办理银行汇票，如图 3-15 所示。

取得银行汇票的第二联和第三联，根据退回的申请书，编制会计分录如下。

借：其他货币资金——银行汇票   120 000

   贷：银行存款——工商银行   120 000

同时把银行汇票的第二联和第三联交付给业务部门。

步骤二：根据业务部门交来的增值税专用发票（货款为 100 000 元，增值税额为 17 000 元）和材料入库单编制会计分录如下。

借：原材料——乙材料   100 000

   应交税费——应交增值税（进项税额）   17 000

     贷：其他货币资金——银行汇票   117 000

步骤三：收到开户银行转来的银行汇票第四联"多余款收账通知"，金额为 3 000 元，编制会计分录如下。

借：银行存款——工商银行   3 000

   贷：其他货币资金——银行汇票   3 000

3

中国工商银行汇票申请书（存　根）

申请日期 2013 年 9 月 15 日　　　　　　　第　　号

申　请　人	江苏环宇公司	收款人	河南华中公司									
账　　号 或　地　址	680394184-89	账　　号 或　地　址	100100156312001									
用　　途	货款	代　理 付　款　行										
汇票金额	人民币 （大写）	壹拾贰 万元整	百	十	万	千	百	十	元	角	分	
			￥1	2	0	0	0	0	0	0	0	
备　　注		科　　目_____ 对方科目_____ 财务主管　　　复核　　　经办										

图 3-15　汇票申请书

任务实施二　销售商品，收到对方交付的银行汇票，办理进账手续

江苏环宇公司 2013 年 9 月 23 日销售 A 产品一批，价格 5 000 元，增值税 850 元，收到对方给付的银行汇票一张，金额 5 850 元。

步骤一：对收到的银行汇票进行审查，审查的主要内容为收款人是否为本单位、银行汇票是否过期、背书是否连续等。

步骤二：将审核无误的银行汇票第二联及第三联上的实际结算金额与多余金额填写完整。"实际结算金额"的填写应遵循实际结算金额与出票金额孰低原则，如果实际结算金额小于出票金额，则按实际结算金额填写，"多余金额"按差额填写；如果实际结算金额大于出票金额，则按出票金额填写。

步骤三：到银行办理进账手续。在银行汇票第二联的背面，持票人向银行提示付款签章处加盖银行预留印鉴，同时填制进账单后到本单位开户银行办理进账手续。

银行汇票第二联的背面如图 3-16 所示。

步骤四：根据相关单据编制会计分录如下。

借：银行存款——工商银行　　　　　　　　　　　　　　　　5 850

　　贷：主营业务收入——A 产品　　　　　　　　　　　　　　　5 000

　　　　应交税费——应交增值税（销项税额）　　　　　　　　　 850

被背书人：	被背书人：
背书人签章 2013 年 9 月 23 日	背书人签章： 年　月　日
持票人向银行 提示付款签章	身份证件名称： 号　码： 发证机关：

图 3-16　银行汇票第二联的背面

任务三 办理银行本票结算

任务导入

初入"商海"的人，经常会问到：哪种票据信用最高，让人不容置疑，让人最为放心？答案就是银行本票。那么如何办理、如何核算银行本票也是我们会计从业人员必须知晓的！

知识准备

一、银行本票概述

（一）银行本票的定义

银行本票是出票人签发的并承诺在见票时无条件支付确定金额的票据；签发本票的出票人必须是经过人民银行当地分支行批准办理银行本票业务的银行机构。我国没有商业本票，一般的企业单位不能签发本票。

（二）银行本票使用的相关规定

（1）使用范围：单位和个人在同一票据交换区域需要支付各种款项，均可以使用银行本票。

（2）银行本票可以用于转账，注明"现金"字样的银行本票可以用于支取现金。

（3）银行本票可分为定额本票和不定额本票两种，定额本票的面额分为 1 000 元、5 000 元、10 000 元和 50 000 元四种。

（4）银行本票一律记名，允许背书转让。

（5）银行本票的提示付款期限自出票日起最长不得超过 2 个月（不论大月、小月均按到期月份对日计算，到期日遇节假日顺延）。

（三）银行本票的票样

银行本票票样的正面如图 3-17 所示，银行本票票样的背面如图 3-18 所示。

付款期限 贰个月	中 国 工 商 银 行		
	银行本票		本票号码 第 0364 号
	签发日期（大写）　　　　年　　月　　日		
收款人：		申请人：	
凭票即付人民币（大写）			
转账　　　现金			
备注	出票行签章：　出纳：　复核：　经办：		

图 3-17　银行本票票样的正面

被背书人：	被背书人：
背书人签章： 　年　月　日	背书人签章： 　年　月　日
持票人向银行 提示付款签章	身份证件名称： 号码： 发证机关：

图 3-18　银行本票票样的背面

二、银行本票结算业务流程

银行本票结算业务流程如图 3-19 所示。

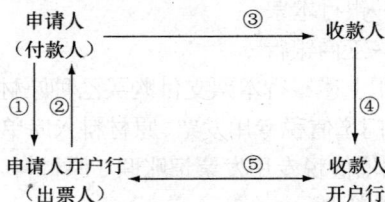

图 3-19　银行本票结算业务流程图

说明

① 申请人申请签发银行本票，填写一式三联"银行本票申请书"或向银行直接交存现金。

② 银行受理并签发本票，退申请人申请书回单联和银行本票。

③ 付款人用银行本票，办理付款结算。

④ 收款人收到银行本票后填写进账单，一并交存银行，办理进账手续。

⑤ 银行之间清算资金。

三、银行本票结算业务的账务处理

办理银行本票结算业务的业务节点与账务处理如表 3-3 所示。

表 3-3　　　　　　　　　　办理银行本票结算业务的业务节点与账务处理表

业务节点	账务处理
申请取得银行本票	企业向银行提交"银行本票申请书"并将款项交存银行，收到银行签发的银行本票后，应根据银行盖章退回的申请书存根联，借记"其他货币资金——银行本票"科目，贷记"银行存款"科目
用银行本票支付购货款	应根据发票账单等有关凭证，借记"原材料"、"应交税费——应交增值税（进项税额）"等科目，贷记"其他货币资金——银行本票"科目

续表

业务节点	账务处理
企业因本票超过付款期限等原因未曾使用而要求银行退款	应填制进账单，连同本票一并交给银行，然后根据银行收回本票时盖章退回的进账单第一联，借记"银行存款"科目，贷记"其他货币资金——银行本票"科目
销售产品收到银行本票	应填制进账单，连同本票一并交给银行，然后根据银行收回本票时盖章退回的进账单第一联，借记"银行存款"科目，贷记"主营业务收入"、"应交税费——应交增值税（销项税额）"

任务实施

任务实施一　使用"银行本票"，办理货款的结算

步骤一：2013年10月3日填写银行本票申请书向银行申请签发银行本票，银行受理签发7 956元的银行本票；取得银行本票。根据银行本票申请书回单编制会计分录如下。

借：其他货币资金——银行本票　　　　　　　　　　　　　　　　7 956

　　贷：银行存款——工商银行　　　　　　　　　　　　　　　　　　7 956

步骤二：公司采购员用上述银行本票支付购买乙种原材料的货款6 800元，增值税1 156元后，交给财务部门增值税专用发票、原材料入库单。专用发票注明买价6 800元，增值税1 156元。根据增值税专用发票记账联、原材料入库单编制会计分录如下。

借：原材料——乙种材料　　　　　　　　　　　　　　　　　　　　6 800

　　应交税费——应交增值税（进项税额）　　　　　　　　　　　　 1 156

　　贷：其他货币资金——银行本票　　　　　　　　　　　　　　　　7 956

任务实施二　收到银行本票，办理进账手续或进行背书

江苏环宇公司向江淮公司销售A产品一批，开出增值税专用发票，价款100 000元，增值税17 000元，收到对方交来的一张银行本票，金额50 000元，公司填制进账单并连同银行本票一并送交银行。根据进账单的回单联编制会计分录如下。

借：银行存款——工商银行　　　　　　　　　　　　　　　　　　 50 000

　　应收账款——江淮公司　　　　　　　　　　　　　　　　　　　 67 000

　　贷：主营业务收入——A产品　　　　　　　　　　　　　　　　 100 000

　　　　应交税费——应交增值税（销项税额）　　　　　　　　　　　17 000

如果江苏环宇公司将收到的银行本票背书给河南华中公司以偿还欠款，则会计分录如下。

借：应付账款——河南华中公司　　　　　　　　　　　　　　　　 50 000

　　应收账款——江淮公司　　　　　　　　　　　　　　　　　　　 67 000

　　贷：主营业务收入——A产品　　　　　　　　　　　　　　　　 100 000

　　　　应交税费——应交增值税（销项税额）　　　　　　　　　　　17 000

任务实施三　银行本票超过付款期限没有使用，向签发银行办理退款

江苏环宇公司一张金额为5 000元的银行本票超过付款期限没有使用，企业填写进账单，连同本票送交银行要求办理退款，银行同意受理；根据进账单的回单联编制

会计分录如下。

借：银行存款——工商银行　　　　　　　　　　　　　　　　5 000
　　贷：其他货币资金——银行本票　　　　　　　　　　　　　5 000

任务四　办理商业汇票结算

任务导入

公司寻找到一个很好的"商机"，这项交易完成的时间只需3～5个月，但受困于没有资金先行投入。公司老总问财务经理，有没有办法？财务经理建议与对方商谈结算方式时，选用"商业汇票"就可以解决这个难题。这样的话，我们也应掌握"商业汇票"的使用情形、签发方式与核算方法。

知识准备

一、商业汇票概述

（一）商业汇票的定义

商业汇票是指由付款人或存款人（或承兑申请人）签发，由承兑人承兑，并于到期日向收款人或被背书人支付款项的一种票据。所谓承兑，是指汇票的付款人愿意负担起票面金额支付义务的行为，通俗地讲，就是汇票付款人承认到期将无条件支付汇票金额的行为。

（二）商业汇票的种类

商业汇票按其承兑人的不同，可以分为商业承兑汇票和银行承兑汇票两种。商业承兑汇票是指由收款人签发，经付款人承兑，或者由付款人签发并承兑的汇票；银行承兑汇票是指由付款人或承兑申请人签发，并由承兑申请人向开户银行申请，经银行审查并同意承兑的汇票。

（三）商业汇票的使用规定

（1）办理商业汇票必须以真实的交易关系和债权债务关系为基础，出票人不得签发无对价的商业汇票用以骗取银行或其他票据当事人的资金。

（2）商业汇票的出票人，应为在银行开立存款账户的法人以及其他组织，与付款人（即承兑人）具有真实的委托付款关系，并具有支付汇票金额的可靠资金来源。

（3）签发商业汇票必须依《支付结算办法》第78条规定，详细记载必须记载事项。

（4）我国使用的商业承兑汇票和银行承兑汇票所采用的都是定日付款形式，出票人签发汇票时，应在汇票上记载具体的到期日。

（5）商业汇票在同城、异地均可使用。

（6）商业汇票付款期限由交易双方商定，但最长不超过6个月，付款提示期限自汇票到期日起10日内。

（7）商业汇票可以背书转让。如是分期付款，应一次签发若干张不同期限的商业汇票。

（四）办理商业汇票结算业务应设置的会计科目

1. "应收票据"科目

（1）定义：核算企业因销售商品（产成品或材料，下同）收到的商业汇票，包括商业承兑汇票和银行承兑汇票。

（2）核算内容：借方登记收到的汇票金额，贷方登记兑现或转让的汇票金额，余额在借方，表示企业持有尚未到期的商业汇票的金额。

（3）明细账：按开出、承兑商业汇票的单位进行明细核算。

2. "应付票据"科目

（1）定义：核算企业因购买商品签发并承兑或申请银行承兑的商业汇票，包括商业承兑汇票和银行承兑汇票。

（2）核算内容：贷方登记开出、承兑的汇票金额，借方登记付款的金额，余额在贷方，表示企业有尚未清偿的汇票金额。

（3）明细账：按债权人的单位进行明细核算。

二、银行承兑汇票概述

（一）银行承兑汇票的联次与票样

银行承兑汇票共三联，第一联为承兑行留存备查到期支付票款时作借方凭证附件，第二联为收款人开户行随托收凭证寄付款方作借方凭证附件，第三联为出票人存查。银行承兑汇票票样第一联如图 3-20 所示，银行承兑汇票第二联正面如图 3-21 所示，银行承兑汇票第二联背面如图 3-22 所示，银行承兑汇票第三联如图 3-23 所示。

图 3-20　银行承兑汇票第一联

中国工商银行承兑汇票　　2

出票日期（大写）贰零壹叁年 柒月壹拾壹日　　汇票号码：00311892

出票人全称	江苏环宇公司	收款人	全　称	连云港市正信公司										
出票人账号	680394184-89		账　号	100100156123001										
付款行全称	工行徐州市和平分行		开户银行	工行连云港市分行营业部										
汇票金额	人民币（大写）　壹拾壹万柒仟元整			千	百	十	万	千	百	十	元	角	分
					¥	1	1	7	0	0	0	0	0
汇票到期日（大写）	贰零壹叁年玖月贰拾伍日	付款行	行号	00002										
承兑协议编号	银 2013 第 31 号		地址	连云港市建设路 25 号										

本汇票请你行承兑，到期无条件支付票款

本汇票已承兑，到期日由本行付款

（江苏环宇公司财务专用章）（刘军）

出票人签章
2013 年 7 月 11 日

（中国工商银行汇票专用章 01）

承兑行签章
承兑日期 2013 年 7 月 11 日

复核　　记账

图 3-21　银行承兑汇票第二联正面

被背书人：	被背书人：	被背书人：
背书人签章： 年　月　日	背书人签章： 年　月　日	背书人签章： 年　月　日

图 3-22　银行承兑汇票第二联背面

中国工商银行银行承兑汇票（存根）　　3

出票日期（大写）贰零壹叁年 柒月壹拾壹日　　汇票号码：00311892

出票人全称	江苏环宇公司	收款人	全　称	连云港市正信公司										
出票人账号	680394184-89		账　号	100100156123001										
付款行全称	工行徐州市和平分行		开户银行	工行连云港市分行营业部										
汇票金额	人民币（大写）　壹拾壹万柒仟元整			千	百	十	万	千	百	十	元	角	分
					¥	1	1	7	0	0	0	0	0
汇票到期日（大写）	贰零壹叁年玖月贰拾伍日	付款行	行号	00002										
承兑协议编号	银 2013 第 31 号		地址	连云港市建设路 25 号										
	备注				复核　　记账									

图 3-23　银行承兑汇票第三联

（二）银行承兑汇票结算业务流程

银行承兑汇票结算业务流程如图 3-24 所示。

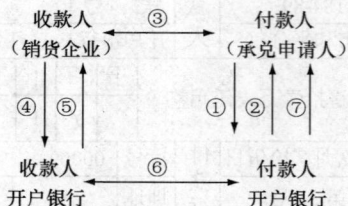

图 3-24　银行承兑汇票结算业务流程图

说明

① 承兑申请人提交一式三联"银行承兑协议"、一式四联"银行承兑汇票"及购销合同。

② 付款人开户银行同意承兑，转回汇票第二、三、四联和承兑协议第一联，留下汇票第一联和承兑协议第二、三联。

③ 付款人用汇票与收款人办理结算，向收款人提交汇票第二、三联，留存第四联。

④ 汇票到期，收款人把汇票第二联和第三联（解讫通知）连同一式两联"进账单"交其开户银行办理进账。

⑤ 银行受理，退回"进账单"第一联。

⑥ 银行之间清算：收款人开户银行寄送汇票第三联，留存汇票第二联；付款人开户银行划转款项。

⑦ 付款人开户银行提交"特种转账传票"通知付款人付款或转逾期贷款。

（三）银行承兑汇票结算业务账务处理

办理银行承兑汇票结算业务的业务节点与账务处理如表 3-4 所示。

表 3-4　　　　　　　办理银行承兑汇票结算业务的业务节点与账务处理表

业务节点	账务处理
签发银行承兑汇票，经开户银行承兑，应缴纳承兑手续费	根据银行转来的收款单据，借记"财务费用"科目，贷记"银行存款"科目
将银行承兑汇票交给销货企业	根据采购原材料的专用发票的发票联、入库单等原始单据，借记"原材料"、"应交税费——应交增值税（进项税额）"等科目，贷记"应付票据"科目
银行承兑汇票到期，收到银行支付到期汇票的付款通知	根据银行转来的付款通知，借记"应付票据"科目，贷记"银行存款"科目

续表

业务节点	账务处理
销售产品收到对方交给的银行承兑汇票	根据银行承兑汇票的复印件和销售发票等单据，借记“应收票据”科目，贷记“主营业务收入”、“应交税费——应交增值税（销项税额）”等科目（银行承兑汇票须单独保管）
银行承兑汇票到期，将到期的汇票连同进账单送交开户银行办理转账收款	根据银行转来的收款单据，借记“银行存款”科目，贷记“应收票据”科目

三、商业承兑汇票

（一）商业承兑汇票的联次与票样

商业承兑汇票共三联，第一联为承兑人留存备查，第二联为持票人开户行随托收凭证寄付款方开户行作借方凭证附件，第三联为出票人存查。

商业承兑汇票票样第二联正面如图 3-25 所示，第二联背面如图 3-26 所示，第三联如图 3-27 所示。

商业承兑汇票 2

出票日期（大写） 年 月 日 汇票号码：

<table>
<tr><td rowspan="3">付款人</td><td>全 称</td><td colspan="3"></td><td rowspan="3">收款人</td><td>全 称</td><td colspan="3"></td></tr>
<tr><td>账 号</td><td colspan="3"></td><td>账 号</td><td colspan="3"></td></tr>
<tr><td>开户银行</td><td></td><td>行号</td><td></td><td>开户银行</td><td></td><td>行号</td><td></td></tr>
<tr><td colspan="2">出票金额</td><td colspan="6">人民币
（大写）</td><td colspan="2">千 百 十 万 千 百 十 元 角 分</td></tr>
<tr><td colspan="2">汇票到期日（大写）</td><td colspan="3"></td><td colspan="3">交易合同号码</td><td colspan="2"></td></tr>
<tr><td colspan="5">本汇票已经承兑，到期无条件支付票款。

承兑人签章
承兑日期： 年 月 日</td><td colspan="5">本汇票请予以承兑于到期日付款。

出票人签章</td></tr>
</table>

图 3-25 商业承兑汇票第二联正面

被背书人：	被背书人：	被背书人：
背书人签章： 年　月　日	背书人签章： 年　月　日	背书人签章： 年　月　日

图 3-26　商业承兑汇票第二联背面

商业承兑汇票（存　根）　　　3

出票日期（大写）　　年　月　日　汇票号码：

出票人全称		收款人	收　款　人	
出票人账号			账号或地址	
付款行全称			开户银行	

出票金额	人民币 （大写）		千	百	十	万	千	百	十	元	角	分

汇票到期日 （大写）		付款行	行号	
承兑协议编号			地址	

	备注：		

此联由出票人存查

图 3-27　商业承兑汇票第三联

（二）商业承兑汇票结算业务流程

由付款人签发并承兑的商业承兑汇票结算业务流程如图 3-28 所示。

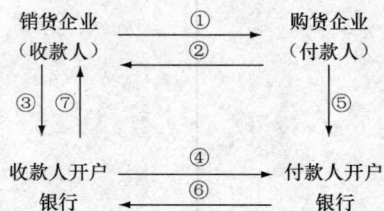

图 3-28　商业承兑汇票结算业务流程图

① 销货企业（收款人）向购货企业销售商品，并约定采用商业承兑汇票结算。

② 购货企业（付款人）签发并承兑商业汇票交收款人。

③ 汇票到期，收款人委托开户银行收款。

④ 银行之间传递凭证。

⑤ 购货企业（付款人）付款。

⑥ 银行之间清算。

⑦ 收款人开户银行通知款项收妥入账。

（三）商业承兑汇票结算业务账务处理

办理商业承兑汇票结算业务的业务节点与账务处理如表 3-5 所示。

表 3-5　　　　　　　　办理商业承兑汇票结算业务的业务节点与账务处理表

业务节点	账务处理
企业采购材料，签发商业承兑汇票并交给销货企业	应根据对方开来的专用发票的记账联等单据，借记"原材料"、"应交税费——应交增值税（进项税额）"等科目，贷记"应付票据"科目
商业承兑汇票到期，票款划给销货企业或贴现银行	应根据银行转来的付款通知，借记"应付票据"科目，贷记"银行存款"科目
商业承兑汇票到期，没有支付承兑的票款	应根据与对方签订的协议，借记"应付票据"科目，贷记"应付账款"科目

任务实施

任务实施一　签发"银行承兑汇票"，由银行承兑后，用于采购原材料

步骤一：江苏环宇公司向连云港市正信公司采购甲材料一批，双方约定采用"银行承兑汇票"结算。由江苏环宇公司签发"银行承兑汇票"交由银行承兑，江苏环宇公司缴纳承兑手续费 2 000 元后，取得"银行承兑汇票"，如图 3-20、图 3-21、图 3-22、图 3-23 所示。根据缴纳承兑手续费的付款通知编制会计分录如下。

借：财务费用——手续费　　　　　　　　　　　　　　　　2 000

　　贷：银行存款——工商银行　　　　　　　　　　　　　　　　2 000

步骤二：向正信公司交付汇票后，取得购买原材料专用发票，价款 100 000 元，增值税 17 000 元，材料已验收入库，根据购买原材料的专用发票和材料入库单编制会计分录如下。

借：原材料——甲材料　　　　　　　　　　　　　　　　100 000

　　应交税费——应交增值税（进项税额）　　　　　　　　 17 000

　　贷：应付票据——连云港正信公司　　　　　　　　　　　　117 000

步骤三：9 月 25 日，汇票到期，把款项交存银行。根据银行的付款通知编制会计分录如下。

借：应付票据——连云港正信公司　　　　　　　　　　　117 000

　　贷：银行存款——工商银行　　　　　　　　　　　　　　　117 000

任务实施二　销售产品，收到对方交付的"银行承兑汇票"

步骤一：2013 年 10 月 10 日，江苏环宇公司向江苏红星公司销售 A 产品一批，价款 80 000 元，增值税 13 600 元，收到江苏红星公司签发的并由银行承兑的"银行承兑汇票"，面值 93 600 元，2013 年 12 月 10 日到期。根据开具发票的记账联编制会计分录如下。

借：应收票据——江苏红星公司　　　　　　　　　　　　　　　93 600

　　贷：主营业务收入——A 产品　　　　　　　　　　　　　　　80 000

　　　　应交税费——应交增值税（销项税额）　　　　　　　　13 600

提醒你

实际工作中，企业在收到"银行承兑汇票"后，一般都会复印，把复印件作为记账凭证的附件处理。"银行承兑汇票"是重要的有价票据，应单独保管。

步骤二：如果江苏环宇公司要收取款项，应于 2013 年 10 月 10 日至 2013 年 12 月 10 日期间内，在银行承兑汇票第二联背面（如图 3-29 所示）的"背书人签章"处写明"委托收款"字样并加盖预留银行印鉴，在"被背书人"处填写收款人开户银行名称后，填制托收凭证，办理进账手续，并根据委托收款凭证（收款通知）（如图 3-30 所示）编制会计分录。

被背书人：工行徐州市和平分行	被背书人：	被背书人：
委托收款　（江苏环宇公司财务专用章　刘军）　背书人签章：2013 年 12 月 10 日	背书人签章：　年　月　日	背书人签章：　年　月　日

图 3-29　银行承兑汇票第二联背面

委托收款 凭证（收款通知）　　**4**　　第　号

委托日期 2013 年 12 月 10 日　　　　　　委托号码

收款人	全　称	江苏环宇公司	付款人	全　称	江苏红星公司									
	账号或地址	680394184-89		账　号	1001001561240089									
	开户银行	工行徐州市和平分行		开户银行	工行连云港市分行营业部									

委托金额	人民币（大写）	玖万叁仟陆佰元整	千	百	十	万	千	百	十	元	角	分
						¥9	3	6	0	0	0	0

款项内容	银行承兑汇票到期	委托收款凭证名称	银行承兑汇票	附寄单证张数	1
备注：		款项收妥日期 2013 年 12 月 10 日		收款人开户银行盖章　12 月 10 日	

图 3-30　委托收款凭证

借：银行存款——工商银行 　　　　　　　　　　　　　　　　　　　93 600

　　贷：应收票据——江苏红星公司 　　　　　　　　　　　　　　　　　　　93 600

步骤三：如果银行承兑汇票到期前，企业把汇票背书转让给别的企业，用于偿还债务、预付账款或购买材料，应在银行承兑汇票第二联背面的"背书人签章"处加盖预留银行印鉴、在"被背书人"处填写被背书人名称。根据相关单据编制会计分录如下。

借：应付账款或预付账款等 　　　　　　　　　　　　　　　　　　　93 600

　　贷：应收票据——江苏红星公司 　　　　　　　　　　　　　　　　　　　93 600

任务实施三　签发并承兑商业汇票，采购原材料

步骤一：2013 年 11 月 20 日江苏环宇公司向江苏红河公司采购甲材料一批，增值税专用发票注明：价款 40 000 元，增值税 6 800 元。江苏环宇公司签发并承兑一张面值 46 800 元，期限 3 个月的商业承兑汇票给江苏红河公司，原材料已验收入库。根据购买原材料的专用发票、入库单和商业承兑汇票的复印件编制会计分录如下。

借：原材料——甲材料 　　　　　　　　　　　　　　　　　　　40 000

　　应交税费——应交增值税（进项税额） 　　　　　　　　　　　　　6 800

　　贷：应付票据——江苏红河公司 　　　　　　　　　　　　　　　　　　　46 800

步骤二：2014 年 2 月 20 日前，江苏环宇公司应保证开户行有足够的存款偿还商业承兑汇票款项，在接到银行的付款通知后，根据银行的付款通知编制会计分录如下。

借：应付票据——江苏红河公司 　　　　　　　　　　　　　　　　　　　46 800

　　贷：银行存款——工商银行 　　　　　　　　　　　　　　　　　　　46 800

步骤三：2014 年 2 月 20 日，江苏环宇公司开户行没有足够的存款偿还商业承兑汇票款项时，应与收款人协商。根据签订的协议编制会计分录如下。

借：应付票据——江苏红河公司 　　　　　　　　　　　　　　　　　　　46 800

　　贷：应付账款——江苏红河公司 　　　　　　　　　　　　　　　　　　　46 800

任务实施四　销售产品时，收到对方签发的商业承兑汇票

相关业务处理同"银行承兑汇票"，只是在汇票到期时，存在收不到款项的可能。如到期未收到款项，则应根据相关的协议编制会计分录：借记应收账款，贷记应收票据。

提醒你　　商业汇票是重要的有价票据，企业应加强商业汇票的管理，应指定专人负责管理商业汇票，对应收、应付票据都应在有关明细账中或备查登记簿中进行详细的记录。

任务五 办理汇兑结算

任务导入

上月，公司资金紧张，从与公司有业务往来的上海银星公司赊购一批材料。现在，公司的货款回笼了，财务经理让出纳小李把款项付给上海银星公司，并要求当天就到对方的账上。出纳小李答应后，填写了一张"结算业务申请书"，找相关人员加盖预留银行印鉴后就上银行办理了。

知识准备

一、汇兑概述

（一）汇兑的定义

汇兑是汇款人委托银行将其款项支付给收款人的结算方式。

汇兑分为信汇、电汇两种。信汇是指汇款人委托银行通过邮寄方式将款项划转给收款人。电汇是指汇款人委托银行通过电报方式将款项划给收款人。这两种汇兑方式由汇款人根据需要选择使用。

（二）汇兑结算方式的特点

（1）单位和个人的各种款项的结算，均可使用汇兑结算方式。

（2）特别便于汇款人向异地的收款人主动付款，简便、灵活。

二、汇兑结算业务流程

汇兑结算业务流程如图 3-31 所示。

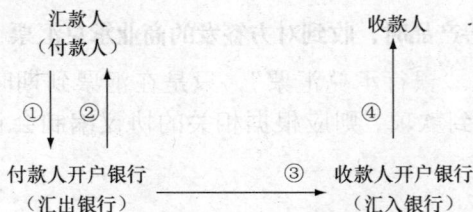

图 3-31　汇兑结算业务流程图

说明

① 汇款人填写一式四联"结算业务申请书"，选择"电汇"，委托银行汇款。

② 付款人开户银行受理并退回单联（"结算业务申请书"第二联）。

③ 银行之间办理结算，汇出银行划款。

④ 汇入银行通知收款人已收款。

三、汇兑结算业务的账务处理

办理汇兑结算业务的业务节点与账务处理如表 3-6 所示。

表 3-6　　办理汇兑结算业务的业务节点与账务处理表

业务节点	账务处理
付款单位（汇款人）委托银行把款项汇给收款人	应根据银行受理汇兑业务退回的信汇或电汇凭证的回单进行账务处理。如果汇款属于清偿的前欠债务，应借记“应付账款”、“其他应付款”等科目，贷记“银行存款”科目
采用汇兑方式把款项汇到外地开立临时或零星采购专户	应根据银行受理汇兑业务退回的信汇或电汇凭证的回单，借记“其他货币资金——外埠存款”科目，贷记“银行存款”科目
收到外地采购点用外埠存款采购的材料	应根据采购材料的专用发票记账联、材料入库单等单据，借记“原材料”、“应交税费——应交增值税（进项税额）”等科目，贷记“其他货币资金——外埠存款”科目
收款单位收到银行转来对方通过汇兑方式还来的款项	根据银行转来的信汇凭证第四联（电汇凭证第三联）时，借记“银行存款”科目，贷记“应收账款”科目

任务实施

任务实施一　12 月 19 日江苏环宇公司填写一式二联的“结算业务申请书”，选择“电汇”方式，委托银行汇款给外地的太原钢铁公司，用于偿还前欠的购货款 100 000 元

步骤一：填写“结算业务申请书”，选择“电汇”方式，并加盖预留的银行印鉴，如图 3-32 所示。

步骤二：根据“结算业务申请书”的回单联，编制会计分录如下。

中国工商银行　结算业务申请书（回单）　2

委托日期 2013 年 12 月 19 日　　第 0364257 号

业务类型	银行汇票	银行本票	电汇√	转账	现金
汇款人 全称	江苏环宇公司	收款人 全称	太原钢铁公司		
汇款人 账号	680394184-89	收款人 账号	466760248-11		
汇出行名称	工行和平分行	汇入行名称	工行解放分行		
金额 人民币（大写）	壹拾万元整	亿 千 百 十 万 千 百 十 元 角 分	¥ 1 0 0 0 0 0 0 0		
上列款项请在本人的账户内支付，并按照汇兑结算规定汇给收款人。 江苏环宇公司 财务专用章　刘军 申请人签章	支付密码： 附加信息及用途： 复核　记账				

此联是汇出银行给汇款单位的回单

图 3-32　结算业务申请书

借：应付账款——太原钢铁公司　　　　　　　　　　　　　　100 000

　　贷：银行存款——工商银行　　　　　　　　　　　　　　　100 000

任务实施二　通过"汇兑"方式，把款项汇到外地设立采购专户

步骤一：12月23日江苏环宇公司填写"结算业务申请书"，选择"电汇"方式，委托银行汇出120 000元到外地设立采购专户。根据回单联编制会计分录如下。

借：其他货币资金——外埠存款　　　　　　　　　　　　　　120 000

　　贷：银行存款——工商银行　　　　　　　　　　　　　　　120 000

步骤二：12月30日江苏环宇公司财务人员收到采购人员的采购发票或"原材料收购凭证"，注明收购甲原材料100 000元，增值税17 000元。根据发票联、付款单据等原始凭证编制会计分录如下。

借：在途物资——甲材料　　　　　　　　　　　　　　　　　100 000

　　应交税费——应交增值税（进项税额）　　　　　　　　　　17 000

　　贷：其他货币资金——外埠存款　　　　　　　　　　　　　117 000

步骤三：12月31日江苏环宇公司收到开户银行转来余额收账通知。根据收账通知等原始凭证编制会计分录如下。

借：银行存款——工商银行　　　　　　　　　　　　　　　　　3 000

　　贷：其他货币资金——外埠存款　　　　　　　　　　　　　　3 000

任务六　办理委托收款结算

任务导入

企业在签订商品购销合同时，可以事先商定采用某一种结算方式来清算货款。如果双方业务频繁、相互信任，收款方一般会选择委托银行代理收款，即是委托收款结算方式。同时，通信公司、自来水公司、供电公司、燃气公司等公用事业单位在向企业单位收取电话费、水费、电费、燃气费时，一般都是委托银行收款的。

知识准备

一、委托收款概述

（一）委托收款的定义

委托收款是收款人委托银行向付款人收取款项的结算方式。委托收款结算方式，按款项划转方式不同，可分为邮寄划回和电报划回两种，这两种方式由收款人选用。

（二）使用范围及特点

委托收款适用于在银行或其他金融机构开立账户的单位和个体经济户的商品交易、劳务款项以及其他应收款项的结算。一般常用于水电、电信等公用事业单位劳务款项的结算。

委托收款除具有适用范围广泛的特点外，也没有规定金额的起点，不受是否签订经济合同或是否发货的限制。只要收款人委托收款，付款人没有异议，银行即可办理划款。

（三）委托收款凭证的联次与样式

委托收款凭证共五联，第一联为收款开户银行给收款人的受理回单，第二联为收款人开户银行作贷方凭证，第三联为付款人开户银行作借方凭证，第四联为付款人开户银行凭以汇款或收款人开户银行作收账通知，第五联为付款人开户银行给付款人按期付款的通知。

委托收款凭证的第四联如图 3-33 所示（其他联次格式一样）。

委托收款 凭证（收款通知）				**4**	第 号										
		委托日期　年　月　日			委托号码										
收款人	全　称		付款人	全　称											
	账号或地址			账　号											
	开户银行			开户银行											
委托金额	人民币（大写）					千	百	十	万	千	百	十	元	角	分
款项内容		委托收款凭证名称			附寄单证张数										
备注：		款项收妥日期 年　月　日			收款人开户银行盖章　　月　日										

图 3-33　委托收款凭证第四联

二、委托收款结算业务流程

委托收款结算业务流程如图 3-34 所示。

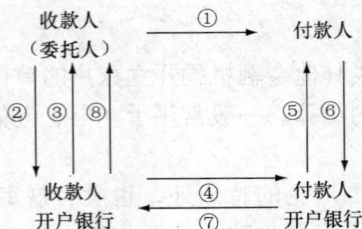

图 3-34　委托收款结算业务流程图

说
明

① 收款人发运商品或提供劳务。

② 收款人委托银行收款，填写一式五联"委托收款凭证"和发票账单递交开户银行。

③ 银行受理并退回回单（委托收款凭证第一联）。

④ 收款人开户行向付款人开户行寄送委托收款凭证三、四、五联及发票账单，留存委托收款凭证第二联。

⑤ 付款人开户行通知付款人付款，转交委托收款凭证第五联及发票账单。

⑥ 付款人承付或拒付。

⑦ 付款人开户银行寄回委托收款凭证第四联并划款项，留存委托收款凭证第三联。如果拒付，寄回所有单证及拒付理由书。

⑧ 收款人开户银行通知收款人已收账（送交委托收款凭证第四联）或通知收款人被拒付。

三、委托收款结算业务的账务处理

办理委托收款结算业务的业务节点与账务处理如表 3-7 所示。

表 3-7　　　　　办理委托收款结算业务的业务节点与账务处理表

业务节点	账务处理
发出产品或提供服务后，委托银行收款	根据委托收款结算凭证回单联（第一联）和销售发票，借记"应收账款"科目，贷记"主营业务收入"、"应交税费——应交增值税（销项税额）"等科目
收到银行通知，委托收取的款项已到账	根据委托收款结算凭证通知联（第四联），借记"银行存款"科目，贷记"应收账款"科目
购货单位收到银行转来的委托收款结算凭证付款通知联（第五联）及所附发票账单	根据银行转来发票和付款通知等单据，借记"在途物资"、"应交税费——应交增值税（进项税额）"或者"管理费用"等科目，贷记"银行存款"科目

任务实施

任务实施一 办理支付电话费的业务

12 月 16 日连云港市红星公司收到开户银行转来"委托收款"电话费 1 150 元的付款通知，如图 3-35 所示。

中国电信连云港分公司结算凭证

发 票 联

发票号码：142010661055
发票号码：18511385

开票日期：2013 年 12 月 16 日

付款方	全 称	连云港市红星公司			收款方	全 称	江苏省连云港市电信公司
	账号或地址	7603941840067				账 号	670124451-77
	开户银行	工行解放路分行	行号	67222		开户银行	工行解放路分行

收费金额 人民币（大写）	壹仟壹佰伍拾元整	十 万 千 百 十 元 角 分
		￥ 1 1 5 0 0 0

款项性质	2013 年 11 月份电信业务费用	合同号码	37762620	附寄单证张数	一张

备注：业务号码：8466889

固话/PHS 月租金 25.00　市话费　1119.00　功能使用费　上期余额-0.84

实收款：1150.00　　本期余额　-0.84

单位主管

图 3-35　中国电信结算凭证

编制会计分录如下。

借：管理费用——通信费　　　　　　　　　　　　　　　　　1 150
　　贷：银行存款——工商银行　　　　　　　　　　　　　　　　　1 150

任务实施二 销售产品，采用委托收款结算方式收取货款

步骤一：2013 年 12 月 17 日江苏环宇公司向江苏时代公司销售产品一批，发票注明价款 95 000 元，增值税 16 150 元，双方约定采用"委托收款"结算方式，江苏环宇公司销货后办妥委托收款手续。根据委托收款凭证的回单联和销货发票的记账联编制会计分录如下。

借：应收账款——时代公司　　　　　　　　　　　　　　　　111 150
　　贷：主营业务收入　　　　　　　　　　　　　　　　　　　　95 000

　　　　应交税费——应交增值税（销项税额）　　　　　　　　　16 150

　　步骤二：12 月 21 日江苏环宇公司收到银行转来的委托收款结算凭证收款通知，收到江苏时代公司货款 111 150 元。根据委托收款结算凭证收款通知编制会计分录如下。

　　　　借：银行存款——工商银行　　　　　　　　　　　　　　111 150
　　　　　　贷：应收账款——时代公司　　　　　　　　　　　　　　111 150

任务七　其他结算方式的办理

任务导入

　　公司总经理经常要招待重要客户，招待费用很高，每次用现金结账比较麻烦，为此公司为其办理了一张信用卡，先消费再还款，还款时用网银转账即可。信用卡、网银是随着经济发展出现的新型结算方式，会计人员应掌握这些新事物。

知识准备

一、认知信用卡结算方式

（一）信用卡的概念

　　信用卡是银行向个人和单位发行的，凭此向特约单位购物、消费和向银行存取现金，具有消费信用的特制载体卡片，其形式是一张正面印有发卡银行名称、有效期、号码、持卡人姓名等内容，背面有磁条、签名条的卡片。信用卡是一种非现金交易付款的方式，是简单的信贷服务。持卡人持信用卡消费时无须支付现金，待结账日时再行还款。

【知识链接】

信用卡关键词

　　信用额度：银行在批准信用卡的时候给予信用卡的一个最高透支的限额，超过了这个额度就无法正常刷卡消费。

　　交易日：持卡人实际用卡交易的日期。

　　记账日：又称入账日，是指持卡人用卡交易后，发卡银行将交易款项记入其信用卡账户的日期，或发卡银行根据相关约定将有关费用记入其信用卡账户的日期。

　　账单日：发卡银行每月定期对持卡人的信用卡账户当期发生的各项交易、费用等进行汇总，并结计利息，计算持卡人当期应还款项的日期。

免息还款期：对非现金交易，从银行记账日起至到期还款日之间的日期为免息还款期。免息还款期最短 20 天，最长 56 天。在此期间，只要全额还清当期对账单上的本期应还金额，便不用支付任何非现金交易由银行代垫资金的利息（预借现金则不享受免息优惠）。

到期还款日：发卡银行规定的持卡人应该偿还其全部应还款或最低还款额的最后日期。

（二）小企业办理信用卡流程

凡在中国境内金融机构开立基本账户的小企业可申领单位卡。小企业申领信用卡，应按规定填制申请表，连同有关资料一并送交发卡银行。符合条件并按银行要求交存一定金额的备用金后，银行为申领人开立信用卡存款账户，并发给信用卡。

小企业卡可申领若干张，持卡人资格由申领单位法定代表人或其委托的代理人书面指定和注销，持卡人不得出租或转借信用卡。企业卡账户的资金一律从其基本存款账户转账存入，在使用过程中，需要向其账户续存资金的，也一律从其基本存款账户转账存入，不得交存现金，不得将销货收入的款项存入其账户。

（三）信用卡的账务处理

办理信用卡结算业务的业务节点与账务处理如表 3-8 所示。

表 3-8　　　　　　　　　　办理信用卡结算业务的业务节点与账务处理表

业务节点	账务处理
办理信用卡	小企业应填制"信用卡申请表"，连同支票和有关资料一并送存发卡银行，根据银行盖章退回的进账单第一联，借记"其他货币资金——信用卡存款"科目，贷记"银行存款"科目
使用信用卡	小企业用信用卡购物或支付有关费用，收到开户银行转来的信用卡存款的付款凭证及所附发票账单，借记"管理费用"等科目，贷记"其他货币资金——信用卡存款"科目
信用卡还款	借记"其他货币资金——信用卡"科目，贷记"银行存款"科目
注销信用卡	企业的持卡人如不需要继续使用信用卡时，应将信用卡主动到发卡银行办理销户销卡手续，单位卡科目余额转入企业基本存款户，不得提取现金，借记"银行存款"科目，贷记"其他货币资金——信用卡"科目

二、认知网上银行结算方式

（一）网银的概念

网上银行又称网络银行、在线银行，是指银行利用互联网技术，通过互联网向客户提供开户、查询、对账、行内转账、跨行转账、信贷、网上证券、投资理财等传统服务项目，使客户可以足不出户就能够安全、便捷地管理活期和定期存款、支票、信用卡及个人投资等。可以说，网上银行是在互联网上的虚拟银行柜台。它不受时间、空间限制，能够在任何时间（Anytime）、任何地点（Anywhere），以任何方式（Anyway）为客户提供金融服务。

网上银行除了要担负传统金融服务的经营职能外，更将成为新经济模式下银企合作的纽带，是新型的服务和营运模式。

（二）企业网银的运用

企业网银是银行面向企业用户开发的一种网上银行服务，企业网银这个不容小觑的电子渠道，正快速发展成为对企业现有运营模式进行革新的力量，是帮助客户稳步进入电子贸易新时代强而有力的助推器，也是帮助客户以及他们的贸易伙伴在贸易交易过程中实现效益最大化和资源最优化的有效金融工具。

相对于个人网银而言，企业网银拥有更高的安全级别，更多针对企业的功能等。企业银行服务一般提供账户余额查询、交易记录查询、总账户与分账户管理、转账、在线支付各种费用、透支保护、储蓄账户与支票账户资金自动划拨、商业信用卡等。此外，还包括投资服务等。部分网上银行还为企业提供网上贷款业务。

（三）企业网银的账务处理

企业网银的账务处理就是银行存款的账务处理，不同点在于原始凭证取得方式不一样。网上银行交易回单的取得方式有两种：一是直接打印电子回单，然后拿到银行盖章；二是定期到银行回单柜取回银行出的回单。企业拿到回单后，就可正常进行业务处理。

任务实施

任务实施一　信用卡的使用

步骤一：江苏环宇公司总经理招待客户花费了 6 800 元，刷信用卡支付。根据相关发票编制会计分录如下。

借：管理费用——业务招待费　　　　　　　　　　　　　　6 800
　　贷：其他货币资金——信用卡存款　　　　　　　　　　　　6 800

步骤二：出纳开出转账支票 6 800 元偿还信用卡欠款。根据支票存根编制会计分录如下。

借：其他货币资金——信用卡存款　　　　　　　　　　　　6 800
　　贷：银行存款　　　　　　　　　　　　　　　　　　　　6 800

任务实施二　支付网银费用

年末，银行自动扣取江苏环宇公司网上银行年费 600 元。根据相关单据编制会计分录如下。

借：财务费用——手续费　　　　　　　　　　　　　　　　600
　　贷：银行存款　　　　　　　　　　　　　　　　　　　　600

项目总结

本项目共七个任务，全面阐述了现代经济社会的各种支付结算方式。

项目导航概述了支付结算的概念以及支付结算方式的不同分类，如票据结算方式与银行其他结算方式，同城结算与异地结算。任务一讲述支票结算方式，详细讲解了支票的类别、填制以及账务处理。任务二讲述银行汇票结算方式，从它的业务流程及账务处理角度来讲述。任务三讲述银行本票结算方式，与银行汇票方式类似，但只适用于同城结算。任务四讲述商业汇票结算，介绍了商业汇票的种类、特点以及账务处理。任务五讲述汇兑结算方式，该方式有信汇、电汇两种，简单快捷。任务六讲述委托收款结算方式，该方式一般常用于水电、电信等公用事业单位劳务款项的结算。任务七讲述其他结算方式，包括信用卡以及网上银行结算方式，这是随着经济发展出现的新型结算方式，较之传统结算方式，使用上更灵活、方便。

项目四
记录应收款项、
厘清债权资产

项目导航

知识目标

- 掌握商业汇票的概念和分类；
- 理解应收账款的确认原则；
- 了解应收及预付款项的基本概念、性质与范围；
- 掌握应收票据、应收账款、预付账款和其他应收款的核算；
- 理解坏账损失的核算。

能力目标

- 能描述商业汇票的有关管理规定；
- 能计算带息应收票据的利息；
- 能说出应收及预付款项的定义及内容；
- 能说出应收及预付款项核算的科目设置及账户结构；
- 能写出应收款项业务所涉及科目之间的对应关系；
- 能独立完成应收及预付款项的业务核算。

应收及预付款项是指小企业在日常生产经营活动中发生的各项债权，包括：应收票据、应收账款、应收股利、应收利息、其他应收款等应收款项和预付账款。应收及预付款项应当按照发生额入账。

任务一　记录与管理应收票据

任务导入

在激烈的市场竞争中，企业为拓展产品市场、扩大销售，通常会采用赊销的方式，此时，企业会形成一种债权资产。如江苏环宇公司于 2013 年 10 月 18 日销售商品收到一张面值为 100 000 元、期限为 90 天、利率为 9%的商业承兑汇票。该企业因急需资金持此票据到银行贴现，贴现率为 12%。如何处理此类业务，财会人员应知悉应收票据（商业汇票）的相关知识、计量原则，应能较好地把握应收票据的增加、减少的业务流程及会计核算方法。

知识准备

一、认知商业汇票

商业汇票是由出票人签发，委托付款人在指定日期无条件支付确定金额给收款人或者持票人的票据。

（一）商业汇票按承兑人的不同可分为商业承兑汇票和银行承兑汇票

（1）商业承兑汇票是由购货人签发并承兑的商业汇票，承兑人是购货人即付款人。商业承兑汇票如图 4-1 所示。

商业承兑汇票　2

出票日期（大写）：贰零壹贰年壹拾贰月零壹拾日

付款人	全称	镇江市江海贸易公司	收款人	全称	江苏环宇公司											
	账号	704567181345		账号	740108320311											
	开户银行	工行镇江分理处		开户银行	中国银行徐州开发区支行											
出票金额	人民币（大写）壹佰壹拾伍万捌仟叁佰元整					亿	千	百	十	万	千	百	十	元	角	分
							¥	1	1	5	8	3	0	0	0	0
汇票到期日（大写）	贰零壹叁年零肆月零壹拾日			付款人开户行	账号											
					地址											
交易合同号：				备注：												

图 4-1　商业承兑汇票

（2）银行承兑汇票是购货人（出票人）签发，由承兑银行承兑的商业汇票，承兑人是承兑银行。银行承兑汇票如图 4-2 所示。

就债权人而言，更愿意接受银行承兑汇票，因为在商业汇票到期，付款人无力支付款项时，承兑银行要负连带付款责任。银行承兑汇票的风险很小，收款人到期一般都能收回款项。

（二）商业汇票按照是否计息分为带息商业汇票和不带息商业汇票

（1）带息商业汇票是指票据上注明利率及付息日期，承兑人按票面金额加上票面利息向收款人或被背书人付款的商业汇票。

带息商业汇票的到期价值=票面金额+票面利息

票面利息=票据面值×票面利率×票据付款期限

银 行 承 兑 汇 票 2

出票日期（大写）　贰零壹贰年壹拾壹月壹拾叁日							汇票号码：03983943									

付款人	全　称	武汉华中有限公司		收款人	全　称	江苏环宇公司									
	账　号	86282235-59			账　号	740108320311									
	开户银行	中行武汉友谊分行			开户银行	中行徐州开发区支行									

出票金额	人民币（大写）	贰佰贰拾贰万叁仟元整			千	百	十	万	千	百	十	元	角	分
					￥	2	2	2	3	0	0	0	0	0

汇票到期日（大写）	贰零壹叁年零壹月壹拾叁日	付款行	行号	34256
承兑协议编号	2012苏银承字第003883号		地址	武汉市

本汇票已经承兑，到期无条件支付票款 承兑人签章 承兑日期：2012年11月13日	本汇票已经承兑，到期日由本行付款 承兑日期　2012年11月15日 备注：	密押 承兑行签章 复核　　记账

图4-2　银行承兑汇票

上式中，"票面利率"指的是商业汇票上注明的利率，"票据付款期限"指签发日（出票日）至到期日的间隔期。

（2）不带息商业汇票是票据上没有注明利率，商业汇票到期时，承兑人只按票面金额（即面值）向收款人或被背书人付款的商业汇票。

不带息商业汇票的到期价值=票面金额

二、认知应收票据

应收票据作为一种债权凭证，是指企业因销售商品、产品、提供劳务等而收到的、还没有到期的、尚未兑现的商业汇票。

三、记录与管理应收票据的科目与账簿

（一）"应收票据"科目

（1）定义：核算企业因销售商品、产品、提供劳务而收到的商业汇票，包括银行承兑汇票和商业承兑汇票。

（2）核算内容：借方登记收到承兑的商业汇票的面值，贷方登记票据到期时收到款项而结转的应收票据的账面价值，或因付款人无力支付票款而转入应收账款的应收票据的账面价值；期末借方余额反映企业持有的商业汇票的票面价值。

（3）明细账的设置：按开出、承兑商业汇票的单位进行明细核算。

（二）"应收票据"账簿

应收票据除设置常规的三栏式总分类账和三栏式明细分类账以外，应当设置"应收

票据备查簿"。该备查簿逐笔登记每一商业汇票的种类、号数、出票日期、票面金额、交易合同号、付款人、承兑人、背书人的姓名或单位名称、到期日期、利率以及收款日期和收回金额等资料。商业汇票到期结清票款后，应在备查簿内逐笔注销。应收票据备查簿如图 4-3 所示。

应收票据备查簿

第　　页

年		摘要	交易合同号	票据基本情况					付款人及单位名称	承兑人及单位名称	背书人及单位名称	贴现			承兑				背书转让日
月	日			票据号码	签发日期	到期日期	票面金额	票面利率				贴现日期	贴现利率	贴现净额	承兑日期	受理单位	票面金额	实收金额	

图 4-3　应收票据备查簿

四、应收票据的贴现

（一）贴现的概念

贴现是指持票人（贴现申请人）因急需资金将未到期的商业汇票背书转让给银行，贴现银行收取一定贴现利息后将剩余票款付给贴现申请人的业务活动。票据贴现时，持票人必须在票据上"背书"。所谓"背书"是指票据的持票人在票据背面签名，将其权利转让给他人的行为。贴现分为附追索权的贴现和不附追索权的贴现两种。

（二）贴现额的计算

$$票据到期价值 = 面值 + 面值 × 票面利率 × 票据期限$$
$$贴现利息 = 票据到期价值 × 贴现率 × 贴现期$$
$$贴现实收金额 = 票据到期价值 - 贴现利息$$

五、应收票据的业务节点与账务处理

（一）应收票据取得与到期时业务节点与账务处理如表 4-1 所示。

表 4-1　　　　　　　　　　应收票据取得与到期时业务节点与账务处理表

业务节点	账务处理
销售商品，取得商业汇票	按其票面价值，借记"应收票据"科目，按发生的交易额和应收取的增值税额分别贷记"主营业务收入"和"应交税费——应交增值税（销项税额）"等科目
票据到期	应收票据到期收到款项时，借记"银行存款"，贷记"应收票据——××企业"。如果是商业承兑汇票到期未能收到款项，应转为应收账款，借记"应收账款——××企业"，贷记"应收票据——××企业"。如果是银行承兑汇票，因为有银行作为付款承兑人，一般不存在到期不能收款的情况

（二）应收票据贴现的业务节点与账务处理如表 4-2 所示。

表 4-2　　　　　　　　　　　应收票据贴现的业务节点与账务处理表

业务节点	账务处理
附追索权的贴现	申请贴现的企业在与贴现银行签订借款协议，取得贴现资金后，按借款协议上的借款金额，贷记"短期借款"科目，按实际收到的金额借记"银行存款"，按实际收到的金额与借款金额之间的差额确认"财务费用"
不附追索权的贴现	申请贴现的企业贴现时，应按应收票据的到期值贷记"应收票据"科目，按实际收到的金额借记"银行存款"，按实际收到的金额与票据的到期值之间的差额确认"财务费用"

（三）应收票据转让的账务处理

应收票据转让是指持票人因偿还他人货款等原因而将未到期的商业汇票，背书后转让给其他单位或个人的业务活动。

应收票据转让的业务节点与账务处理如表 4-3 所示。

表 4-3　　　　　　　　　　　应收票据转让的业务节点与账务处理表

业务节点	账务处理
应收票据的转让	小企业将持有的应收票据背书转让，以取得所需的物资时，按购入物资成本的价值，借记"在途物资"、"原材料"等科目，按取得的增值税专用发票上注明的增值税额借记"应交税金——应交增值税（进项税额）"科目，按应收票据的账面价值，贷记"应收票据"科目，如有差额借记或贷记"银行存款"等科目

任务实施

任务实施一　销售商品，结算方式为商业汇票

步骤一：2013 年 6 月 12 日，江苏环宇公司销售甲产品 50 台给镇江市江海贸易公司，价款 990 000 元，增值税 168 300 元，收到镇江市江海贸易公司开出的商业承兑汇票一张，面值 1 158 300 元，期限 3 个月。根据增值税发票记账联、商业承兑汇票复印件编制会计分录如下。

借：应收票据——镇江江海　　　　　　　　　　　　　　1 158 300
　　贷：主营业务收入——甲产品　　　　　　　　　　　　990 000
　　　　应交税费——应交增值税（销项税额）　　　　　　168 300

步骤二：2013 年 9 月 12 日，镇江市江海贸易公司的商业汇票到期，款已收存银行。根据银行进账单编制会计分录如下。

借：银行存款　　　　　　　　　　　　　　　　　　　　1 158 300
　　贷：应收票据——镇江江海　　　　　　　　　　　　　1 158 300

步骤三：若该商业承兑汇票到期，付款人镇江市江海贸易公司无力支付货款 1 158 300元。根据相关协议等编制会计分录如下。

借：应收账款——镇江江海　　　　　　　　　　　　　　1 158 300
　　贷：应收票据——镇江江海　　　　　　　　　　　　　1 158 300

任务实施二　持商业汇票向银行申请办理贴现

步骤一：计算贴现利息和贴现实收金额。

贴现凭证如图 4-4 所示。

贴现凭证（收账通知）

2012 年 12 月 30 日　　　　　　　　　　　　NO 24578

申请人	名　称	江苏环宇公司	贴现汇票	种类	商业承兑汇票	号码	SC02587
	账　号	740108320311		发票日	2012 年 11 月 20 日		
	开户银行	中国银行徐州开发区支行		到期日	2013 年 1 月 30 日		

汇票承兑人（或银行）	名称	广州市机械厂	账号	824031694122	开户银行	工行广州市支行

汇票金额（即贴现金额）	人民币（大写）壹拾贰万捌仟柒佰元整	百	十	万	千	百	十	元	角	分
		￥	1	2	8	7	0	0	0	0

贴现率（每月）	12‰	贴现利息	万	千	百	十	元	角	分	实付贴现金额	百	十	万	千	百	十	元	角	分

上列款项已入你单位账户　此致　　　备注：

银行盖章　2012 年 12 月 30 日

图 4-4　贴现凭证

票据到期价值=128 700 元　　　　　贴现期一个月

贴现利息=128 700×1.2%=1 544.4 元

贴现实收金额=128 700-1 544.4=127 155.6 元

步骤二：不附追索权的贴现的账务处理，根据贴现凭证、相关协议等编制会计分录如下。

借：银行存款　　　　　　　　　　　　　　　　　127 155.6
　　财务费用　　　　　　　　　　　　　　　　　　1 544.4
　　　贷：应收票据——广州机械厂　　　　　　　　　　128 700

步骤三：附追索权的贴现的账务处理，根据贴现凭证、相关协议等编制会计分录如下。

借：银行存款　　　　　　　　　　　　　　　　　127 155.6
　　财务费用　　　　　　　　　　　　　　　　　　1 544.4
　　　贷：短期借款　　　　　　　　　　　　　　　　　128 700

步骤四：附追索权的贴现，票据到期，付款人支付票据款，根据相关单据等编制会计分录如下。

借：短期借款　　　　　　　　　　　　　　　　　128 700
　　　贷：应收票据——广州机械厂　　　　　　　　　　128 700

任务实施三　转让应收票据

江苏环宇公司从四方钢厂购入 A 材料一批，增值税专用发票上记载的货款为

50 000 元，增值税 8 500 元。江苏环宇公司用收到的东方公司交来的商业汇票付讫，商业汇票票面金额为 50 000 元，不足款项以银行存款支付，材料已验收入库。根据增值税发票、收料单、商业汇票复印件等编制会计分录如下。

借：原材料——A 材料　　　　　　　　　　　　　　　　　50 000
　　应交税费——应交增值税（进项税额）　　　　　　　　　 8 500
　　贷：应收票据——东方公司　　　　　　　　　　　　　　　　50 000
　　　　银行存款　　　　　　　　　　　　　　　　　　　　　 8 500

任务二　记录与管理应收账款

任务导入

　　江苏环宇公司 6 月 12 日销售一批商品给徐州东来公司，货款未收，7 月 10 日才收到徐州东来公司的货款。在这期间，应如何记录客户的前欠货款？在小企业的日常活动中，为了吸引客户，常常采用赊销的方式先销售商品，后收货款，这就形成应收账款。财会人员应知悉应收账款相关知识、计量原则，应能较好地把握应收账款的增加、减少的业务流程及会计核算方法。

知识准备

一、认知应收账款

　　应收账款是指小企业因销售产品、提供劳务等业务，应向购货单位或接受劳务的单位收取的款项。小企业在生产经营活动中，因销售产品、提供劳务等业务的结算方式不同，必然会有一部分资金被购货单位或接受劳务的单位所占用，从而形成应收账款。

　　应收账款通常按实际发生额计价入账，包括销售货物或提供劳务的价款、增值税，以及代购货方垫付的包装费、运杂费等。它是一年以内或长于一年的一个经营周期内可望收回的应收款项。

二、认知应收账款计价方法

（一）商业折扣

　　商业折扣是指对商品价目表中所列的商品价格，根据批发、零售、特约经销等不同销售对象，给予一定的折扣优惠。商业折扣通常用百分数来表示，如 5%、10%、15% 等。商场中的打折促销就属于商业折扣，扣减商业折扣后的价格才是商品的实际销售价格。如某企业生产 A 产品，价目表中标明的零售价为 360 元/件，并规定购买 100 件以上可享受 10% 的折扣，江苏环宇公司购买了 200 件 A 产品，则实际成交价格为 64 800 元（200×360×90%）。

　　商业折扣一般在交易发生时即已确定，它仅仅是确定实际销售价格的一种手段，不需要在买卖双方任何一方的账上反映。因此，在存在商业折扣的情况下，企业应收账款的入账价值应按扣除商业折扣后的净额确认。

（二）现金折扣

现金折扣是指债权人为鼓励债务人在规定的期限内提前付款，而向债务人提供的债务扣除。现金折扣通常发生在以赊销方式销售商品或提供劳务的交易中。现金折扣一般用符号"折扣率/付款期限"表示。

例如，甲公司赊销产品时，给出的付款条件为"2/10，1/20，N/30"，即买方在 10 天内付款，企业可按应收价款给买方 2%的折扣，用符号"2/10"表示；买方在 11 天至 20 天内付款，企业可按应收价款给买方 1%的折扣，用符号"1/20"表示；买方在 21 天至 30 天内付款，则不给买方折扣，用符号"N/30"表示。

存在现金折扣的情况下，应收账款入账金额的确认有两种方法，总价法和净价法。总价法是以未减去现金折扣后的金额确认收入和应收账款，现金折扣只有客户在折扣期内支付货款时才予以确认。净价法是将扣除现金折扣后的金额确认为收入和应收账款。我国目前的会计实务中，所采用的是总价法。客户所享有的现金折扣作为财务费用处理，计入当期损益。

三、记录与管理应收账款的科目与账簿

（一）"应收账款"科目

（1）定义：核算企业因销售商品、提供劳务等经营活动应收取的款项。

（2）核算内容：借方登记应收账款的发生额，贷方登记应收账款的收回数和确认的坏账损失数，期末余额一般在借方，表示尚未收回的应收账款；期末如为贷方余额表示企业预收的货款。

（3）明细账的设置：本账户应按不同的购货或接受劳务单位或个人设置明细科目。

（二）"应收账款"账簿

应收账款应设置三栏式总分类账和三栏式明细分类账。

四、应收账款的账务处理

应收账款的业务节点与账务处理如表 4-4 所示。

表 4-4　　　　　　　　　　　　　应收账款的业务节点与账务处理表

业务节点	账务处理
发生应收账款	借记"应收账款"科目，贷记"主营业务收入"、"其他业务收入"、"应交税费——应交增值税（销项税额）"等科目
小企业代购货单位垫付的包装费、运杂费等费用	借记"应收账款"科目，贷记"银行存款"科目
收回款项	借记"银行存款"科目，贷记"应收账款"科目
应收账款改用商业汇票结算	收到承兑的商业汇票时，借记"应收票据"科目，贷记"应收账款"科目

🏃 任务实施

任务实施一　销售商品，货款未收

步骤一：2013 年 6 月 23 日，江苏环宇公司采用托收承付结算方式向徐州大吉公

司销售乙产品一批，货款 90 000 元，增值税额 15 300 元，以存款代垫运杂费 600 元，已办妥托收手续。根据增值税发票记账联、托收承付单据等编制会计分录如下。

借：应收账款——徐州大吉   105 900

    贷：主营业务收入——乙产品   90 000

        应交税费——应交增值税（销项税额）   15 300

        银行存款   600

步骤二：收到徐州大吉公司前欠货款，根据银行进账单编制会计分录如下。

借：银行存款   105 900

    贷：应收账款——徐州大吉   105 900

任务实施二　现金折扣的账务处理

江苏环宇公司销售给天津市铸压机厂乙产品一批，具体情况如图 4-5、图 4-6 所示。

销货折扣审批单

购买单位：天津市铸压机厂

收货地址：天津市华东路 18 号   2013 年 6 月 8 日

客户分类：临时客户   现金折扣条件：2/10，1/20，N/40

产品名称	销货时间	收款时间	应收金额（元）	折扣率（%）	实收金额（元）
乙产品	2013.6.4	2013.6.8	471 000	2	461 580

图 4-5　销售折扣审批单

中国银行　进账单（收账通知或回单）

2013 年 6 月 8 日

出票人	全称	天津市铸压机厂	收款人	全称	江苏环宇公司										此联是回单
	账号	265801-2123		账号	740108320311										
	开户银行	工商银行正东办事处		开户银行	中国银行徐州开发区支行										

人民币（大写）肆拾陆万壹仟伍佰捌拾元整	千	百	十	万	千	百	十	元	角	分
			¥	4	6	1	5	8	0	0

票据种类	转账支票	票据张数	1	收款单位开户行盖章
票据号码				
	复核　　记账			

图 4-6　进账单

根据销货折扣审批单、银行进账单编制会计分录如下。

借：银行存款   461 580

    财务费用——现金折扣   9 420

    贷：应收账款——天津铸压机厂   471 000

任务三　记录与管理预付账款

任务导入

在采购业务中，可能会因为一些原因出现先向供货单位预付货款的情况，即形成企业的另一项债权资产——预付账款。如 7 月 5 日江苏环宇公司向供货单位预付货款 5 万元，7 月 26 日收到供货单位发来价值 11.7 万元的材料，7 月 30 日，结清货款。故财会人员应掌握核算预付货款应设置的科目、相关业务流程及账务处理。

知识准备

一、认知预付账款

预付账款是指小企业按照合同规定预付的款项，包括根据合同规定预付的购货款、租金以及进行在建工程预付的工程价款等。

二、记录预付账款

为了反映预付账款的支付和结算情况，小企业应设置"预付账款"科目。

（1）定义：核算企业按照合同规定预付的款项。

（2）核算内容：借方登记预付给供货单位的货款，以及补付的货款；贷方登记收到订购材料物资的增值税发票所列的总金额，供货方代垫的款项，以及退回多付的金额；期末借方余额反映企业向供货单位预付的货款，如为贷方余额，反映企业尚未补付的款项。

（3）明细账的设置：按供货单位设置明细账组织明细核算。

> **提醒你**　预付账款不多的小企业，可以不设置"预付账款"账户，而将预付的款项直接计入"应付账款"账户的借方。

三、预付账款的账务处理

预付账款的业务节点与账务处理如表 4-5 所示。

表 4-5　　　　　　　　　　预付账款的业务节点与账务处理表

业务节点	账务处理
预付款项	借记"预付账款——××企业"，贷记"银行存款"
收到发来的订购材料，材料验收入库	借记"原材料"、"应交税费——应交增值税（进项税额）"，贷记"预付账款——××企业"
补付款项	借记"预付账款——××企业"，贷记"银行存款"

任务实施　预付款方式采购原材料

江苏环宇公司向江苏南方机电公司购买材料，双方商定采用预付货款方式进行结算。

步骤一：2013 年 7 月 2 日，预付购料款 50 000 元给江苏南方机电公司。根据相关单据编制会计分录如下。

借：预付账款——江苏南方机电　　　　　　　　　　　　　　　50 000
　　贷：银行存款　　　　　　　　　　　　　　　　　　　　　　　　50 000

步骤二：7 月 6 日，收到江苏南方机电公司发来的订购材料，增值税专用发票注明价款 100 000 元，增值税 17 000 元，材料验收入库。根据增值税发票、收料单等编制会计分录如下。

借：原材料——A 材料　　　　　　　　　　　　　　　　　　　100 000
　　应交税费——应交增值税（进项税额）　　　　　　　　　　　 17 000
　　　贷：预付账款——江苏南方机电　　　　　　　　　　　　　　117 000

步骤三：7 月 12 日，通过银行支付所欠江苏南方机电公司余款 67 000 元。根据相关单据编制会计分录如下。

借：预付账款——江苏南方机电　　　　　　　　　　　　　　　67 000
　　贷：银行存款　　　　　　　　　　　　　　　　　　　　　　　67 000

任务四　记录与管理其他应收款

江苏环宇公司为了赶制一批商品，向平阳设备租赁公司租用两台设备，并支付 10 000 元押金。这笔押金如何进行会计处理？小企业在生产经营活动中，除应收票据、应收账款、预付账款等三项债权资产外，还存在一些其他的债权，如存出保证金、应收的各种赔款、罚款等。这些其他的债权也是企业的资产，企业也应对它们进行会计核算。熟悉这些资产的设置科目和相关业务流程，正确进行账务处理是财会人员的任务之一。

一、认知其他应收款

其他应收款是指小企业除应收票据、应收账款、预付账款以外的其他应收、暂付款项。其他应收款主要包括以下几方面。

（1）应收的各种赔款、罚款。如因企业财产遭受意外损失而向有关保险公司收取的赔款，或因职工失职或过失而向该职工收取的赔款等。

（2）应收出租包装物的租金。

（3）存出保证金，如租入、借入包装物暂付的押金。

（4）应向职工收取的各种垫付款项。如为职工垫付的水电费，应由职工负担的医药费、房租费等。

（5）其他不属于上述各项的其他应收款项。

二、记录其他应收款的科目——其他应收款

（1）定义：核算小企业除应收票据、应收账款、预付账款、应收股利、应收利息、长期应收款等以外的其他各种应收及暂付款项。

（2）核算内容：小企业发生其他各种应收、暂付款项时，借记本科目，贷记"银行存款"、"固定资产清理"等科目；收回或转销各种款项时，借记"库存现金"、"银行存款"等科目，贷记本科目。期末借方余额，反映小企业尚未收回的其他应收款项。

小企业出口产品或商品按照税法规定应予退回的增值税款，也通过本科目核算。

（3）明细账的设置：按对方单位（或个人）进行明细核算。

三、其他应收款的业务节点与账务处理

其他应收款的业务节点与账务处理如表4-6所示。

表4-6　　　　　　　　　　　　　其他应收款的业务节点与账务处理表

业务节点	账务处理
发生赔款、罚款	借记"其他应收款"科目，贷记"库存现金"、"银行存款"、"营业外收入"、"待处理财产损溢"等科目
支付押金	借记"其他应收款"科目，贷记"库存现金"等科目
为职工代垫各种款项	借记"其他应收款"科目，贷记"库存现金"、"银行存款"、"应付职工薪酬"、"管理费用"等科目
收回其他应收款	借记"库存现金"、"银行存款"、"应付职工薪酬"、"管理费用"等科目，贷记"其他应收款"科目

任务实施

任务实施一　核算包装物押金

步骤一：2013年7月5日，江苏环宇公司从丁企业借入100个包装桶，以银行存款向丁企业支付押金2 000元。根据收据编制会计分录如下。

借：其他应收款——存出保证金　　　　　　　　　　　　　　　2 000

　　贷：银行存款　　　　　　　　　　　　　　　　　　　　　　　2 000

步骤二：2013年8月5日，如数归还丁企业100个包装桶，收到丁企业退还的押金2 000元，存入银行。根据相关单据编制会计分录如下。

借：银行存款   2 000
    贷：其他应收款——存出保证金   2 000

任务实施二　罚款的核算

步骤一：8月6日车间刘力因操作违规，被罚款300元。根据处理决定编制会计分录如下。

借：其他应收款——刘力   300
    贷：营业外收入   300

步骤二：8月12日，收到刘力交来的现金300元。根据收据编制会计分录如下。

借：库存现金   300
    贷：其他应收款——刘力   300

任务五　确认与记录坏账损失

任务导入

在生产经营活动中，小企业持有的应收票据、应收账款、预付账款、其他应收款等债权资产，或因债务人资金短缺，或因债务人恶意拖欠，或因其他的经济纠纷，造成回收困难，甚至收不回来，最终成为坏账，形成坏账损失。如何防范坏账损失，如何判断坏账损失，如何估算坏账损失，如何核算坏账损失是财会人员的任务之一。

知识准备

一、认知坏账

坏账是指企业无法收回或收回的可能性极小的应收款项。坏账损失是由于发生坏账而造成的损失。

二、确认坏账的条件

小企业应收及预付款项符合下列条件之一的，减除可收回的金额后确认的无法收回的应收及预付款项，作为坏账损失。

（1）债务人依法宣告破产、关闭、解散、被撤销，或者被依法注销、吊销营业执照，其清算财产不足清偿的。

（2）债务人死亡，或者依法被宣告失踪、死亡，其财产或者遗产不足清偿的。

（3）债务人逾期3年以上未清偿，且有确凿证据证明已无力清偿债务的。

（4）与债务人达成债务重组协议或法院批准破产重整计划后，无法追偿的。

（5）因自然灾害、战争等不可抗力因素导致无法收回的。

（6）国务院财政、税务主管部门规定的其他条件。

三、坏账损失的业务节点与账务处理

坏账损失的业务节点与账务处理如表4-7所示。

表4-7　　　　　　　　　　　　　坏账损失的业务节点与账务处理

业务节点	账务处理
实际发生坏账	应收及预付款项的坏账损失应当于实际发生时计入营业外支出，同时冲减应收及预付款项。具体为应当按照可收回的金额借记"银行存款"等科目，按照其账面余额贷记"应收账款"、"预付账款"等科目，按照其差额借记"营业外支出"科目
已确认的坏账又收回	借记"银行存款"等科目，贷记"营业外收入"科目

任务实施

任务实施一　确认坏账损失

确认坏账报告

江苏环宇公司董事会：

大华机电公司2011年11月20日欠我公司货款5 000元，因其经营不善，濒临破产，经多方催收无效。现报请领导批准转作坏账损失处理。

会计主管：方泊

2013年7月22日

经2013年7月28日董事会批准，同意按坏账损失处理。

江苏环宇公司董事长：刘军

2013年7月28日

根据已确认的坏账报告编制会计分录如下。

借：营业外支出——坏账损失　　　　　　　　　　　　　　　　　5 000
　　贷：应收账款——大华机电公司　　　　　　　　　　　　　　　　5 000

任务实施二　收回已确认的坏账损失

2013年11月12日，江苏环宇公司收到大华电机公司开出的转账支票5 000元，办理了进账手续，之前已将大华电机公司的5 000元贷款确认为坏账损失。根据进账单等编制会计分录如下。

借：银行存款　　　　　　　　　　　　　　　　　　　　　　　　5 000
　　贷：营业外收入　　　　　　　　　　　　　　　　　　　　　　　5 000

【知识链接】

应收及预付款项的内控制度

为了防止差错，降低风险，消除营私舞弊，小企业必须建立一个良好的应收及预付款项的内部控制制度，其主要内容如下所述。

（1）职责分工制度。例如，记账人员、开具销货发票人员不应兼任出纳员；票据保管人员不得经办会计记录；各级人员都应有严密的办事手续制度。

（2）严格的审批制度。例如，各种赊销预付，接受顾客票据或票据的贴现换新，都应按规定的程序批准。

（3）健全的凭证保管、记录和审核制度。客户的借款凭证必须妥善审查保管，做好明细记录并及时登记入账，凭证的收入和支出必须经过审查。

（4）及时进行货款对账、清算和催收制度。对应收及预付账款应及时进行排队分析，针对逾期账款采取不同措施，努力促使账款的及时足额清算和回收。对经办人员建立责任制度，加强各项账款的催收工作。

（5）严格的审查和管理制度。对预付账款的协议、合同应严格审查，对销货退回和折让、票据贴现和坏账转销应加强审核和管理。

项目总结

本项目共有五个任务，详细讲解了小企业应收及预付款项的核算。

任务一主要讲述了商业汇票的概念及种类；应收票据的科目设置及账簿设置；应收票据的日常以及特殊业务（贴现、转让）的账务处理。应收票据应按票面金额作为入账价值，票据到期时若付款方无力支付应转入应收账款科目。票据转让或贴现时，要注意区分附追索权或不附追索权，以进行相应的账务处理。

任务二主要讲述了应收账款的确认与记录：存在商业折扣的情况下，应按照扣除商业折扣后的净额确认应收账款的入账价值；存在现金折扣的情况下，小企业必须按照总价法确认应收账款的入账价值。

任务三讲述了预付账款的相关概念。预付账款的业务流程有三步：按合同约定预付货款、正式采购材料等、采购完成多退少补。此外，在建工程预付的工程款也在此科目核算。预付账款不多的小企业，可以不设置"预付账款"账户，而将预付的款项直接计入"应付账款"账户的借方。

任务四讲述了其他应收款的核算内容及具体运用。

任务五讲述了应收及预付款项发生坏账损失时的处理。小企业应收及预付款项符合准则规定条件之一的，减除可收回的金额后确认的无法收回的应收及预付款项，作为坏账损失，计入营业外支出；已确认的坏账又收回的，计入营业外收入。

项目五
记录存货增减余、把握存货收发存

项目导航

知识目标

- 了解存货的含义和分类；
- 知悉存货的确认条件与计量方法；
- 掌握存货入账价值的确认原则；
- 掌握发出存货的计价方法；
- 掌握按实际成本计价原材料收发核算；
- 理解材料成本差异的计算方法；
- 掌握周转材料的摊销方法；
- 了解存货清查的业务流程。

能力目标

- 能说出原材料按实际成本和计划成本计价收发核算的科目设置；
- 能对原材料收、发、存业务流程每一环节进行总分类核算和明细分类核算；
- 能对周转材料业务流程每一环节进行账务处理；
- 能对库存商品业务流程每一环节进行账务处理；
- 能对委托加工物资业务流程每一环节进行账务处理；
- 能对存货的清查与毁损进行账务处理。

　　小企业在日常活动中持有以备出售的产成品或商品，处在生产过程中的在产品，在生产过程或提供劳务过程中耗用的材料、物料等统称为存货。对正常运营的小企业来说，持有一定数量的存货十分必要。存货既是资产负债表中流动资产的一个重要项目，在流动资产总额中占有较大比例，也是利润表中销售收入和销售成本的来源。小企业的存货包括原材料、在产品、半成品、产成品、商品、周转材料、委托加工物资、消耗性生物资产等。

任务一　收入、发出、保管原材料（实际成本法）

任务导入

　　周山是江苏环宇公司的采购员，8 月周山到外地采购一批原材料，材料价款 100 000 元，增值税 11 700 元，另支付运输费 3 000 元，此次出差采购，差旅费一共 800 元整。在这些花费中，哪些可以成为材料的成本，哪些不能？

　　原材料在存货中占有较大的比重，是一项重要的流动资产。由于实际成本有据可查，具有一定的客观性，对材料收发业务较少的企业来说，核算简单可行，会计人员应加强原材料按实际成本计价收发的核算和管理，掌握其业务流程每一环节的账务处理。

第一部分　收入原材料的核算

知识准备

（一）认知原材料

　　原材料是指小企业在生产过程中经加工改变其形态或性质并构成产品主要实体的各种原料及主要材料、辅助材料、外购半成品（外购件）、修理用备件（备品备件）、包装材料、燃料等。原材料的日常收发及结存，可以按照实际成本计价核算，也可以按照计划成本计价核算。

（二）原材料的入账价值

　　（1）外购原材料的成本，包括购买价款、相关税费、运输费、装卸费、保险费以及在外购存货过程发生的其他直接费用，但不包括按照税法规定可以抵扣的增值税额。

　　① 购买价款指小企业购入材料的发票账单上列明的价款，不包括按规定可以抵扣的增值税额。

　　② 相关税费是指小企业购买、自制或委托加工原材料所发生的进口关税、消费税、资源税和不能抵扣的增值税额等应计入存货采购成本的税费。

　　③ 其他可归属于原材料采购成本的费用包括存货在采购过程中发生的运输费（扣除运费中按一定比例计算的可抵扣的增值税额）、装卸费、保险费、包装费、仓储费、运输途中的合理损耗、入库前的挑选整理费用等。

　　（2）通过进一步加工取得原材料的成本，包括直接材料、直接人工、按照一定方法分配的制造费用以及符合条件的借款费用。上述符合条件的借款费用是指经过 1 年期以上的制造才能达到预定可销售状态的存货而发生的借款费用，包括借款利息、辅助费用以及因外币借款而发生的汇兑差额等。

（3）投资者投入原材料的成本，应当按照评估价值确定。

（4）盘盈原材料的成本，应当按照同类或类似存货的市场价格确定。

（三）采购存货时对增值税的处理办法

（1）小规模纳税企业外购存货，无论是否取得增值税专用发票，增值税一律计入存货的采购成本。

（2）一般纳税企业购买货物时，在发票或完税证明中支付的增值税，应作为进项税单独入账，不计入存货采购成本；用于非应税项目或免交增值税项目的以及未能取得增值税专用发票或完税证明的，其支付的增值税应计入存货的采购成本。

（3）一般纳税企业采购的农产品，可按其买价的13%计算增值税进项税额，扣除这部分进项税额后的价款应计入存货的采购成本。

（四）记录原材料的科目

（1）"在途物资"科目

① 定义：核算小企业采用实际成本（或进价）进行材料、商品等物资的日常核算，货款已付、尚未验收入库的在途物资的采购成本。

② 核算内容：借方登记小企业购入在途物资的实际成本；贷方登记在途物资运抵小企业并验收入库的实际成本；期末借方余额，反映小企业购入尚未验收入库的材料或商品的实际成本。

③ 明细账的设置：可按供货单位和物资品种进行明细分类核算。

（2）"原材料"科目

① 定义：核算小企业库存的各种原料及主要材料、辅助材料、外购半成品（外购件）、修理用备件（备品备件）、包装材料、燃料等的实际成本。

② 核算内容：借方登记验收入库原材料的实际成本；贷方登记领用发出材料的实际成本；期末借方余额，反映小企业期末库存原材料的实际成本。

③ 明细账的设置：可按照材料的保管地点、类别、品种和规格进行明细分类核算。

（五）购买原材料的核算

购入原材料的业务节点与账务处理如表5-1所示。

表5-1 购入原材料的业务节点与账务处理

业务节点	账务处理
单货同到	对于发票账单与材料同时到达的采购业务，款已支付，材料已入库，应按其实际成本，借记"原材料——××材料"科目，按增值税专用发票上注明的可抵扣的进项税额，借记"应交税费——应交增值税（进项税额）"科目，按实际支付的金额，贷记"银行存款"等科目
单到货未到	① 对于已经付款但材料尚未到达或尚未验收入库的采购业务，应按其实际成本，借记"在途物资——××材料"科目，按增值税专用发票上的税额，借记"应交税费——应交增值税（进项税额）"科目，按实际支付的金额，贷记"银行存款"等科目 ② 待材料到达，验收入库后，再根据收料单上实收金额，借记"原材料——××材料"科目，贷记"在途物资——××材料"科目

续表

业务节点	账务处理
货到单未到	① 对于材料先到，月末发票账单仍未到达，无法确定其实际成本时，月末应对原材料按暂估价值入账，借记"原材料——××材料"科目，贷记"应付账款——暂估应付账款（××单位）"科目 ② 下月初做相反的分录予以冲回，借记"应付账款——暂估应付账款（××单位）"科目，贷记"原材料——××材料"科目 ③ 下月待收到发票账单时，再按照发票上金额，借记"原材料——××材料"、"应交税费——应交增值税（进项税额）"科目，按实际支付的金额，贷记"银行存款"科目
预付货款方式	① 采用预付货款的方式采购材料，应在预付材料价款时，按照实际预付金额，借记"预付账款——××单位"科目，贷记"银行存款"科目 ② 已经预付货款的材料验收入库时，应根据发票账单等所列的价款、税额，借记"原材料——××材料"科目、"应交税费——应交增值税（进项税额）"科目，贷记"预付账款——××单位"科目 ③ 预付金额与实际结算金额差额的处理 当预付金额小于实际结算金额，须补付货款时，应按补付金额，借记"预付账款——××单位"科目，贷记"银行存款"科目 当预付金额大于实际结算金额，须对方退回多付的款项时，应按收到对方退回的金额，借记"银行存款"科目，贷记"预付账款——××单位"科目

任务实施

任务实施一　采购原材料

步骤一：2013 年 8 月 5 日，江苏环宇公司从珠海公司购入 B 材料 80 件，价款 360 000 元，增值税 61 200 元，款项已用银行存款支付，材料尚未到达。根据增值税发票、电汇凭证等编制会计分录如下。

借：在途物资——B 材料　　　　　　　　　　　　　　　　360 000
　　应交税费——应交增值税（进项税额）　　　　　　　　　61 200
　　　贷：银行存款　　　　　　　　　　　　　　　　　　　　421 200

步骤二：上述材料到达，验收入库。根据收料单编制会计分录如下。

借：原材料——B 材料　　　　　　　　　　　　　　　　　360 000
　　　贷：在途物资——B 材料　　　　　　　　　　　　　　　360 000

任务实施二　采购成本的计算

步骤一：2013 年 8 月 16 日，江苏环宇公司从苏州东风公司购入 A 材料 300 件，价款 300 000 元，增值税 51 000 元。另支付运输费 3 000 元，增值税 330 元（如图 5-1 所示），入库前的挑选整理费 500 元。材料已验收入库，全部款项用银行存款支付。

根据增值税发票、收料单、支票存根等编制会计分录如下。

借：原材料——A 材料　　　　　　　　　　　　　　　　　303 500
　　应交税费——应交增值税（进项税额）　　　　　　　　　51 330
　　　贷：银行存款　　　　　　　　　　　　　　　　　　　354 830

江苏货物运输业增值税专用发票

2013 年 8 月 18 日

承运人及 纳税人识别号	安阳宏远运输公司 250219325534553	密 码 区	
实际受票方及 纳税人识别号	江苏环宇公司 320103001119928		
收货人及 纳税人识别号	江苏环宇公司 320103001119928	发货人及 识别号	苏州东风公司 320214010167421
起运地、经由、到达地		苏州—徐州	
费用项目 及金额	运输费 3000	运输货物 信息	
合计金额	￥3330	税率 11% 税额 330
价税合计（大写）叁仟叁佰叁拾元整		（小写）￥3330.00
车种车号		车船吨位
主管税务机关及代码	安阳市国家税务局第一分局		备注

收款人：石雨　　复核人：石雨　　开票人：石雨　　承运人：（章）
（发票联略）

抵扣联 南　第二联：抵扣联 受票方捐税凭证

图 5-1　运输费增值税发票

步骤二：2013 年 8 月 20 日，江苏环宇公司购入 A 材料 100 件，价款 100 000 元，增值税 17 000 元；B 材料 20 件，价款 80 000 元，增值税 13 600 元。另支付运输费 4 000 元，增值税 440 元，入库前的挑选整理费 500 元。材料已验收入库，全部款项用银行存款支付。采购费用按照买价进行分配。

采购费用的分配：分配率=（4 000+500）÷（100 000+80 000）=0.025（元）

A 材料应承担采购费用=100 000×0.025=2 500（元）

B 材料应承担采购费用=80 000×0.025=2 000（元）

根据增值税发票、收料单、支票存根等编制会计分录如下。

借：原材料——A 材料　　　　　　　　　　　　　　　　　　　　102 500

　　　　——B 材料　　　　　　　　　　　　　　　　　　　　　82 000

　　应交税费——应交增值税（进项税额）　　　　　　　　　　　31 040

　　贷：银行存款　　　　　　　　　　　　　　　　　　　　　　215 540

步骤三：2013 年 8 月 28 日，江苏环宇公司购入 C 材料一批，1 000 千克，单价 10 元，价款为 10 000 元，增值税额为 1 700 元，款项以转账支票方式支付，材料到达验收入库，发现短缺 5 千克，属定额内损耗。根据增值税发票、收料单、支票存根等编制会计分录如下。

借：原材料——C 材料　　　　　　　　　　　　　　　　　　　　10 000

　　应交税费——应交增值税（进项税额）　　　　　　　　　　　 1 700

贷：银行存款　　　　　　　　　　　　　　　　　　　　　11 700

注：这批 C 材料总成本仍为 10 000 元，但单位成本提高到 10.05 元（即：10 000÷995）。

任务实施三　原材料暂估入库

步骤一：2013 年 8 月 23 日，收到原材料并验收入库，发票未到，收料单如图 5-2 所示。

收　料　单

材料科目：原材料　　　　　　　　　　　　　　　　　　编号：139

材料类别：原料及主要材料　　　　　　　　　　　　　　收料仓库：1 号仓库

供应单位：徐州彭飞公司　　　　　2013 年 8 月 23 日　　发票号码：900315

材料	材料	规	计量	数量		实际价格			
编号	名称	格	单位	应收	实收	单价	发票金额	运费	合计
011	A	M1	件	500	500				
备　　注									

采购员：洪安　　　检验员：施安　　　记账员：张晓　　　保管员：沈宁

图 5-2　收料单

8 月 23 日，未收到发票，不用做账务处理。

步骤二：8 月 31 日，仍未收到增值税发票，暂估入库，编制会计分录如下。

借：原材料——A 材料　　　　　　　　　　　　　　　　500 000

　　贷：应付账款——暂估应付款　　　　　　　　　　　　500 000

9 月 1 日，红字冲回或做相反分录。

第二部分　发出、保管原材料的核算

📊 知识准备

（一）发出原材料的计价方法

原材料的取得一般分批、分次进行，而每次取得材料的单价往往会由于种种原因有所变动，因而在原材料发出时，就不可避免地产生了如何确定发出原材料单价、成本的问题。小企业应当根据材料的实物流转方式、企业管理的要求、材料的性质等实际情况，合理选择发出材料成本的计算方法，以确定当期发出材料的实际成本。小企业领用或发出的存货，按照实际成本核算的，可以采用先进先出法、加权平均法或个别计价法确定发出存货的实际成本。计价方法一经选用，不得随意变更。对于性质和用途相似的存货，应当采用相同的成本计算方法确定发出存货的成本。

1. 个别计价法

个别计价法是以每一批存货的实际进价作为该批发出存货成本的一种方法。采用这一方法是假设存货具体项目的实物流转与成本流转相一致，其计算公式为：

每批存货发出成本=每批存货发出数量×该批存货实际进货单价

采用个别计价法，财会部门应按存货购进批次设置存货明细账，业务部门应在发货单上注明批次，仓库部门应按存货购进批次分别堆放。个别计价法便于逐笔结转发出存货成本，计算比较正确，但工作量较大。对于不能替代使用的存货，为特定项目专门购入或制造的存货以及提供的劳务，通常采用个别计价法确定发出存货的成本。

【例 5-1】 江苏环宇公司 2013 年 7 月甲材料的收发明细资料如图 5-3 所示，发出材料采用个别计价法计价。

原材料明细账

材料类别：原料与主要材料　　　材料编号：24001　　　材料名称及规格：甲材料　3mm

计量单位：千克　　　　　　　　最高储备量：1 200　　最低储备量：50　　金额单位：元

2013年		摘　要	收　入			发　出			结　存		
月	日		数量	单价	金额	数量	单价	金额	数量	单价	金额
7	1	月初余额							200	52	10 400
	8	购入	500	54	27 000						
	17	领用				200	52	10 400			
						300	54	16 200	200	54	10 800
	23	购入	700	50	35 000						
	28	领用							200	54	10 800
						600	50	30 000	100	50	5 000
	31	本月合计	1 200		62 000	1 100		56 600	200	54	10 800
									100	50	5 000

图 5-3　原材料明细账（个别计价法）

若 7 月 17 日发出的 500 千克材料系月初结存的 200 千克和 11 月 8 日购入的 300 千克；7 月 28 日发出的 600 千克材料系 7 月 23 日购入的 600 千克。则：

本月发出材料成本=200×52+300×54+600×50=56 600（元）

月末结存材料成本=200×54+100×50=15 800（元）

2. 先进先出法

先进先出法是指以"先购入的存货先发出"这样一种存货流动假设为前提，对发出存货进行计价的一种方法。采用这种方法，先购入的存货成本在后购入存货成本之前转出，据此确定发出存货和期末存货的成本。

具体方法是：收入存货时，逐笔登记收入存货的数量、单价和金额；发出存货时，按照先进先出的原则逐笔登记存货的发出成本和结存金额。

【例 5-2】 同【例 5-1】，采用先进先出法计价，如图 5-4 所示。

原材料明细账

材料类别：原料与主要材料　　　　材料编号：24001　　　　材料名称及规格：甲材料　3mm
计量单位：千克　　　　　　　　　最高储备量：1 200　　　最低储备量：50　　　金额单位：元

2013年		摘 要	收 入			发 出			结 存		
月	日		数量	单价	金额	数量	单价	金额	数量	单价	金额
7	1	月初余额							200	52	10 400
	8	购入	500	54	27 000				200 500	52 54	10 400 27 000
	17	领用				200 300	52 54	10 400 16 200	200	54	10 800
	23	购入	700	50	35 000				200 700	54 50	10 800 35 000
	28	领用				200 400	54 50	10 800 20 000	300	50	15 000
	31	结转成本				1 100		57 400	300	50	15 000
	31	本月合计	1 200		62 000	1 100		57 400	300	50	15 000

图 5-4　原材料明细账（先进先出法）

3. 月末一次加权平均法

月末一次加权平均法是指以本月进货数量与月初结存数量之和作为权数，去除本月全部进货成本与月初存货成本之和，计算出存货的加权平均单位成本，以此为基础计算本月发出存货的成本和期末结存存货成本的一种方法。计算公式如下：

存货加权平均单位成本=

$$\frac{月初库存存货的实际成本+\Sigma（本月各批进货的单位成本\times本月各批进货数量）}{月初库存存货数量+本月购进存货数量}$$

本月发出存货的成本=本月发出存货的数量×加权平均单位成本
月末结存存货的成本=月末结存存货的数量×加权平均单位成本

提醒你　　值得注意的是，日常工作中，计算存货单位成本往往不能整除，计算的结果必须四舍五入，为了保持账面之间的平衡关系，实务中一般先按月末结存存货数量与存货单位成本来计算期末结存存货的金额，然后再倒挤出发出存货的成本，计算公式如下：

月末结存存货成本=月末结存存货数量×加权平均单位成本
本月发出存货实际成本=月初结存存货成本+本月收入存货成本−月末结存存货成本

【例 5-3】　同【例 5-1】，采用月末一次加权平均法计价，如图 5-5 所示。

5

原材料明细账

材料类别：原料与主要材料　　　　材料编号：24001　　　　材料名称及规格：甲材料　3mm
计量单位：千克　　　　最高储备量：1 200　　　　最低储备量：50　　　　金额单位：元

2013年		摘　要	收　入			发　出			结　存		
月	日		数量	单价	金额	数量	单价	金额	数量	单价	金额
7	1	月初余额							200	52	10 400
	8	购入	500	54	27 000				700		
	17	领用				500			200		
	23	购入	700	50	35 000				900		
	28	领用				600			300		
	31	结转成本				1 100	51.714 3	56 885.73			
	31	本月合计	1 200		62 000	1 100	51.714 3	56 885.73	300	51.714 3	15 514.27

图 5-5　原材料明细账（月末一次加权平均法）

材料加权平均单位成本＝（10 400＋62 000）/（200＋1 200）≈51.714 3（元）

期末结存材料成本≈300×51.714 3≈15 514.29（元）

本月发出材料成本＝10 400＋62 000－15 514.29＝56 885.71（元）

4. 移动加权平均法

移动加权平均法是指以本次进货的成本与本次进货前库存存货成本之和，除以本次进货数量与本次进货前库存存货数量之和，据以计算移动加权平均单位成本，作为在下次进货前计算发出存货成本依据的一种方法。计算公式如下：

$$存货移动加权平均单位成本＝\frac{本次进货的实际成本＋进货前库存存货的实际成本}{本次进货数量＋本次进货前库存存货数量}$$

本次发出存货的成本＝本次发出存货数量×当前移动加权平均单位成本

月末结存存货成本＝月末结存存货的数量×本月最后一次移动加权平均单位成本

或：月末结存存货成本＝月初库存存货的实际成本＋本月收入存货的实际成本－本月发出存货的实际成本

【例5-4】　同【例5-1】，采用移动加权平均法计价，如图5-6所示。

原材料明细账

材料类别：原料与主要材料　　　　材料编号：24001　　　　材料名称及规格：甲材料　3mm
计量单位：千克　　　　最高储备量：1 200　　　　最低储备量：50　　　　金额单位：元

2013年		摘　要	收　入			发　出			结　存		
月	日		数量	单价	金额	数量	单价	金额	数量	单价	金额
7	1	月初余额							200	52	10 400
	8	购入	500	54	27 000				700	53.428 6	37 400.02
	17	领用				500	53.4 286	26 714.3	200	53.428 6	10 685.72
	23	购入	700	50	35 000				900	50.761 9	45 685.71
	28	领用				600	50.7 619	30 457.14	300	50.761 9	15 228.57
	31	结转成本				1 100		57 171.44	300	50.761 9	15 228.56
	31	本月合计	1 200		62 000	1 100		57 171.44	300	50.761 9	15 228.56

图 5-6　原材料明细账（移动加权平均法）

7 月 8 日购货后材料单位成本 = （10 400+27 000）/（200+500）≈53.428 6（元）

7 月 17 日发出材料的成本 ≈500×53.4 286=26 714.3（元）

7 月 23 日购货后材料单位成本 = （10 685.72+35 000）/（200+700）≈50.761 9（元）

7 月 28 日发出材料的成本 ≈600×50.761 9≈30 457.14（元）

本月发出材料成本 ≈26 714.3+30 457.14 = 57 171.44（元）

期末结存材料成本 = 10 400+62 000−57 171.44 = 15 228.56（元）

（二）原材料发出的账务处理

小企业发出材料，应根据"领料单"或"限额领料单"编制记账凭证并登记入账。由于小企业各生产单位及有关部门领用的材料种类繁多、业务频繁，为了简化日常材料核算工作，小企业平时可不直接根据领发料凭证填制记账凭证，而是在月末根据当月的领发料凭证，按领用部门和用途进行归类汇总，编制"发料凭证汇总表"，据以进行材料发出的总分类核算。

原材料发出的业务节点与账务处理如表 5-2 所示。

表 5-2   原材料发出的业务节点与账务处理

业务节点	账务处理
发料	根据"领料单"、"限额领料单"或"发料凭证汇总表"中材料的不同用途，分别借记"生产成本——基本生产成本——××产品"、"制造费用"、"管理费用"、"销售费用"等科目，按发出材料的实际成本，贷记"原材料——××材料"科目

（三）原材料的明细核算

1. 库存材料的明细分类核算

小企业应按材料的品种、规格设置明细分类账，由仓库和财会部门分别进行材料的数量核算和价值核算。在实际工作中，库存材料核算的组织形式有以下两种。

（1）账卡分设（两套账）

账卡分设（两套账）是在仓库和财会部门同时按材料的品种、规格设置"材料卡片"和"材料明细分类账"。

材料卡片设在仓库，只反映材料收发结存的数量，由仓库的保管人员根据材料收发凭证逐日逐笔登记。

材料明细分类账设在财会部门，采用数量金额式，由财会人员进行数量和金额两个方面的核算。其收入栏根据收料凭证序时逐笔登记，发出栏中的数量根据发料凭证序时逐笔登记，但单价和金额由于发出材料计价方法的不同，其登记方法也有所区别。

材料账卡分设是不同部门的人根据相同的凭证进行登记的做法，可以起到相互制约、相互核对的作用，但重复记账，工作量大。

（2）账卡合一

账卡合一是仓库设的材料卡片和财会部门设置的材料明细分类账合并，只设置一套数量金额式的材料明细分类账。这套明细账放在仓库，平时由仓库管理员根据材料收发凭证，序时逐笔登记材料收发数量并逐日结出结存数量；财会部门的材料会计员则定期到仓库稽核、标价，在材料明细分类账上结出材料收、发、结存的金额，同时将收发凭证带回财会部门，作为记账的依据。这种账卡合一的方法能有效避免账卡分设工作量大的不足。

2. 在途材料的明细分类核算

为了具体、详细地反映在途材料的增减变动情况，企业应按供应单位设置在途材料明细账。在途材料明细分类账，可采用三栏式的账簿，也可设置"在途材料登记簿"。在途材料登记簿采用横线登记式，其一般格式如图5-7所示。

在途材料登记簿

付款日期		付款凭证号码	供应单位	材料名称	计量单位	发票数量	金额	收料日期		收料凭证号码	收料数量	备注
月	日							月	日			

图 5-7　在途材料登记簿

凡在付款栏与收料栏都有记录的，说明该项购料业务已经结束，如果只有付款栏记录，没有收料栏记录，就是在途材料。

任务实施

任务实施一　确定发出原材料成本

江苏环宇公司 2013 年 7 月 1 日结存 D 材料 150 千克，每千克实际成本 100 元。本月发生如下有关业务。

（1）5 日，购入 D 材料 50 千克，每千克实际成本 105 元，材料已验收入库。

（2）7 日，发出 D 材料 80 千克。

（3）10 日，购入 D 材料 100 千克，每千克实际成本 98 元，材料已验收入库。

（4）16 日，发出 D 材料 140 千克。

（5）19 日，购入 D 材料 80 千克，每千克实际成本 110 元，材料已验收入库。

（6）28 日，发出 D 材料 60 千克。

要求：根据上述资料，分别按先进先出法、一次加权平均法和移动加权平均法计算本月 D 材料的发出成本和月末结余成本。

步骤一：先进先出法

发出材料成本＝80×100+（70×100+50×105+20×98）+60×98=28 090（元）

月末结存材料成本＝20×98+80×110=10 760（元）

步骤二：一次加权平均法

材料加权平均单位成本＝（15 000+5 250+9 800+8 800）/
　　　　　　　　　　　（150+50+100+80）≈102.236 8（元）

期末结存材料成本≈100×102.236 8≈10 223.68（元）

本月发出材料成本＝15 000+5 250+9 800+8 800−10 223.68=28 626.32（元）

步骤三：移动加权平均法

7 月 5 日购货后材料单位成本＝（15 000+5 250）/（150+50）=101.25（元）

7 月 7 日发出材料的成本=80×101.25＝8 100（元）

7 月 10 日购货后材料单位成本=（12 150+9 800）/（120+100）≈99.772 7（元）

7 月 16 日发出材料的成本≈140×99.772 7≈13 968.18（元）

7 月 19 日购货后材料单位成本=（7 981.82+8 800）/（80+80）≈104.886 4（元）

7 月 28 日发出材料的成本≈60×104.886 4≈6 293.18（元）

本月发出材料成本≈8 100+13 968.18+6 293.18＝28 361.36（元）

期末结存材料成本=15 000+5 250+9 800+8 800-2 8361.36＝10 488.64（元）

任务实施二　发出原材料的会计核算

江苏环宇公司 2013 年 8 月领料单如图 5-8 所示。

江苏环宇公司领料单

2013 年 8 月 31 日　　　　　　　　　　　　　金额单位：元

材料名称及规格	计量单位	数量	单价	金额	用途
A 材料	千克	40	200.00	8 000.00	生产甲产品
B 材料	千克	20	150.00	3 000.00	生产甲产品
C 材料	千克	60	120.00	7 200.00	生产乙产品
D 材料	千克	10	100.00	1 000.00	生产车间耗用
D 材料	千克	10	100.00	1 000.00	行政办公耗用
合计		80		20 200.00	

审批人：刘军　　　　　　领料人：周山　　　　　　　　发料人：李娟

图 5-8　领料单

根据领料单编制会计分录如下。

借：生产成本——甲（直接材料）　　　　　　　　　　　11 000

　　　　　　——乙（直接材料）　　　　　　　　　　　 7 200

　　制造费用——材料费　　　　　　　　　　　　　　　 1 000

　　管理费用——材料费　　　　　　　　　　　　　　　 1 000

　　贷：原材料——A 材料　　　　　　　　　　　　　　　　　 8 000

　　　　　　　——B 材料　　　　　　　　　　　　　　　　　 3 000

　　　　　　　——C 材料　　　　　　　　　　　　　　　　　 7 200

　　　　　　　——D 材料　　　　　　　　　　　　　　　　　 2 000

任务实施三　在建工程领用原材料

2013 年 8 月 31 日，江苏环宇公司自建仓库领用 A 原材料 10 件，单价 1 000 元，实际成本 10 000 元，该批材料的进项税额 1 700 元已经抵扣。根据领料单等单据编制会计分录如下。

借：在建工程——仓库　　　　　　　　　　　　　　　11 700

　　贷：原材料——A 材料　　　　　　　　　　　　　　　　 10 000

　　　　应交税费——应交增值税（进项税额转出）　　　　　　 1 700

任务二　收入、发出、保管原材料（计划成本法）

任务导入

　　计划成本法是存货的简化核算方法之一，主要适用于存货品种繁多、收发频繁且计划资料较为健全和准确的企业。小丁是华美服装厂的采购员，采购一批棉布回来，实际买价 15 元/米，但该厂对原材料制定了计划成本，棉布的计划成本是 13 元/米。作为会计人员，该如何确定这批棉布的入账价值？什么是计划成本，如何制定计划成本，如何在计划成本法下进行会计核算，这是我们要在本任务中解决的问题。

知识准备

一、原材料按计划成本计价收发核算的基本程序

　　材料采用计划成本核算时，材料的收、发及结存，无论总分类核算还是明细分类核算，均按计划成本计价。使用的会计科目有"原材料"、"材料采购"、"材料成本差异"等。月末，计算本月发出材料应负担的成本差异并进行分摊，根据领用材料的用途计入相关资产的成本或当期损益，从而将发出材料的计划成本调整为实际成本。其核算程序如下所述。

　　（1）企业应先制定各种材料的计划成本目录，规定原材料的分类、名称、规格、编号、计量单位和计划单位成本。

　　（2）平时收到材料时，按计划成本填制收料单，将实际成本与计划成本的差额，作为"材料成本差异"分类登记。

　　（3）平时领用发出的材料，先按计划成本计算，月终再将本月发出材料应负担的成本差异进行分摊，随同本月发出材料的计划成本记入有关账户，将发出材料的计划成本调整为实际成本。发出材料应负担的成本差异应当按期（月）分摊，不得在季末或年末一次计算。

　　原材料按计划成本计价核算的作用：一是通过计划价格指导采购，分析实际成本与计划成本的差异，便于控制采购成本，进行预算管理；二是通过存货实际成本与计划成本的差异

对比，反映存货采购部门的工作业绩，降低存货成本。

二、原材料按计划成本计价收发的科目设置

（一）"原材料"科目

（1）定义：核算小企业库存的各种材料，包括原料及主要材料、辅助材料、外购半成品、修理用备件、包装材料、燃料等的计划成本。

（2）核算内容：在原材料按计划成本计价核算时，借方登记入库材料的计划成本，贷方登记发出材料的计划成本，期末余额在借方，反映小企业库存材料的计划成本。

（3）明细分类账的设置：可按照材料的保管地点、类别、品种和规格进行明细分类核算。

（二）"材料采购"科目

（1）定义：核算小企业采用计划成本进行材料日常核算而购入材料的采购成本。

（2）核算内容：借方登记采购材料的实际成本，贷方登记入库材料的计划成本。实际成本大于计划成本表示超支，从本科目贷方转入"材料成本差异"科目的借方；计划成本大于实际成本表示节约，从本科目借方转入"材料成本差异"科目的贷方；期末为借方余额，反映小企业未入库材料（即在途物资）的实际成本。

（3）明细分类账的设置：可按照供货单位或材料类别进行明细分类核算。

（三）"材料成本差异"科目

（1）定义：核算小企业采用计划成本进行日常核算的材料计划成本与实际成本的差额，该科目是"原材料"科目的调整科目。

（2）核算内容：借方登记超支差异及发出材料应负担的节约差异，贷方登记节约差异及发出材料应负担的超支差异。期末如为借方余额，反映库存材料实际成本大于计划成本的超支差异；如为贷方余额，反映小企业库存材料实际成本小于计划成本的节约差异。

（3）明细分类账的设置：本科目可分"原材料"、"周转材料"等按照类别或品种进行明细分类核算。

三、收入、发出、保管原材料的账务处理

（一）购入原材料的账务处理

在计划成本法下，取得材料时，不论何种情况，均先要通过"材料采购"科目进行核算，材料的实际成本与计划成本的差异，通过"材料成本差异"科目进行核算，具体的核算流程一般分三步：一付款（按实际成本付款）；二入库（按计划成本入库）；三结转差异。

购入原材料的业务节点与账务处理如表 5-3 所示。

表 5-3 购入原材料的业务节点与账务处理

	业务节点	账务处理
购入材料	截至月末，材料和账单均已到达	① 采购材料时，按实际采购成本，借记"材料采购——××材料"科目，按增值税专用发票上可抵扣的进项税额，借记"应交税费——应交增值税（进项税额）"科目，按实际支付的金额，贷记"银行存款"科目
	验收入库	② 按计划成本借记"原材料——××材料"科目，贷记"材料采购——××材料"科目

业务节点		账务处理
购入材料	结转材料成本差异	③ 若实际成本小于计划成本（节约差异），按节约差异额，借记"材料采购——××材料"科目，贷记"材料成本差异——××材料"科目
		若实际成本大于计划成本（超支差异），按超支差异额，借记"材料成本差异——××材料"科目，贷记"材料采购——××材料"科目
		（可平时逐笔办理验收入库，同时结转材料成本差异，也可月末集中办理入库，并结转材料成本差异）
材料到达	截至月末，发票账单未到	① 月末发票账单仍未到达，应根据收料凭证，按计划成本暂估入账，借记"原材料——××材料"科目，贷记"应付账款——暂估应付账款（××单位）"科目
		② 下月初做相反会计分录予以冲回，借记"应付账款——暂估应付账款（××单位）"科目，贷记"原材料——××材料"科目
		③ 待下月收到发票账单时，再做购进和入库处理

（二）发出原材料的账务处理

对发出原材料的核算流程一般分两步：一是发出材料（按计划成本发出）；二是结转发出材料应负担的差异。

发出原材料的业务节点与账务处理如表 5-4 所示。

表 5-4　　　　　　　　　　发出原材料的业务节点与账务处理

业务节点		账务处理
发出材料	月末，结转发出原材料的计划成本	月末，根据领料单等编制"发料凭证汇总表"，根据材料的用途，分别按其计划成本，借记"生产成本"、"制造费用"、"销售费用"、"管理费用"等科目，贷记"原材料——××材料"科目
	月末计算发出材料应负担的成本差异	月末，对本月发出材料的计划成本应通过材料成本差异的结转，调整为实际成本。
		材料成本差异率=$\dfrac{\text{月初结存材料的成本差异} + \text{本月收入材料的成本差异}}{\text{月初结存材料的计划成本} + \text{本月收入材料的计划成本}}$
		发出材料应负担的成本差异 = 发出材料的计划成本×材料成本差异率
		结存材料应负担的成本差异 = 结存材料的计划成本×材料成本差异率
		注：① 月初结存材料的成本差异如为贷方余额，则是节约差异，金额前用"–"表示；如为借方余额，则是超支差异
		② 差异（率）计算结果若为正数表示超支差异；若为负数表示节约差异
	结转发出材料应负担的成本差异	① 若为超支差异，则借记"生产成本"、"制造费用"、"销售费用"、"管理费用"等科目，按超支差异金额贷记"材料成本差异"科目
		② 若为节约差异，则借记"材料成本差异"科目，贷记"生产成本"、"制造费用"、"销售费用"、"管理费用"等科目

四、原材料的明细核算

在采用计划成本计价核算的情况下，企业原材料的明细分类核算，应当包括库存材料的明细分类核算、材料采购的明细分类核算和材料成本差异的明细分类核算三个方面。

（一）库存材料的明细分类核算

在按计划成本计价方式下，库存材料的明细分类核算与按实际成本计价的明细分类核算基本相同，区别仅在于前者的材料明细分类账和材料二级分类账都是按计划成本计价；同时，由于材料计划成本不会随意改变，只要控制了数量，也就控制了金额，所以，在材料明细分类账的"收入"、"发出"栏内只记数量，不记金额，只在结余栏同时反映数量和金额。

（二）材料采购的明细分类核算

材料采购明细账的一般格式如图 5-9 所示。

材料采购明细账　　　　　　　　　　　　金额单位：元

借　方							贷　方						备注
付款日期		凭证		供应单位	存货名称	计量单位	发票金额	付款金额	收货日期		凭证		数量	单价	
月	日	种类	号数						月	日	种类	号数			

图 5-9　材料采购明细账

材料采购明细账采用横线登记法进行登记，即同一批外购材料的付款（或已签发、承兑商业汇票）和收料业务在同一行中登记。月终，将已在借方栏和贷方栏登记的材料的成本差异结转到"材料成本差异"明细账中。对于只有借方金额而无贷方金额即已付款（或已签发、承兑商业汇票）尚未验收入库的在途材料，应逐笔转入下月材料采购明细账内，以便在材料验收入库时进行账务处理。

（三）材料成本差异的明细分类核算

材料成本差异明细账如图 5-10 所示。

材料成本差异明细账

金额单位：元

年		凭证字号	摘要	收　入			差异率（%）	发　出			结　存		
月	日			计划成本	借方差额（超支）	贷方差额（节约）		计划成本	借方差额（节约）	贷方差额（超支）	计划成本	借方差额（超支）	贷方差额（节约）

图 5-10　材料成本差异明细账

任务实施

任务实施一　购入原材料的核算

江苏环宇公司原材料用计划成本核算，2013 年 9 月初，"原材料——B 材料"账户月初余额 250 000 元，"材料成本差异"账户月初贷方余额 10 000 元。9 月 10 日，江苏环宇公司从南京机电公司购入 B 材料 150 件，单价 4 900 元，价款为 735 000 元，增值税为 124 950 元，全部货款尚未支付。材料已到并验收入库，该批材料计划成本为 750 000 元，其收料单如图 5-11 所示。

根据增值税发票、收料单等编制会计分录如下。

借：材料采购——B 材料   735 000

  应交税费——应交增值税（进项税额） 124 950

   贷：应付账款——南京机电公司   859 950

借：原材料——B 材料   750 000

   贷：材料采购——B 材料   750 000

借：材料采购——B 材料   15 000

   贷：材料成本差异   15 000

收 料 单

材料科目：原材料   编号：138

材料类别：原料及主要材料   收料仓库：4 号仓库

供应单位：南京机电公司   2013 年 9 月 10 日   发票号码：03364852

材料编号	材料名称	规格	计量单位	数量		实际成本		计划成本	
				应收	实收	单价（元）	金额（元）	单价（元）	金额（元）
	B 材料		件	150	150	4 900	735 000.00	5 000	750 000.00

材料成本差异：15 000.00

采购员：   检验员：白云   记账员：   保管员：张群

图 5-11 收料单

入库分录也可合并如下。

借：原材料——B 材料   750 000

   贷：材料采购——B 材料   735 000

    材料成本差异   15 000

任务实施二 发出原材料的核算（接任务实施一）

江苏环宇公司月末发料凭证汇总表如表 5-5 所示。

步骤一：计算材料成本差异率

材料成本差异率=（-10 000-15 000）/（250 000+750 000）=-2.5%

步骤二：计算材料成本差异额后，填制发料凭证汇总表，如表 5-6 所示。

步骤三：根据发料凭证汇总表编制会计分录如下。

借：生产成本——甲产品（直接材料）   60 000

     ——乙产品（直接材料）   40 000

  制造费用——材料费   7 000

  管理费用——材料费   4 000

   贷：原材料——B 材料   111 000

借：材料成本差异 2 775
　　贷：生产成本——甲产品（直接材料） 1 500
　　　　　　　　——乙产品（直接材料） 1 000
　　　　制造费用——材料费 175
　　　　管理费用——材料费 100

表 5-5　　　　　　　　　　　　　　发料凭证汇总表

2013 年 9 月 30 日　　　　　　　　　　　　　金额单位：元

会计科目	领用部门和用途	B 材料		
		计划成本	差异率	差异额
生产成本	甲产品	60 000		
	乙产品	40 000		
	小计	100 000		
制造费用	一车间	7 000		
管理费用		4 000		
合　计		111 000		

表 5-6　　　　　　　　　　　　　　发料凭证汇总表

2013 年 9 月 30 日　　　　　　　　　　　　　金额单位：元

会计科目	领用部门和用途	B 材料		
		计划成本	差异率	差异额
生产成本	甲产品	60 000		−1 500
	乙产品	40 000		−1 000
	小计	100 000		−2 500
制造费用	一车间	7 000		−175
管理费用		4 000		−100
合　计		111 000	−2.5%	−2 775

任务三　收入、发出、周转材料

任务导入

很多小企业会为车间工人发放工作服、手套等，车间设备维修会用到锤子、钳子、螺丝刀等工具，小企业生产出的商品要进行包装，用到大量包装袋、纸箱等。对于这类存货，也应进行会计核算。小企业为了保证日常的生产经营，经常会用到这些价值较低，但可以多次使用的周转材料，如包装物、低值易耗品等。会计人员应明确周转材料的核算范围，对其进行正确分类，掌握其完整业务流程的账务处理。

知识准备

一、认知周转材料

周转材料是指小企业能够多次使用，逐渐转移其价值但仍保持原有形态，不确认为固定资产的材料，包括小企业包装物、低值易耗品，以及小企业（建筑业）的钢模板、木模板、脚手架等。

（一）包装物

包装物是指为了包装本企业商品而储备的各种包装容器，如桶、箱、瓶、坛、袋等。其核算内容包括以下几方面。

（1）生产过程中用于包装产品作为产品组成部分的包装物。

（2）随同商品出售而不单独计价的包装物。

（3）随同商品出售而单独计价的包装物。

（4）出租或出借给外单位使用的包装物。

提醒你

各种包装材料，如纸、绳、铁丝、铁皮等，应在"原材料"科目内核算；用于储存和保管产品、材料而不对外出售的包装物，应按照价值大小和使用年限长短，分别在"固定资产"或"低值易耗品"科目核算；以销售为目的而生产或购进的包装物，如麻袋厂生产的麻袋，购入用于销售的木箱等，应作为库存商品核算。

（二）低值易耗品

低值易耗品是指不能作为固定资产核算的各种用具物品，如工具、管理用具、玻璃器皿，以及在经营过程中周转使用的包装容器等。它与固定资产一样，也属于劳动资料，但其单位价值较低，或使用期限较短、容易损坏。鉴于这些特点，低值易耗品通常被视作存货，作为流动资产进行核算和管理，可划分为一般工具、专用工具、替换设备、管理用具、劳动保护用品、其他用具等。

二、记录周转材料的会计科目——周转材料

（1）定义：核算小企业周转材料的实际成本，包括包装物、低值易耗品，以及企业（建造承包商）的钢模板、木模板、脚手架等。

（2）核算内容：借方登记周转材料的增加，贷方登记周转材料的减少，期末余额在借方，通常反映小企业在库周转材料的实际成本以及在用周转材料的摊余价值。

对于发出周转材料，采用一次转销法进行会计处理，在领用时按其成本计入生产成本或当期损益。金额较大的周转材料，也可以采用分次摊销法进行会计处理。

① 一次摊销法

一次转销法是指在领用周转材料时，将其全部账面价值一次计入相关资产的成本或者当期损益的方法。这种方法比较简单，但周转材料的成本从账上一次转出，不利于财物的保管，费用负担也不够均衡，主要适用于一次领用数量不多、价值较低、极易损坏或使用期限较短

的周转材料的摊销。

② 分次摊销法

分次摊销法是指根据周转材料的原价和预计的使用期限，将周转材料的价值平均、分次计入有关成本费用的一种方法。采用这种方法，有利于成本费用的合理均衡负担，但核算较繁琐。企业（建筑承包商）的钢模板、木模板、脚手架和其他周转材料等，可以采用分次摊销法进行摊销。

（3）明细分类账的设置：本科目可按照周转材料的种类，分为"在库"、"在用"、"摊销"，进行明细核算。

三、收入、发出周转材料的账务处理

（一）包装物的账务处理

包装物的业务节点与账务处理如表 5-7 所示。

表 5-7　　　　　　　　　　　包装物的业务节点与账务处理

业务节点	账务处理
购入	账务处理同原材料，此处略
生产环节领用	一次摊销法：在领用包装物时，按照领用包装物的实际成本，借记"生产成本"科目，贷记"周转材料——包装物"科目
生产领用后报废	应按报废包装物的残料价值，借记"原材料"等科目，贷记"生产成本"等科目
随同商品出售	（1）随同商品出售不单独计价的包装物，应按其实际成本，借记"销售费用"科目，贷记"周转材料——包装物"科目 （2）随同商品出售单独计价的包装物，应按其实际成本，借记"其他业务支出"科目，贷记"周转材料——包装物"科目；同时，按取得的金额，借记"银行存款"科目，按其销售收入，贷记"其他业务收入——包装物"科目；贷记"应交税费——应交增值税（销项税额）"科目
出租	出租出借周转材料，不需要结转其成本，但应当进行备查登记。 出租包装物收取押金时，借记"银行存款"科目，贷记"其他应付款——××单位"科目；收取租金时，借记"银行存款"科目，贷记"营业外收入"科目；租赁期满，收回包装物时，按退回押金数，借记"其他应付款——××单位"科目，贷记"银行存款"等科目，按没收的押金数额贷记"营业外收入"、"应交税费——应交增值税（销项税额）"科目

（二）低值易耗品的账务处理

低值易耗品的业务节点与账务处理如表 5-8 所示。

表 5-8　　　　　　　　　　　低值易耗品的业务节点与账务处理

业务节点		账务处理
购入		账务处理同原材料，此处略
一次摊销法	领用	因金额较小，为简化核算，可在领用时按其实际成本，一次计入成本费用，借记"制造费用"、"管理费用"等科目，贷记"周转材料——低值易耗品"科目。为加强实物管理，应在备查簿上进行登记
	报废	应按报废低值易耗品的残料价值，借记"原材料"等科目，贷记"制造费用"、"管理费用"等科目

业务节点		账务处理
分次摊销法	领用	低值易耗品在领用时，每次摊销其价值的单次平均摊销额。先将其"在库"低值易耗品的全部价值转为"在用"的低值易耗品，借记"周转材料——低值易耗品——在用"科目，贷记"周转材料——低值易耗品——在库"科目；同时按其单次平均摊销额摊销，借记"制造费用"、"管理费用"等科目，贷记"周转材料——低值易耗品——在用"科目
	报废	报废时，应补提摊销额，借记"制造费用"、"管理费用"等科目，贷记"周转材料——低值易耗品——摊销"科目。按报废低值易耗品的残料价值，借记"原材料"等科目，贷记"制造费用"、"管理费用"等科目。同时，转销其全部摊销额，借记"周转材料——低值易耗品——摊销"科目，贷记"周转材料——低值易耗品——在用"科目

任务实施

任务实施一　领用低值易耗品

2013 年 9 月 12 日，生产车间领用 50 套工作服，价值 4 450 元。根据领料单编制会计分录如下。

借：制造费用　　　　　　　　　　　　　　　　　　　　　　　4 450
　　贷：周转材料——低值易耗品　　　　　　　　　　　　　　　　　4 450

任务实施二　收入、发出包装物

步骤一：2013 年 9 月 12 日，江苏环宇公司购入包装箱 100 个，价款 1 500 元，增值税 255 元，款项用现金支票支付，包装箱已验收入库。根据增值税发票、支票存根等编制会计分录如下。

借：周转材料——包装物　　　　　　　　　　　　　　　　　　1 500
　　应交税费——应交增值税（进项税额）　　　　　　　　　　　255
　　贷：银行存款　　　　　　　　　　　　　　　　　　　　　　　1 755

步骤二：生产车间领用包装箱 100 个用于产品生产，成本 1500 元。根据领料单编制会计分录如下。

借：生产成本　　　　　　　　　　　　　　　　　　　　　　　1 500
　　贷：周转材料——包装物　　　　　　　　　　　　　　　　　　1 500

步骤三：销售科领用包装箱一批，随同商品销售不单独计价，成本 4 500 元。根据领料单编制会计分录如下。

借：销售费用　　　　　　　　　　　　　　　　　　　　　　　4 500
　　贷：周转材料——包装物　　　　　　　　　　　　　　　　　　4 500

步骤四：销售科领用包装箱一批，随同商品出售而单独计价，成本 4 500 元。根据领料单编制会计分录如下。

借：其他业务支出　　　　　　　　　　　　　　　　　　　　　4 500
　　贷：周转材料——包装物　　　　　　　　　　　　　　　　　　4 500

任务四 发出、回收委托加工物资

任务导入

东海机械厂接到一个订单，但因其生产能力有限，委托平基机械厂加工这批货物。8月10日，东海机械厂将价值20 000元的材料发给平基机械厂；8月20日，平基机械厂加工完毕，东海机械厂支付5 000元的加工费以及850元的增值税，并收回加工好的货物。这个过程中，材料存放地点离开小企业，但所有权并未转移，仍是企业存货，此类存货就是委托加工物资。会计人员须掌握其完整业务流程的账务处理。

知识准备

一、认知委托加工物资

委托加工物资是指小企业委托外单位加工的各种材料、商品等物资。

小企业委托外单位加工物资的成本包括：加工中实际耗用物资的成本、支付的加工费用及应负担的运杂费等。支付的税金，包括委托加工物资所应负担的消费税（指属于消费税应税范围的加工物资）等。

需要缴纳消费税的委托加工物资，加工物资收回后直接用于销售的，由受托方代收代缴的消费税应计入加工物资成本；如果收回的加工物资用于继续加工应税消费品的，由受托方代收代交的消费税应先记入"应交税费——应交消费税"科目的借方，以抵扣加工完成后的消费品销售后所负担的消费税。

二、"委托加工物资"科目

（1）定义：核算小企业委托外单位加工的各种材料、商品等物资的实际成本。

（2）核算内容：借方登记发给外单位加工的物资成本、支付的加工费用及应负担的运杂费、支付的税金等；贷方登记加工完成、验收入库的物资和剩余的物资成本；期末借方余额，反映小企业委托外单位加工尚未完成物资的实际成本。

（3）明细分类账的设置：可按照加工合同、受托加工单位以及加工物资的品种设置明细账，进行明细分类核算。

三、发出、回收委托加工物资的账务处理

委托加工物资的业务节点与账务处理如表5-9所示。

表5-9　　　　委托加工物资的业务节点与账务处理

业务节点	账务处理
发出加工物资	小企业向外单位发出加工物资时，根据发出物资的实际成本，借记"委托加工物资"科目，贷记"原材料"等科目。如果采用计划成本或售价核算的，还应同时结转材料成本差异或商品进销差价，贷记或借记"材料成本差异"科目，或借记"商品进销差价"科目

业务节点	账务处理
支付加工费、运杂费、增值税	小企业向受托加工单位支付加工费、运杂费等时，根据实际支付金额，借记"委托加工物资"科目、"应交税费——应交增值税（进项税额）"科目，贷记"银行存款"科目
缴纳消费税	需要缴纳消费税的委托加工物资，消费税由受托方代收代交： （1）若收回后直接用于销售，则按实际应交消费税额借记"委托加工物资"科目，贷记"应付账款"等科目； （2）若收回后用于继续加工，则按实际应交消费税额借记"应交税费——应交消费税"科目，贷记"应付账款"等科目
加工完成，验收入库	小企业收回加工完成、验收入库的物资和剩余的物资，按加工收回物资的实际成本和剩余物资的实际成本，借记"库存商品"等科目，贷记"委托加工物资"科目。 若采用计划成本或售价核算的，按照计划成本或售价，借记"原材料"或"库存商品"科目，按照实际成本，贷记"委托加工物资"科目，按照实际成本与计划成本或售价之间的差额，借记或贷记"材料成本差异"科目

任务实施

任务实施一　委托加工应税消费品，收回后直接销售

步骤一：2013 年 8 月 15 日，江苏环宇公司发出 C 材料 600 千克，共计 6 000 元，委托徐州天际加工厂加工丙产品。根据领料单等编制会计分录如下。

借：委托加工物资　　　　　　　　　　　　　　　　　6 000
　　贷：原材料——C 材料　　　　　　　　　　　　　　　　6 000

步骤二：2013 年 8 月 20 日，支付给徐州天际加工厂加工费 2 000 元，增值税 340 元。另支付消费税 2 000 元，丙产品收回后直接销售。根据增值税发票等编制会计分录如下。

借：委托加工物资　　　　　　　　　　　　　　　　　4 000
　　应交税费——应交增值税（进项税额）　　　　　　　340
　　贷：银行存款　　　　　　　　　　　　　　　　　　　4 340

步骤三：2013 年 8 月 23 日，丙产品加工完毕，收回验收入库。根据入库单编制会计分录如下。

借：库存商品——丙产品　　　　　　　　　　　　　10 000
　　贷：委托加工物资　　　　　　　　　　　　　　　　　10 000

任务实施二　委托加工应税消费品，收回后用于继续加工产品

步骤一：江苏环宇公司发出 C 材料一批用于加工丙产品，成本 6 000 元。根据领料单等编制会计分录如下。

借：委托加工物资　　　　　　　　　　　　　　　　　6 000
　　贷：原材料——C 材料　　　　　　　　　　　　　　　　6 000

步骤二：用银行存款支付加工费 2 000 元，增值税 340 元，合计 2 340 元。支付消费税 2 000 元，丙产品收回后继续加工产品。根据增值税发票等编制会计分录如下。

借：委托加工物资   2 000

  应交税费——应交增值税（进项税额）   340

     ——应交消费税   2 000

  贷：银行存款   4 340

步骤三：委托加工的丙产品收回并验收入库。根据入库单编制会计分录如下。

借：原材料——丙材料   8 000

  贷：委托加工物资   8 000

任务五 入库、发出库存商品

任务导入

  库存商品在存货中占有较大的比例，是存货的一项重要内容。对工业企业而言，库存商品就是已生产完工、验收入库的各种产成品；对商品流通企业来说，库存商品就是外购已入库、用于销售的各种商品。那么，应设置哪些会计科目？如何对其完整的业务流程进行核算？

知识准备

一、认知库存商品

  库存商品是指小企业生产加工完成后可供出售的产成品或外购用于销售的商品。库存商品包括库存产成品、外购商品、存放在门市部准备出售的商品、发出展览的商品以及寄放在外的商品等。接受来料加工制造的代制品和为外单位加工修理的代修品，在制造和修理完成验收入库后，视同小企业的产成品。可以降价出售的不合格品，也归入库存商品核算，但应与合格产品分开记账。

提醒你 已完成销售手续，但购买单位在月末尚未提取的产品，不应作为企业的库存商品，而应作为代管商品处理，单独设置代管商品备查簿进行登记。

二、"库存商品"科目

  （1）定义：核算小企业库存的各种商品的实际成本（进价）。

  （2）核算内容：借方登记验收入库的库存商品成本；贷方登记发出的库存商品成本；期末借方余额，反映小企业期末库存商品的实际成本（进价）。

  （3）明细分类账的设置：本科目可按照库存商品的种类、品种和规格进行明细分类核算。

三、入库、发出库存商品的账务处理

库存商品的业务节点与账务处理如表 5-10 所示。

表 5-10 库存商品的业务节点与账务处理

业务节点	账务处理
产品生产完工并验收入库	当库存商品生产完成并验收入库时，应按实际成本，借记"库存商品——××商品"科目，贷记"生产成本——基本生产成本"科目
商品发出	企业销售商品结转成本时，应按其销售成本，借记"主营业务成本——××商品"科目，贷记"库存商品——××商品"科目

任务实施

任务实施　库存商品入库、出库的核算

步骤一：江苏环宇公司库存商品完工，验收入库，具体情况如图 5-12 所示。

江苏环宇公司产成品入库单

2013 年 8 月 31 日

产品名称	计量单位	入库数量	单位成本（元）	金额（元）
甲产品	件	1 000	7 000	7 000 000
乙产品	件	800	2 000	1 600 000
合　计				8 600 000

记账：　　　　　　　经手人：　　　　　　　保管员：李娟

图 5-12　产成品入库单

根据产品入库单编制会计分录如下。

借：库存商品——甲产品　　　　　　　　　　　　　　7 000 000

　　　　　　——乙产品　　　　　　　　　　　　　　1 600 000

　　贷：生产成本——甲产品　　　　　　　　　　　　7 000 000

　　　　　　　——乙产品　　　　　　　　　　　　　1 600 000

步骤二：销售库存商品，结转成本，如图 5-13 所示。

库存商品出库单

用途：销售　　　　　　　2013 年 8 月 31 日　　　　　　　产成品库：001

产品名称	型号规格	计量单位	数量	单位成本（元）	总成本（元）
甲产品		台	300	7 000	2 100 000

记账：　　　　保管：　　　　主管：　　　　经办：

图 5-13　库存商品出库单

根据产品出库单编制会计分录如下。

借：主营业务成本——甲产品 2 100 000

    贷：库存商品——甲产品 2 100 000

任务六　确认、记录存货清查

任务导入

张力是万千食品厂的仓库保管员，原料、产成品的收发都要经过他。有一天下大暴雨，在检查仓库时发现有一处漏水，导致堆放的面粉被淋湿不能用，他及时向上级反映。作为会计人员，原材料的毁损该如何处理？为了加强存货的安全管理，提高使用效率，企业应采用一定的方法定期对存货进行清查，以保证账实相符。清查中如果出现存货的盘盈盘亏，会计人员应及时查明原因，按照规定程序报批处理。

知识准备

一、认知存货清查

存货清查是指通过对存货的实地盘点，确定存货的实有数量，并与账面结存数核对，从而确定存货实存数与账面结存数是否相符的一种方法。

由于存货种类繁多、收发频繁，在日常收发过程中可能发生计量错误、计算错误、自然损耗，还可能发生损坏变质以及贪污、盗窃等情况，造成账实不符，形成存货的盘盈盘亏。对于存货的盘盈盘亏，应填写"存货盘点报告表"（账存实存对比表），及时查明原因，按照规定程序报批处理。

二、记录存货清查的科目——"待处理财产损溢"

（1）定义：核算小企业在清查财产过程中查明的各种财产盘盈、盘亏和毁损的价值。物资在运输途中发生的非正常短缺与损耗，也通过本科目核算。

（2）核算内容：借方登记财产的盘亏、毁损数额及盘盈的转销数额，贷方登记财产的盘盈数额及盘亏的转销数额，本科目处理前的借方余额反映企业尚未处理财产的净损失，本科目处理前的贷方余额反映企业尚未处理财产的净溢余。处理完毕后，本科目应无余额。

（3）明细分类账的设置：按待处理财产的类别进行明细核算可分为"待处理流动资产损溢"和"待处理固定资产损溢"。

三、存货清查结果的账务处理

1. 存货盘盈的业务节点与账务处理如表 5-11 所示。

表 5-11　　　　　　　　　　　存货盘盈的业务节点与账务处理

业务节点	账务处理
存货盘盈，批准处理前	小企业发生存货盘盈时，在查明原因、报经批准之前应按盘盈金额，借记"原材料"等科目，贷记"待处理财产损溢——待处理流动资产损溢"科目
批准处理后	在报经批准后，应按盘盈金额，借记"待处理财产损溢——待处理流动资产损溢"科目，贷记"营业外收入"科目

2. 存货盘亏的业务节点与账务处理如表 5-12 所示。

表 5-12　　　　　　　　　　　存货盘亏的业务节点与账务处理

业务节点	账务处理
存货盘亏、毁损，批准处理前	小企业发生存货盘亏时，在报经批准前应按盘亏金额，借记"待处理财产损溢——待处理流动资产损溢"等科目，贷记"原材料"科目。若存货的盘亏毁损是非正常损失造成，则其抵扣的进项税额应通过"应交税费——应交增值税（进项税额转出）"科目转入有关科目，不予以抵扣（《中华人民共和国增值税暂行条例实施细则》第二十四条规定，非正常损失是指因管理不善造成被盗、丢失、霉烂变质的损失和被执法部门没收或责令销毁的损失）
批准处理后	在报经批准后，对于入库的残料价值，借记"原材料"等科目；对于应由保险公司和过失人支付的赔款，借记"其他应收款"科目；扣除残料价值和应由保险公司、过失人赔款后的净损失，借记"营业外支出"科目，按盘亏金额，贷记"待处理财产损溢——待处理流动资产损溢"科目

任务实施

任务实施一　原材料盘盈的核算

步骤一：得到清查结果，调整账簿记录，如图 5-14 所示。

财产物资盘盈盘亏报告单

类别：原材料　　　　　　　　　　2013 年 8 月 31 日　　　　　　　　　　金额单位：元

名称	规格	单位	单价	账面数		盘点数		盘盈		盘亏		备注
				数量	金额	数量	金额	数量	金额	数量	金额	
A 材料		件	1 000	120		122		2	2 000			

分析原因：计量差错　　　　　　　　审批意见：转入营业外收入

图 5-14　财产物资盘盈盘亏报告单（盘盈）

根据盘盈盘亏报告单编制会计分录如下。

借：原材料——A 材料　　　　　　　　　　　　　　　　　　　　　　2 000

　　贷：待处理财产损溢——待处理流动资产损溢　　　　　　　　　　2 000

步骤二：根据审批意见编制会计分录如下。

借：待处理财产损溢——待处理流动资产损溢 2 000

　　贷：营业外收入 2 000

任务实施二　原材料盘亏的核算

步骤一：得到清查结果，调整账簿记录，如图 5-15 所示。

财产物资盘盈盘亏报告单

类别：原材料				2013 年 8 月 31 日								金额单位：元
名称	规格	单位	单价	账面数		盘点数		盘盈		盘亏		备注
				数量	金额	数量	金额	数量	金额	数量	金额	
B 材料	S3	件	3 000	98		97				1	3 000	
分析原因：火灾受损						审批意见：全部损失转入营业外支出						

图 5-15　财产物资盘盈盘亏报告单（盘亏）

根据入库单编制会计分录如下。

借：待处理财产损溢——待处理流动资产损溢 3 000

　　贷：原材料——B 材料 3 000

步骤二：根据审批意见编制会计分录如下。

借：营业外支出 3 000

　　贷：待处理财产损溢——待处理流动资产损溢 3 000

任务实施三　存货非正常损失的核算

步骤一：2013 年 8 月 30 日，江苏环宇公司通过清查，发现盘亏 D 材料 20 千克，成本共计 2 000 元，对应的进项税额为 340 元。经查明，为仓库保管员管理不善导致。根据入库单编制会计分录如下。

借：待处理财产损溢——待处理流动资产损溢 2 340

　　贷：原材料——D 材料 2 000

　　　　应交税费——应交增值税（进项税额转出） 340

步骤二：2013 年 8 月 31 日，经领导审批，盘亏的 D 材料由保管员赔偿 1 000 元，其他损失转入营业外支出。根据审批意见编制会计分录如下。

借：其他应收款——保管员 1 000

　　营业外支出 1 340

　　贷：待处理财产损溢——待处理流动资产损溢 2 340

【知识链接】

小企业存货的日常管理

1. 存货采购

一律通过供应部统一采购，各部门须采购存货时，应填写一式三份的《采购申请表》，列明要求和建议，经部门负责人审批后交供应部。供应部根据公司采购流程实施采购。

2. 存货的验收、入库

（1）外购存货，公司仓库管理人员应根据随货同行的送货单验收货物，需要确认货物是否为公司订单所定货物，实物货物是否与送货单一致，货物是否有损伤。

（2）自制存货，生产部门加工完毕移交于仓库的产品，由仓库部门认真验收合格后，填写产成品入库单，并经双方签字、确认。

3. 存货的发出

外销，仓库管理员根据订单生成销售出库单并发货，打印销售出库单。

内部领用，仓库管理员根据审核批准后的"领料申请单"发货。

4. 存货的盘点

存货盘点应由仓库管理人员及独立的会计记账人员和科室存货保管人员共同进行。存货盘点清查一方面要核对实物的数量，看是否与相关记录相符，是否账实相符；另一方面也要关注实物的质量，看是否有明显的损坏。

项目总结

本项目共有六个任务，对存货的内容和会计核算做了详细讲解。

任务一讲述了原材料按实际成本计价核算，包括原材料的认知、原材料入账价值的确定、实际成本计价法下的科目设置、收入原材料的核算、发出原材料的核算几方面。外购材料按实际采购成本入账，包括购买价款、相关税费、运输费、装卸费、保险费以及在外购存货过程发生的其他直接费用，但不包括按照税法规定可以抵扣的增值税额。发出原材料成本的计算可选用先进先出法、月末一次加权平均法、移动加权平均法或个别计价法。

任务二讲述了原材料按计划成本计价核算，包括计划成本计价核算的基本程序、计划成本计价法下的科目设置、购入原材料的核算、发出原材料的核算几方面。材料入库时材料成本差异的结转，材料出库时只要按计划成本结转原材料，同时要结转对应的材料成本差异。材料成本差异率的计算及材料成本差异的结转是要掌握的重点。

任务三讲述了周转材料的收入、发出。周转材料包括低值易耗品和包装物两部分，注意区分各自内容。周转材料的增加与原材料的核算基本一致，周转材料的发出核算是要重点理解的，如一次摊销法和分次摊销法。

任务四讲述了委托加工物资的会计核算，包括发出材料、支付加工费和相关税费、收回加工好的物资三部分。需要缴纳消费税的委托加工物资，由受托方代收代缴的消费税，收回后用于直接销售的，借记"委托加工物资"科目；收回后用于继续加工的，借记"应交税费——应交消费税"科目。

任务五讲述了库存商品的入库与出库核算。

任务六讲述了存货的清查，核算过程借助"待处理财产损溢"科目，盘盈的存货计入"营业外收入"科目，盘亏的存货计入"营业外支出"科目。

项目六
记录投资资产、确认投资收益

项目导航

知识目标

- 了解短期投资的投资方式；
- 掌握短期投资的账务处理；
- 了解长期债券投资的投资方式；
- 掌握长期债券投资的账务处理；
- 了解长期股权投资的投资方式；
- 知悉长期股权投资初始投资成本的确定；
- 掌握长期股权投资成本法下的账务处理；
- 知悉长期股权投资发生损失的迹象；
- 了解长期股权投资损失及处置的账务处理。

能力目标

- 能对短期投资的购入、持有及处置进行会计处理；
- 能对长期债券投资的购入、持有及处置进行会计处理；
- 能说出长期股权投资初始计量的原则；
- 能对长期股权投资持有期间的账务进行会计处理；
- 能对长期股权投资的处置进行账务处理；
- 能描述长期股权投资损失的迹象。

投资资产是小企业为了提高暂时闲置资金的使用效率和效益进行投资活动而形成的一项资产。

小企业的投资按变现能力和投资目的，分为短期投资和长期投资，其中长期投资又分为长期股权投资和长期债权投资。

任务一　确认、记录短期投资

任务导入

　　企业在生产经营过程中，会有一些暂时闲置的资金存放在银行里。如何获得超过银行活期存款利率更高的收益？如何让暂时闲置的资金产生更大的收益？在金融市场日臻完善的今天，确实有很多机会，在二级市场购入的股票、债券、基金等金融资产是实现资金收益最大化的选择之一。如何正确确认、计量企业以赚取差价为目的购入的股票、债券、基金，也是我们应学习、掌握的内容之一。

知识准备

一、短期投资的概念

　　短期投资是指小企业购入的能随时变现并且持有时间不准备超过 1 年（含 1 年，下同）的投资，如小企业以赚取差价为目的从二级市场购入的股票、债券、基金等。

　　短期投资是以短期内赚取差价为目的而进行的投资行为。因此，短期投资具有持有时间短、容易变现、不以控制被投资单位为目的的特点。

二、计量、记录短期投资应设置的会计科目

（一）"短期投资"科目

（1）定义：核算小企业购入的能随时变现并且持有间不准备超过 1 年（含 1 年）的投资。

（2）核算内容：借方登记小企业购入的短期投资成本；贷方登记小企业处置或到期收回的短期投资；期末借方余额，反映小企业持有的短期投资成本。

（3）明细账的设置：可按股票、债券、基金等短期投资品种进行明细核算。

（二）"应收股利"科目

（1）定义：核算小企业应收取的现金股利或利润。

（2）核算内容：借方登记小企业应收的现金股利或利润，贷方登记小企业已收的现金股利或利润，期末借方余额，反映小企业应收未收的现金股利或利润。

（3）明细账的设置：可按投资单位进行明细核算。

（三）"应收利息"科目

（1）核算小企业债券投资应收取的利息。

（2）核算内容：借记登记小企业应收的债券利息，贷方登记小企业已收的债券利息，期末借方余额，反映小企业尚未收到的债券利息。

（3）明细账的设置：可按投资单位进行明细核算。

（四）"投资收益"科目

（1）定义：本科目核算小企业确认的投资收益或投资损失，属损益类科目。

（2）核算内容：贷方登记小企业对外投资实现的投资收益，借方登记期末结转至本年利润的投资收益金额，期末没有余额。

（3）明细核算：本科目可按投资项目进行明细核算。

三、短期投资的主要账务处理

（一）短期投资（股票、基金）的业务节点与账务处理

短期投资（股票、基金）的业务节点与账务处理如表6-1所示。

表6-1 短期投资（股票、基金）的业务节点与账务处理

业务节点	会 计 处 理
购入各种股票、基金等确认为短期投资	应当按照实际支付的全部价款，借记"短期投资"科目，贷记"银行存款"科目。如果实际支付的价款中包含已宣告但尚未发放的现金股利，应当按照实际支付的全部价款扣除已宣告但尚未发放的现金股利，借记"短期投资"科目，按应收的现金股利，借记"应收股利"科目，按实际支付的全部价款，贷记"银行存款"科目
短期投资持有期间	投资单位宣告发放的现金股利，借记"应收股利"科目，贷记"投资收益"科目。实际收到现金股利，借记"银行存款"科目，贷记"应收股利"科目
出售短期投资	应当按照实际收到的价款，借记"银行存款"或"库存现金"科目，按该项短期投资的账面余额，贷记"短期投资"科目，按尚未收到的现金股利或利息，贷记"应收股利"科目，按其差额，贷记或借记"投资收益"科目

（二）短期投资（债券）的业务节点与账务处理

短期投资（债券）的业务节点与账务处理如表6-2所示。

表6-2 短期投资（债券）的业务节点与账务处理

业务节点	会 计 处 理
购入各种债券作为短期投资	应当按照实际支付的全部价款，借记"短期投资"，贷记"银行存款"科目。如果实际支付的价款中包含已到付息期但尚未领取的利息，应当按照实际支付的全部价款扣除已到付息期但尚未领取的利息，借记"短期投资"科目，按应收的现金股利，借记"应收利息"科目，按实际支付的全部价款，贷记"银行存款"科目
短期投资持有期间	月度终了，按照分期付息、一次还本债券投资的票面利率计算的利息收入，借记"应收利息"科目，贷记"投资收益"科目。实际收到利息，借记"银行存款"科目，贷记"应收利息"科目
出售短期投资（债券）	应当按照实际收到的价款，借记"银行存款"或"库存现金"科目，按该项短期投资的账面余额，贷记"短期投资"科目，按尚未收到的利息，贷记"应收利息"科目，按其差额，贷记或借记"投资收益"科目

任务实施

任务实施一　从二级市场购入以赚取差价为目的的股票

步骤一：2013年5月20日，江苏环宇公司从深圳证券交易所购入宏大公司

股票 1 000 000 股，以赚取差价为目的。支付价款合计 5 080 000 元，其中证券交易费用 20 000 元，已宣告但尚未发放的现金股利 72 000 元。股票交割单如图 6-1 所示。

交 割 单

营业部名：华泰证券有限责任公司
股东姓名：江苏环宇公司
资金账户：588983333
当前币种：人民币

成交日期	证券代码	证券名称	操作	成交数量	成交均价	成交金额	手续费	印花税	其他杂费	发生金额	账户	市场名称
2013.5.20	007654	宏大公司	买入	1000000	5.06	5060000	20000			5080000	A003267	深圳A股

图 6-1 交割单

根据公司短期投资决议和交割单等原始凭证编制会计分录如下。

借：短期投资——宏大公司　　　　　　　　　　　　　　　　5 008 000
　　应收股利——宏大公司　　　　　　　　　　　　　　　　　　72 000
　　　贷：银行存款——中国银行　　　　　　　　　　　　　　　　　5 080 000

步骤二：2013 年 8 月 10 日，江苏环宇公司收到宏大公司发放的 2012 年现金股利 72 000 元。根据现金股利交割单据等原始凭证编制会计分录如下。

借：银行存款　　　　　　　　　　　　　　　　　　　　　　　72 000
　　　贷：应收股利——宏大公司　　　　　　　　　　　　　　　　　　72 000

步骤三：2013 年 12 月 31 日，江苏环宇公司仍持有宏大公司股票，宏大公司股票当日收盘价为每股 4.90 元。

不作账务处理。

步骤四：2014 年 4 月 30 日，宏大公司宣告发放 2013 年现金股利 2 000 000 元，江苏环宇公司享有 5%。根据宏大公司的股东大会决议和应收股利计算表等原始凭证编制会计分录如下。

借：应收股利——宏大公司　　　　　　　　　　　　　　　　100 000
　　　贷：投资收益　　　　　　　　　　　　　　　　　　　　　　100 000

步骤五：2014 年 5 月 10 日，江苏环宇公司收到宏大公司发放的 2013 年现金股利。根据现金股利交割单据等原始凭证编制会计分录如下。

借：银行存款　　　　　　　　　　　　　　　　　　　　　　100 000
　　　贷：应收股利——宏大公司　　　　　　　　　　　　　　　　　100 000

步骤六：2014 年 5 月 17 日，江苏环宇公司以每股 4.50 元的价格将股票全部转让，同时支付证券交易费用 2 万元。根据卖出股票交割单和投资收益计算表等原始凭证编制会计分录如下。

出售宏大公司股票取得的价款=4 500 000－20 000=4 480 000（元）

投资损失=5 008 000－4 480 000=528 000（元）

　　借：银行存款　　　　　　　　　　　　　　　　　　　　4 480 000
　　　　投资收益　　　　　　　　　　　　　　　　　　　　　528 000
　　　　　贷：短期投资——宏大公司　　　　　　　　　　　　　　5 008 000

任务实施二　从二级市场购入以赚取差价为目的的债券

　　2013 年 2 月 2 日，江苏环宇公司从二级市场上购入巨轮公司发行的企业债券，该笔债券于 2010 年 7 月 1 日发行，债券期限为 10 年，债券面值为 250 万元，票面年利率为 8%。上年债券利息于下年 2 月 15 日支付。江苏环宇公司持有目的是短期获利，支付价款为 260 万元（其中已到付息期限但尚未领取的债券利息 10 万元），另支付交易费用 1 万元。2013 年 2 月 15 日，江苏环宇公司收到该笔利息。

　　步骤一：2013 年 2 月 2 日购入巨轮公司债券时，根据购买债券交割单据等原始凭证编制会计分录如下。

　　借：短期投资——巨轮公司　　　　　　　　　　　　　　2 510 000
　　　　应收利息——巨轮公司　　　　　　　　　　　　　　　100 000
　　　　　贷：银行存款——中国银行　　　　　　　　　　　　　2 610 000

　　步骤二：2013 年 2 月 15 日收到买价中已宣告但尚未发放的债券利息时，根据利息收入通知等原始凭证编制会计分录如下。

　　借：银行存款　　　　　　　　　　　　　　　　　　　　100 000
　　　　　贷：应收利息——巨轮公司　　　　　　　　　　　　　100 000

　　步骤三：江苏环宇公司继续持有该债券，2013 年 12 月 31 日，根据应收利息计算表等原始凭证确认利息收入，编制会计分录如下。

　　借：应收利息——巨轮公司　　　　　　　　　　　　　　100 000
　　　　　贷：投资收益　　　　　　　　　　　　　　　　　　　100 000

　　步骤四：2014 年 1 月 15 日，江苏环宇公司转让持有的巨轮公司债券，收到转让款 263.5 万元。根据卖出债券交割单和投资收益计算表等原始凭证编制会计分录如下。

　　借：银行存款　　　　　　　　　　　　　　　　　　　　2 635 000
　　　　　贷：短期投资——巨轮公司　　　　　　　　　　　　　2 510 000
　　　　　　　投资收益　　　　　　　　　　　　　　　　　　　125 000

任务二　确认、记录长期债券投资

任务导入

　　长江机械厂有一笔闲置资金，得知一家国有大型企业发行企业债券，决定购入 2 000 张企业债券并准备长期持有，这就形成了长期债券投资。我们应掌握如何确认、记录长期债券投资。

📊 知识准备

一、长期债券投资的概念

长期债券投资是指小企业准备长期（在 1 年以上，下同）持有的债券投资。小企业的长期投资债券，包括其他企业债券、金融债券和国债等。

长期债券投资相对于短期投资和长期股权投资而言，具有以下三个特征：①投资目的很明确，是小企业为了赚取高于银行存款利息收入而进行的对外投资；②投资时间比较长，通常会超过 1 年；③投资品种不易变现或持有意图长于 1 年。

二、长期债券投资的购买价格

企业购入长期债券，有的是按债券面值购入，有的是按高于或低于债券面值的价格购入，即溢价或折价购入。

长期债券投资溢价或折价=债券初始投资成本-债券面值

溢价或折价购入是由于债券的票面利率与实际利率不同而引起的。当债券票面利率高于市场利率时，表明债券发行人实际支付的利息将高于按市场利率计算的利息，发行人在发时按照高于债券票面价值的价格发行，即溢价发行，对购买人而言则为溢价购入。溢价发行对投资者而言，是为以后多得利息而事先付出的代价；对于发行人而言，是为以后多付利息而事先得到的补偿。如果债券的票面利率低于市场利率，表明发行人今后实际支付的利息将低于按照市场利率计算的利息，则发行人按照低于票面价值的价格发行，即折价发行，对于购买人而言，为折价购入。折价发行对投资者而言，是为今后少得利息而事先得的补偿；对发行人而言，是为今后少付利息而事先付出的代价。

三、记录长期债券投资的会计科目——"长期债券投资"

（1）定义：核算小企业购入的在 1 年内（含 1 年）不能变现或不准备随时变现的债券投资。

（2）核算内容：期末借方余额，反映小企业持有长期债券投资的成本。

（3）明细账：应按照债券种类和被投资单位，分为"面值"、"溢折价"、"应计利息"进行明细核算。

四、长期债券投资的业务节点与账务处理

长期债券投资的业务节点与账务处理如表 6-3 所示。

表 6-3　　　　　　　　　　　　长期债券投资的业务节点与账务处理

业务节点	会 计 处 理
购入债券作为长期投资	应当按照债券票面价值，借记"长期债券投资"（面值）科目，按照际支付的购买价款和相关税费，贷记"银行存款"科目，按照其差额，借记或贷记"长期债券投资"（溢折价）科目。 如果实际支付的购买价款中包含已到付息期但尚未领取的债券利息，应当按照债券票面价值，借记"长期债券投资"（面值）科目，按照应收的债券利息，借记"应收利息"科目，按照实际支付的购买价款和相关税费，贷记"银行存款"科目，按照其差额，借记或贷记"长期债券投资"（溢折价）科目

业 务 节 点	会 计 处 理
在持有长期债券投资期间，在债务人应付利息日	按照分期付息、一次还本的长期债券投资票面利率计算的利息收入，借记"应收利息"科目，贷记"投资收益"科目；按照一次还本付息的长期债券投资票面利率计算的利息收入，借记"长期债券投资"（应计利息）科目，贷记"投资收益"科目。 在债务人应付利息日，按照应分摊的债券溢、折价金额，借记或贷记"投资收益"科目，贷记或借记"长期债券投资"（溢折价）科目
到期收回长期债券投资	长期债券投资到期，收回长期债券投资，应当按照收回的债券本金或本息，借记"银行存款"等科目，按照其账面余额，贷记"长期债券投资"（成本、溢折价、应计利息）科目，按照应收未收的利息收入，贷记"应收利息"科目
处置长期债券投资	应当按照处置收入，借记"银行存款"等科目，按照其账面余额，贷记"长期债券投资"（成本、溢折价）科目，按照应收未收的利息收入，贷记"应收利息"科目，按照差额，贷记或借记"投资收益"科目
债券发行企业不能按期还本付息时，确认实际发生的长期债券投资损失	应当按照可收回的金额，借记"银行存款"等科目，按照其账面余额，贷记"长期债券投资"（成本、溢折价）科目，按照其差额贷记"营业外支出"科目

任务实施

任务实施一　购入到期一次还本付息的债券，并长期持有

2014 年 1 月 1 日，江苏环宇公司自证券市场购入 A 企业面值总额为 300 万元的债券。购入时实际支付价款 308 万元，另外支付交易费用 2 万元。该债券发行日为 2014 年 1 月 1 日，到期一次还本付息，期限为 5 年，票面年利率为 5%。

步骤一：2014 年 1 月 1 日，购入 A 企业债券时，根据买入债券交割单和溢折价计算表等原始凭证编制会计分录如下。

借：长期债券投资——面值　　　　　　　　　　　　　　　　　3 000 000

　　　　　　——溢折价　　　　　　　　　　　　　　　　　　100 000

　　贷：银行存款　　　　　　　　　　　　　　　　　　　　　　3 100 000

步骤二：持有期间每年末，根据利息计算表等原始凭证编制会计分录如下。

应收利息=3 000 000×5%=150 000（元）

溢折价摊销=100 000÷5=20 000（元）

投资收益=150 000-20 000=130 000（元）

借：长期债券投资——应计利息　　　　　　　　　　　　　　　150 000

　　贷：投资收益　　　　　　　　　　　　　　　　　　　　　　130 000

　　　　长期债券投资——溢折价　　　　　　　　　　　　　　　20 000

步骤三：2018 年 12 月 31 日债券到期，江苏环宇公司收到债券的本金和利息，根据收款通知等原始凭证编制会计分录如下。

借：银行存款　　　　　　　　　　　　　　　　　　　　　　　3 750 000

　　贷：长期债券投资——面值　　　　　　　　　　　　　　　　　3 000 000

　　　　　　　　——应计利息　　　　　　　　　　　　　　　　750 000

任务实施二　购入分期付息，到期一次还本的债券，并长期持有

　　2014 年 1 月 2 日，江苏环宇公司自证券市场购入 B 企业面值总额为 80 万元的债券。购入时实际支付价款 77.7 万元，另外支付交易费用 0.8 万元。该债券发行日为 2014 年 1 月 1 日，每年付息（上年度利息在下一年元月 10 日支付），到期还本，期限为 3 年，票面年利率为 5%。

　　步骤一：2014 年 1 月 1 日，购入 A 企业债券时，根据买入债券交割单和溢折价计算表等原始凭证编制会计分录如下。

　　借：长期债券投资——面值　　　　　　　　　　　　　　　　800 000

　　　　贷：银行存款　　　　　　　　　　　　　　　　　　　　785 000

　　　　　　长期债券投资——溢折价　　　　　　　　　　　　　15 000

　　步骤二：2014 年 12 月 31 日持有期间每年末，根据利息计算表等原始凭证编制会计分录如下。

　　应收利息=800 000×5%=40 000（元）

　　溢折价摊销=15 000÷3=5 000（元）

　　投资收益=40 000+5 000=45 000（元）

　　借：应收利息——B 企业　　　　　　　　　　　　　　　　　40 000

　　　　长期债券投资——溢折价　　　　　　　　　　　　　　　5 000

　　　　贷：投资收益　　　　　　　　　　　　　　　　　　　　45 000

　　步骤三：2015 年 1 月 10 日，根据利息收款通知等原始凭证编制会计分录如下。

　　借：银行存款　　　　　　　　　　　　　　　　　　　　　　40 000

　　　　贷：应收利息——B 企业　　　　　　　　　　　　　　　40 000

　　步骤四：2015 年 12 月 31 日持有期间每年末，根据应收利息计算表等原始凭证编制会计分录如下。

　　应收利息=800 000×5%=40 000（元）

　　溢折价摊销=15 000÷3=5 000（元）

　　投资收益=40 000+5 000=45 000（元）

　　借：应收利息——B 企业　　　　　　　　　　　　　　　　　40 000

　　　　长期债券投资——溢折价　　　　　　　　　　　　　　　5 000

　　　　贷：投资收益　　　　　　　　　　　　　　　　　　　　45 000

　　步骤五：2016 年 1 月 10 日，根据利息收款通知等原始凭证编制会计分录如下。

　　借：银行存款　　　　　　　　　　　　　　　　　　　　　　40 000

　　　　贷：应收利息——B 企业　　　　　　　　　　　　　　　40 000

　　步骤六：2016 年 12 月 31 日债券到期，收到债券的本金和利息，根据收款通知等原始凭证编制会计分录如下。

　　借：应收利息——B 企业　　　　　　　　　　　　　　　　　40 000

　　　　长期债券投资——溢折价　　　　　　　　　　　　　　　5 000

　　　　贷：投资收益　　　　　　　　　　　　　　　　　　　　45 000

借：银行存款 840 000
  贷：长期债券投资——面值 800 000
    应收利息 40 000

任务三　确认、记录长期股权投资

任务导入

  江苏环宇公司比较看好东风有限公司，管理层决定用货币资金投资，获得东风有限公司 5%的股份，并准备长期持有。在会计上，这就形成了长期股权投资。企业取得长期股权投资后，如何计量长期股权投资的初始投资成本？持有期间获得股利如何计量？什么是成本法？

  长期股权投资的确认与记录也是我们应掌握的内容之一。

知识准备

一、认知长期股权投资

  长期股权投资是指小企业准备长期持有（通常在 1 年以上）的权益性投资。权益性投资是指在被投资单位享有股份或出资比例和所有者权益份额，可以以投资者身份从被投资单位获取净利润的分配。

二、认知成本法

  《小企业会计准则》要求小企业长期股权投资一律采用成本法核算，不论投资企业对被投资单位的影响程度及是否存在活跃市场，公允价值能否可靠取得等情况。

（一）成本法的基本核算原则

成本法是指投资按投资成本计价的方法。

（二）成本法下长期股权投资的计量

  采用成本法核算的长期股权投资应当按照初始投资成本计量。追加或收回投资应当调整长期股权投资的成本，除此之外，长期股权投资的账面价值一般应保持不变。

三、确认、记录长期股权投资的科目——长期股权投资

（1）定义：核算小企业准备长期持有（通常在 1 年以上）的权益性投资。

（2）核算内容：借方登记长期股权投资取得时的成本，贷方登记处置长期股权投资的账面价值或发生损失的金额，期末借方余额，反映小企业持有的长期股权投资的成本。

（3）明细账：按照被投资单位进行明细核算。

四、确认、记录长期股权投资的账务处理

（一）长期股权投资的初始投资成本

长期股权投资应当按照投资成本进行计量。

（1）以支付现金取得的长期股权投资，应当按照购买价款和相关税费作为成本进行计量；实际支付价款中包含的已宣告但尚未发放的现金股利，应当单独确认为应收股利，不计入长期股权投资的成本。

（2）通过非货币性资产交换取得的长期股权投资，应当按照换出非货币性资产的评估价值和相关税费作为成本进行计量。

（二）长期股权投资的业务节点与账务处理

长期股权投资的业务节点与账务处理如表 6-4 所示。

表 6-4   长期股权投资的业务节点与账务处理

业务节点		账务处理
初始取得长期股权投资	以支付现金投资	按投资成本（付出的现金资产和直接相关费用）借记"长期股权投资——××公司"科目，按享有被投资单位已宣告但尚未发放的现金股利或利润借记"应收股利"科目，按实际支付的款项贷记"银行存款"科目
	以库存商品投资	借记"长期股权投资——××公司"科目（投资成本：付出库存商品的公允价值、销项税额和直接相关费用），"应收股利"科目（享有被投资单位已宣告但尚未发放的现金股利或利润）；贷记"主营业务收入"科目（库存商品的公允价值）、"应交税费——应交增值税（销项税额）"科目、"银行存款"科目（直接相关费用）同时借记"主营业务成本"科目，贷记"库存商品"科目
	以固定资产投资	借记"长期股权投资"科目（投资成本：付出固定资产的评估值和直接相关费用），借记或贷记"营业外收支"（固定资产公允价值与固定资产账面价值的差额），贷记"固定资产清理"（固定资产的账面价值）科目、"银行存款"（直接相关费用）科目
持有期间	被投资单位宣告分派现金股利	成本法下，长期股权投资持有期间，被投资单位宣告分派的现金股利或利润时，投资企业按照应分得的金额确认为当期投资收益，借记"应收股利"科目，贷记"投资收益"科目
	处置长期股权投资	小企业处置长期股权投资，应当将处置价款扣除该投资的账面余额（即成本）、出售过程中支付的相关税费的净额计入处置当期的投资收益。 处置长期股权投资时，其成本分不同情况进行结转：①一次性全部处置某项长期股权投资，其成本为长期股权投资的账面余额；②部分处置某项长期股权投资，按比例结转其所处置投资的成本

五、长期股权投资损失的核算

（一）长期股权投资损失确认的时点

长期股权投资损失应在实际发生时确认，而不是预计或预期发生时确认。

（二）长期股权投资损失的认定条件

小企业长期股权投资符合下列条件之一的，减除可收回的金额后确认的无法收回的长期股权投资，作为长期股权投资损失。

（1）被投资单位依法宣告破产、关闭、解散、被撤销，或者被依法注销、吊销营业执照的。

（2）被投资单位财务状况严重恶化，累计发生巨额亏损，已连续停止经营3年以上，且无重新恢复经营改组计划的。

（3）对被投资单位不具有控制权，投资期限届满或者投资期限已超过10年，且被投资单位因连续3年经营亏损导致资不抵债的。

（4）被投资单位财务状况严重恶化，累计发生巨额亏损，已完成清算或清算期超过3年以上的。

（5）国务院财政、税务主管部门规定的其他条件。

（三）长期股权投资损失金额的确定

小企业长期股权投资损失符合上述规定任一条件的，应将该项长期股权投资的账面余额减去可收回的金额后的净额，作为长期股权投资损失的金额。

（四）长期股权投资损失的账务处理

长期股权投资损失的业务节点与账务处理如表6-5所示。

表6-5 长期股权投资损失的业务节点与账务处理

业务节点	账务处理
长期股权投资发生损失	小企业实际发生长期股权投资损失时，应当按照可收回的金额，借记"银行存款"等科目，按照长期股权投资的账面余额，贷记"长期股权投资"科目，按照其差额，借记"营业外支出"科目

任务实施

任务实施一　以支付现金取得长期股权投资的核算

步骤一：2013年月7月13日，江苏环宇公司以50万元对徐州东方公司进行投资，款已付。根据投资协议、支票存根等编制会计分录如下。

借：长期股权投资——徐州东方公司　　　　　　　　　　　　500 000

　　贷：银行存款　　　　　　　　　　　　　　　　　　　　　500 000

步骤二：2013年8月14日，江苏环宇公司以30万元对武汉友谊公司进行投资，投资款中包含2万元应收未收的现金股利，款已付。根据投资协议、支票存根等编制会计分录如下。

借：长期股权投资——武汉友谊公司　　　　　　　　　　　　280 000

　　应收股利　　　　　　　　　　　　　　　　　　　　　　 20 000

　　贷：银行存款　　　　　　　　　　　　　　　　　　　　　300 000

任务实施二　通过非货币性资产交换取得的长期股权投资的核算

具体投资情况如图6-2、图6-3、图6-4所示。

投资协议书（部分）

甲方（投资方）：江苏环宇公司

乙方（被投资方）：徐州矿业集团

……

2013年8月甲、乙双方经协商同意，甲方以公允价值800 000元，增值税额136 000元的库存乙产品10台对乙方进行投资，双方商定投资期限为5年。

……

甲方：江苏环宇公司

法定代表人：刘军

2013年8月24日

乙方：徐州矿业集团

法定代表人：方圆

2013年8月24日

图6-2　投资协议书（部分）

江苏省增值税专用发票

开票日期:2013年8月24日　　　　NO.004894504

购货单位	名称：	徐州矿业集团			密码区			
	纳税人识别号：	304221563002312						
	地址、电话：	珊瑚路81号76098321						
	开户银行及账号	中国银行珊瑚办事处 465721-2321						
货物或应税劳务名称	规格型号	单位	数量	单价	金额	税率	税额	
乙产品 合计		台	10	80 000	800 000 800 000	17%	136 000 136 000	
价税合计（大写）	玖拾叁万陆仟元整				（小写）¥936 000.00			
销货单位	名称：	江苏环宇公司			备注			
	纳税人识别号：	320103001119928						
	地址、电话：	徐州市建国路180号						
	开户银行及账号	中国银行徐州开发区支行 740108320311						

第三联　记账联

收款人：刘红　　　复核：王露　　　开票人：王艺　　　销货单位：（章）

图6-3　增值税专用发票

库存商品出库单

用途：投资　　　　　　　　　　2013 年 8 月 24 日　　　　　　　　产成品库：002

产品名称	型号规格	计量单位	数量	单位成本	总成本
乙产品		台	10	60 000	600 000

记账：张晓　　　　　　保管：　　　　　　主管：方泊　　　　　　经办：

图 6-4　库存商品出库单

根据投资协议书、增值税发票、出库单编制会计分录如下。

借：长期股权投资——徐州矿业集团　　　　　　　　　　936 000
　　贷：主营业务收入——乙产品　　　　　　　　　　　　　　800 000
　　　　应交税费——应交增值税（销项税额）　　　　　　　　136 000
借：主营业务成本　　　　　　　　　　　　　　　　　600 000
　　贷：库存商品——乙产品　　　　　　　　　　　　　　　　600 000

任务实施三　长期股权投资持有期间的核算

步骤一：2013 年 2 月 5 日，江苏环宇公司以银行存款 600 000 元取得对徐州大鹏公司的长期股权投资，所持有的股份占徐州大鹏公司有表决权股份的 5%，另支付相关税费 5 000 元。根据投资协议、支票存根等编制会计分录如下。

借：长期股权投资——徐州大鹏公司　　　　　　　　605 000
　　贷：银行存款　　　　　　　　　　　　　　　　　　　　605 000

步骤二：2013 年 3 月 10 日，徐州大鹏公司宣告发放 2012 年度现金股利共 1 200 000元。根据相关单据编制会计分录如下。

借：应收股利——徐州大鹏公司　　　　　60 000（1 200 000×5%）
　　贷：投资收益　　　　　　　　　　　　　　　　　　　　60 000

步骤三：2013 年 3 月 24 日，收到徐州大鹏公司的股利。根据相关单据编制会计分录如下。

借：银行存款　　　　　　　　　　　　　　　　　　60 000
　　贷：应收股利——徐州大鹏公司　　　　　　　　　　　　60 000

步骤四：2013 年 6 月 15 日，江苏环宇公司以银行存款 200 000 元对徐州大鹏公司追加投资。根据相关单据编制会计分录如下。

借：长期股权投资——徐州大鹏公司　　　　　　　　200 000
　　贷：银行存款　　　　　　　　　　　　　　　　　　　　200 000

任务实施四　收回投资

2013 年 12 月 14 日，江苏环宇公司处置部分长期股权投资，出售价款为 450 000元，另支付相关税费 5 000 元，款项已由银行收妥。该长期股权投资处置部分相对应的账面价值为 400 000 元。根据相关单据编制会计分录如下。

借：银行存款　　　　　　　　　　445 000（450 000－5 000）
　　贷：长期股权投资　　　　　　　　　　　　　　　　　400 000

投资收益	45 000

任务实施五　确认长期股权投资损失

2013 年 12 月 25 日，江苏环宇公司得知被投资方大宇公司宣告破产，江苏环宇公司对其长期股权投资的账面价值为 180 000 元，预计不能收回投资。根据相关单据编制会计分录如下。

借：营业外支出　　　　　　　　　　　　　　　　　　　　180 000

　　贷：长期股权投资——大宇公司　　　　　　　　　　　　　　180 000

【知识链接】

> **长期股权投资的意义**
>
> 长期股权投资是企业为获取另一企业的股权所进行的长期投资，通常为长期持有，不准备随时变现，投资企业作为被投资企业的股东。与短期投资和长期债权投资不同，长期股权投资的首要目的并非为了获取投资收益，而是为了强化与其他企业(如本企业的原材料供应商或商品经销商等)的商业纽带，或者是为了影响，甚至控制其关联公司的重大经营决策和财务政策。股权代表一种终极的所有权，体现所有者对企业的经营管理和收益分配投票表决的权利。通过进行长期股权投资获得其他企业的股权，投资企业能参与被投资企业的重大经营决策，从而影响、控制或迫使被投资企业采取有利于投资企业利益的经营方针和利润分配方案。同时，长期股权投资还是实现多元化经营，减少行业系统风险的一种有效途径。

项目总结

本项目共有三个任务，分别阐述了小企业投资资产的会计核算。

任务一讲述短期投资的取得、持有与出售。小企业购入各种股票、债券、基金等作为短期投资，应当按照实际支付的全部价款，借记"短期投资"科目，贷记"银行存款"科目。如果实际支付的价款中包含已宣告但尚未发放的现金股利或已到付息期但尚未领取的债券利息，应将其借记"应收股利"或"应收利息"科目，不能计入成本。小企业在短期投资持有期间，投资单位宣告发放的现金股利或应收的利息，借记"应收股利"或"应收利息"科目，贷记"投资收益"科目。小企业出售短期投资，应当按照实际收到的价款，借记"银行存款"或"库存现金"科目，按该项短期投资的账面余额，贷记"短期投资"科目，按其差额，贷记或借记"投资收益"科目。

任务二讲述长期债券投资的取得、持有、处置以及长期债券投资发生损失的处理。小企业购入债券作为长期投资，应当按照债券票面价值，借记"长期债券投资"科目（面值），按照实际支付的购买价款和相关税费，贷记"银行存款"科目，按照其差额，借记或贷记"长期债券投资"科目（溢折价）。长期债券投资在持有期间发生的应收利息应当确认为投资收益，具体账务处理应按"分期付息、一次还本"的长期债券投资与"一次还本付息"的长期债券投资分别处理。长期债券投资到期的核算，小企业收回长期债券投资，应当冲减其账面余额。

任务三讲述长期股权投资的取得、持有、处置以及长期股权投资发生损失的处理。小企业的长期股权投资应当按照成本法计量。取得时，按照初始投资成本计量，追加或收回投资时，应当调整长期股权投资的成本。除此之外，长期股权投资的账面价值一般应保持不变。持有期间被投资单位宣告分派现金股利或利润时，投资企业按照应分得的金额确认为当期投资收益，借记"应收股利"科目，贷记"投资收益"科目。处置长期股权投资属于企业主动做出的选择，它的损益应计入"投资收益"科目；被投资单位发生准则中所规定的情形时，小企业便发生了长期股权投资损失，因为这是被动的行为，它的损益计入"营业外支出"科目。

项目七
记录固定资产增减变化、
核算固定资产维修损耗

项目导航

知识目标

- 掌握固定资产的概念、特征；
- 了解固定资产取得的途径；
- 知悉固定资产的价值构成；
- 掌握固定资产折旧的含义；
- 知悉影响折旧的因素及折旧范围；
- 知悉固定资产后续支出的相关知识，掌握其会计核算方法；
- 知悉固定资产终止确认的条件，掌握其会计核算方法。

能力目标

- 能说出固定资产的确认条件；
- 能计算固定资产的初始入账价值；
- 能对不同途径取得的固定资产进行正确的账务处理；
- 能正确计算固定资产折旧额，并进行正确的账务处理；
- 能辨析固定资产的后续支出，并能根据不同的处理原则进行正确账务处理；
- 能说出固定资产终止确认的条件，并能进行正确的账务处理。

任务一 记录固定资产的增加

任务导入

固定资产是小企业非常重要的一项资产，为保证固定资产的安全与完整，企业从取得开始就应建立完善的核算制度。固定资产取得的途径有哪些？取得时的凭证手续如何？各种途径取得的固定资产如何进行初始计量？应设置哪些账户？应如何进行会计核算？这些问题都是会计人员必须考虑的。

知识准备

一、认知固定资产

（一）固定资产的定义

固定资产是为生产商品、提供劳务、出租或经营管理而持有的，使用寿命超过一个会计年度的有形资产。

（二）固定资产的特征

小企业的固定资产具有以下 3 个特征。

（1）固定资产是为生产商品、提供劳务、出租或经营管理而持有。持有固定资产的目的是服务于企业的生产经营活动，而不是为了出售。如果持有的目的是出售，则该项资产应列为存货。

（2）固定资产的使用寿命超过一个会计年度。企业使用期限超过 1 年的房屋、建筑物、机器、机械、运输工具以及其他与生产、经营有关的设备、器具、工具等，均应列入固定资产的范畴。

（3）固定资产为有形资产。

（三）固定资产的分类

企业拥有的固定资产可以有不同的分类方法：按其经济用途进行分类，可分为生产经营用固定资产和非生产经营用固定资产；按其使用情况进行分类，可分为使用中固定资产、未使用固定资产和不需用固定资产；按其所有权分类，可分为自有固定资产和租入固定资产。为了经营管理、会计核算的需要，企业在制订固定资产目录时，一般分为以下 7 大类：

（1）生产经营用固定资产；

（2）非生产经营用固定资产；

（3）租出固定资产，它是指在经营性租赁方式下出租给外单位使用的固定资产；

（4）不需用固定资产；

（5）未使用固定资产；

（6）土地，它是指过去已经估价单独入账的土地；

（7）融资租入固定资产，它是指企业以融资租赁方式租入的固定资产，在租赁期内，应视同自有固定资产进行管理。

二、固定资产的初始计量

固定资产的初始计量是指固定资产取得时入账价值的确定。

固定资产应当按照成本进行初始计量，已入账的固定资产成本也被称为固定资产原价。由于企业取得固定资产的途径和方式不同，其成本的确定也有所差异。

（1）外购固定资产的入账价值，包括买价、进口关税等相关税费，以及为使固定资产达到预定可使用状态前所发生的可归属于该项资产的运输费、装卸费、安装费和专业人员服务费等。

（2）自行建造固定资产的入账价值，由建造该项资产达到预定可使用状态前所发生的必要支出构成，包括工程物资支出、人工成本、缴纳的相关税费、应予以资本化的借款费用以及应分摊的间接费用等。

（3）投资者投入固定资产的入账价值，应当按照投资各方确认的价值加上应支付的相关税费作为其成本。

（4）在原有基础上进行改建、扩建的固定资产的入账价值，按原固定资产的账面价值，加上由于改建、扩建而使该项固定资产达到预定可使用状态前发生的支出，减去改建、扩建过程中发生的变价收入确定。

（5）盘盈固定资产的入账价值，按其市价或同类、类似固定资产的市场价格减去按该项资产的新旧程度估计的价值损耗后的余额作为其成本。

三、记录与管理固定资产的科目

固定资产的取得方式主要包括外购、自行建造、融资租入等，取得的方式不同，其初始计量方法和会计核算方法也不尽相同。

为了核算固定资产的取得，小企业一般需要设置"固定资产"、"在建工程"、"工程物资"等科目。

（一）"固定资产"科目

（1）定义：核算企业固定资产的原价。

（2）核算内容：借方登记企业增加的固定资产原价，贷方登记减少的固定资产原价，期末借方余额，反映企业期末固定资产的账面原价。

（3）明细分类账的设置：按固定资产类别、使用部门和每项固定资产进行明细核算。

（二）"在建工程"科目

（1）定义：核算企业基建、更新改造等在建工程发生的支出。

（2）核算内容：借方登记企业各项在建工程的实际支出，贷方登记完工工程转出的成本，期末借方余额反映企业尚未达到预定可使用状态的在建工程的成本。

（3）明细账的设置：按"建筑工程"、"安装工程"、"在安装设备"、"待摊支出"以及单项工程等进行明细核算。

四、固定资产增加的业务节点与账务处理

（一）购入不需要安装的固定资产的业务节点与账务处理

购入不需要安装的固定资产的业务节点与账务处理如表 7-1 所示。

表 7-1　　　　　　　　购入不需要安装的固定资产的业务节点与账务处理

业务节点	账务处理
购置	按实际支付的购买价款、相关税费以及使固定资产达到预定可使用状态前所发生的可归属于该项资产的运输费、装卸费和专业人员服务费等，借记"固定资产"科目，按照专用发票上注明的增值税额，借记"应交税费——应交增值税（进项税额）"科目，贷记"银行存款"等科目

（二）购入需要安装的固定资产的业务节点与账务处理

购入需要安装的固定资产的业务节点与账务处理如表 7-2 所示。

表 7-2   购入需要安装的固定资产的业务节点与账务处理

业务节点	账务处理
取得	按实际支付的购买价款、运输费、装卸费和其他相关税费等，借记"在建工程"科目，按取得的增值税专用发票上注明的可以抵扣的进项税额，借记"应交税费——应交增值税（进项税额）"科目，贷记"银行存款"等科目
支付安装费	按实际支付的安装费，借记"在建工程"科目，贷记"银行存款"等科目
安装完毕交付使用	安装完毕达到预定可使用状态时，按其实际成本，借记"固定资产"科目，贷记"在建工程"科目

（三）自行建造固定资产的业务节点与账务处理

自行建造固定资产的业务节点与账务处理如表 7-3 所示。

表 7-3   自行建造固定资产的业务节点与账务处理

业务节点	账务处理
购入工程物资	按实际支付的购买价款等，借记"工程物资"科目，按取得的增值税专用发票上注明的可以抵扣的增值税额，借记"应交税费——应交增值税（进项税额）"科目，贷记"银行存款"等科目（注：如果工程物资用于不动产等的建造，则增值税应计入工程物资成本，不得用于抵扣）
领用工程物资	借记"在建工程"科目，贷记"工程物资"等科目
在建工程领用原材料	借记"在建工程"科目，按材料成本贷记"原材料"等科目，（注：如果原材料用于不动产等的建造，还应将进项税额转出，贷记"应交税费——应交增值税（进项税额转出）"
领用本企业生产的商品	借记"在建工程"科目，按成本价贷记"库存商品"，（注：如果领用的商品用于不动产等的建造，还应将按计税价格计算的增值税贷记"应交税费——应交增值税（销项税额）"科目）
发生的其他费用	借记"在建工程"科目，贷记"银行存款"、"应付职工薪酬"等科目
达到预定可使用状态交付使用	按实际成本，借记"固定资产"科目，贷记"在建工程"科目

五、固定资产的明细核算

为了详细了解和掌握每项固定资产的增减变动情况，必须设置固定资产卡片和登记簿进行明细核算。

固定资产卡片应按每一项固定资产设置，详细填明固定资产的使用和保管部门、名称、类别、编号、规格、启用日期、使用年限以及附属设备等情况。固定资产卡片一式三份，分别由使用部门、管理部门、财务部门作为管理和核算的依据。企业在新增固定资产时，应根据有关的交接凭证为每一项新增固定资产开设卡片，填列上述详细情况；当固定资产调出或报废、毁损、盘亏时，应根据有关凭证注销卡片（在卡片有关栏内填明原因、日期、已提折旧等情况），并另行归档保管。固定资产卡片如图 7-1 所示。

固定资产登记簿是为了分类反映固定资产增减变动和结存情况而设置的一种账簿，按类别设置账页，并按使用和保管部门分设专栏，按月根据固定资产增减变动的有关凭证汇总登记。固定资产登记簿如图 7-2 所示。

固定资产卡片

单位名称:						
卡片编号		资产名称				
资产种类				借入借出		
购建拨交日期		资产来源		使用状态		
型号规格						
数量		计量单位		资产原值		
所属部门				存放地点		
建筑面积		使用面积		出租面积		
车牌号码		排气量		凭证号		
附属设备名称	型号规格	存放地点	数量	单位	设备原值	启用日期
制卡人:			制卡日期:			

图 7-1 固定资产卡片

固定资产登记簿

年		凭证号数	摘要	借方	贷方	余额	使用部门		
月	日						基本生产车间	辅助生产车间	管理部门

图 7-2 固定资产登记簿

任务实施

任务实施一 购入不需要安装的固定资产

2013 年 6 月 13 日,江苏环宇公司购入 31 台不需要安装的联想奔腾 SL400 计算机,取得的增值税发票上注明的设备价款为 263 500 元,增值税进项税额为 44 795 元,以银行转账支票支付,具体情况如图 7-3 所示。

根据增值税专用发票、固定资产交接单以及转账支票存根编制会计分录如下。

借:固定资产——SL400 计算机　　　　　　　　　　　263 500

　　应交税费——应交增值税(进项税额)　　　　　　 44 795

　　　　贷：银行存款——中国银行　　　　　　　　　　　　　　　308 295

固定资产交接单

移交单位	采购部	接受单位	信息部
固定资产名称	联想计算机	规　　格	SL400
技术特征		数　　量	31 台
附属物			
生产企业	联想集团	出厂或建成年月	2013. 6
安装单位	南极大亨公司	安装完成年月	2013. 6
原　　值	￥263 500. 00	其中：安装费	
移交单位负责人		接受单位负责人	刘军

图 7-3　固定资产交接单

任务实施二　购入需要安装的固定资产的核算

　　步骤一：2013 年 7 月 2 日，江苏环宇公司从南方机电公司购入一台需要安装的 L 机器设备，增值税专用发票上注明的设备买价为 2 000 000 元，增值税额为 340 000 元，支付运输费 80 000 元，增值税 8 800 元，款项用转账支票支付。根据增值税专用发票记账联、转账支票存根等原始凭证编制会计分录如下。

　　借：在建工程——L 设备安装工程　　　　　　　　　　　2 080 000
　　　　应交税费——应交增值税（进项税额）　　　　　　　　348 800
　　　　贷：银行存款——中国银行　　　　　　　　　　　　　　2 428 800

　　步骤二：2013 年 7 月 10 日，签发转账支票支付安装费 30 000 元。根据安装费发票、转账支票存根等原始凭证编制会计分录如下。

　　借：在建工程——L 设备安装工程　　　　　　　　　　　　30 000
　　　　贷：银行存款——中国银行　　　　　　　　　　　　　　30 000

　　步骤三：2013 年 7 月 18 日设备安装完工交付使用。根据固定资产验收单编制会计分录如下。

　　借：固定资产　　　　　　　　　　　　　　　　　　　　2 458 800
　　　　贷：在建工程——L 设备安装工程　　　　　　　　　　2 458 800

任务实施三　自营工程的核算

　　步骤一：江苏环宇公司于 2013 年 7 月初自行建造某项生产用大型设备 Y，购入为该设备准备的各种物资 200 000 元，支付的增值税税额为 34 000 元，物资运达并验收入库。根据增值税专用发票等原始凭证编制会计分录如下。

　　借：工程物资　　　　　　　　　　　　　　　　　　　　200 000
　　　　应交税费——应交增值税（进项税额）　　　　　　　　34 000
　　　　贷：银行存款——中国银行　　　　　　　　　　　　　234 000

　　步骤二：2013 年 7 月 20 日，领用全部的工程物资，用于建造设备。根据领料单等原始凭证编制会计分录：

　　借：在建工程——设备 Y　　　　　　　　　　　　　　　200 000

　　　贷：工程物资　　　　　　　　　　　　　　　　　　　　　200 000

步骤三：2013 年 7 月 31 日领用了企业生产用的原材料一批，实际成本为 100 000 元，增值税税率为 17%。根据领料单等原始凭证编制会计分录如下。

　　　借：在建工程——设备 Y　　　　　　　　　　　　　　　　100 000
　　　　　贷：原材料　　　　　　　　　　　　　　　　　　　　100 000

步骤四：2013 年 8 月 10 日领用本企业生产的商品一批，实际成本为 80 000 元，计税价格为 100 000 元，增值税税率为 17%。根据出库单等原始凭证编制会计分录如下。

　　　借：在建工程——设备 Y　　　　　　　　　　　　　　　　80 000
　　　　　贷：库存商品　　　　　　　　　　　　　　　　　　　80 000

步骤五：2013 年 8 月 31 日分配工程人员工资 40 000 元。根据工资结算单等原始凭证编制会计分录如下。

　　　借：在建工程——设备 Y　　　　　　　　　　　　　　　　40 000
　　　　　贷：应付职工薪酬——工资　　　　　　　　　　　　　40 000

步骤六：2013 年 9 月 10 日用银行存款支付其他费用 30 000 元。根据相关发票编制会计分录如下。

　　　借：在建工程——仓库　　　　　　　　　　　　　　　　　30 000
　　　　　贷：银行存款——中国银行　　　　　　　　　　　　　30 000

步骤七：2013 年 9 月 26 日工程完工并达到预定可使用状态。根据固定资产交接单编制会计分录如下。

　　　借：固定资产——设备 Y　　　　　　　　　　　　　　　　450 000
　　　　　贷：在建工程——设备 Y　　　　　　　　　　　　　　450 000

任务二　确认、记录固定资产损耗

任务导入

　　固定资产取得后，其价值会随着时间的推移而陈旧贬值（厂房、建筑物），或因使用发生物理损耗（机器设备），对于这些因陈旧和损耗而转移的价值，会计上一般通过计提折旧费用来进行核算。会计人员必须考虑的问题是：哪些固定资产应提取折旧？何时开始计提？何时停止计提？如何计算折旧额？应设置哪些账户？如何进行会计核算？

知识准备

一、固定资产折旧的认知

（一）折旧的概念

　　固定资产折旧是指在固定资产使用寿命内，按照确定的方法对应计折旧额进行系统分摊。

（二）影响固定资产折旧的因素

1. 使用寿命

使用寿命是指企业使用固定资产的预计期间，或者该固定资产所能生产产品或提供劳务的数量。

确定固定资产使用寿命应考虑的因素：预计生产能力或实物产量；预计有形损耗或无形损耗；法律或者类似规定对资产使用的限制，如客运汽车的强制报废期为 8 年。

2. 应计折旧额

应计折旧额是指固定资产在整个使用寿命内，应当计提的折旧总额，是固定资产的原价扣除其预计净残值后的金额。

应计折旧额=固定资产的原价-预计净残值

3. 预计净残值

预计净残值是指假定固定资产预计使用寿命已满并处于使用寿命终了时的预期状态，企业目前从该项资产处置中获得的扣除预计处置费用后的金额。一般采用"净残值率"表示。

根据有关规定，会计上企业可以自行确定固定资产的使用寿命和预计净残值；但税法上，企业只可以自行确定固定资产的预计净残值，而对固定资产的使用寿命，税法有规定。税法规定的固定资产计算折旧的最低年限如下：

① 房屋、建筑物，为 20 年；

② 飞机、火车、轮船、机器、机械和其他生产设备，为 10 年；

③ 与生产经营活动有关的器具、工具、家具等，为 5 年；

④ 飞机、火车、轮船以外的运输工具，为 4 年；

⑤ 电子设备，为 3 年；

⑥ 由于技术进步，产品更新换代较快的固定资产，常年处于强震动、高腐蚀状态的固定资产，可以采取缩短折旧年限方法的，最低折旧年限不得低于上述规定折旧年限的 60%。

二、固定资产折旧范围

除以下情况外，企业应对所有固定资产计提折旧：

（1）已提足折旧仍继续使用的固定资产（提足折旧是指已经提足该项固定资产的应计折旧额）；

（2）按照规定单独估价作为固定资产入账的土地。

在确定计提折旧的范围时，还应注意以下几点：

（1）固定资产应当按月计提折旧，当月增加的固定资产，当月不计提折旧，从下月起计提折旧；当月减少的固定资产，当月仍计提折旧，从下月起不计提折旧；

（2）固定资产提足折旧后，不论能否继续使用，均不再计提折旧；提前报废的固定资产，也不再补提折旧。

三、固定资产折旧方法

企业应当根据与固定资产有关的经济利益的预期实现方式，合理选择固定资产折旧方法。可选用的折旧方法包括年限平均法、工作量法、双倍余额递减法和年数总和法等。固定资产的折旧方法一经确定，不得随意变更。

（一）年限平均法（直线法）

年限平均法是指将固定资产的应计折旧额均衡地分摊到固定资产预计使用寿命内的一种方法。

年限平均法的计算公式如下：

$$年折旧率=（1-预计净残值率）÷预计使用寿命（年）$$
$$月折旧率=年折旧率÷12$$
$$月折旧额=固定资产原价×月折旧率$$

1. 个别折旧率

个别折旧率是指在计算年或月折旧率时，按每一项固定资产的预计净残值率、预计使用寿命单独计算。其优点是准确，但企业拥有的固定资产众多，如果为每一项固定资产单独计算折旧，那么工作量太大。

2. 分类折旧率

分类折旧率是企业先将固定资产按性质、结构和使用年限分类，测算出每一类固定资产的预计净残值率、预计使用寿命，再按上述公式计算年或月折旧率。采用分类折旧率计算固定资产折旧，其优点是计算方法简单，但准确性不如按个别折旧率计算的结果。企业在实际工作中，一般是把固定资产分成房屋建筑物类、机器设备类、工具家具类、运输工具类、电子设备类等类别，按分类折旧率计提折旧。企业常用的固定资产折旧计算表如表7-4、表7-5所示。

表7-4 　　　　　　　　　　　　　　固定资产折旧计算表

年　月　日

金额单位：元

使用部门	固定资产类别	月初应计折旧固定资产原价	月分类折旧率	本月应计折旧额
基本生产车间	厂房			
	机器设备			
	其他			
	小计			
行政管理部门	房屋建筑物			
	运输工具			
	小计			
……	……			
合计				

表7-5 　　　　　　　　　　　　　　固定资产折旧计算表

年　月　日

金额单位：元

使用部门	固定资产类别	上月应计折旧额	上月增加固定资产		上月减少固定资产		本月折旧额
			原价	折旧额	原价	折旧额	
基本生产车间	厂房						
	机器设备						
	其他						
	小计						

使用部门	固定资产类别	上月应计折旧额	上月增加固定资产		上月减少固定资产		本月折旧额
			原价	折旧额	原价	折旧额	
行政管理部门	房屋建筑物						
	运输工具						
	小计						
……	……						
合计							

表 7-4 与表 7-5 计算结果一致。因为：

本月应计折旧额=月初应计折旧固定资产原价×月分类折旧率

=（上月初应计折旧固定资产原价+上月增加的应计折旧固定资产原价-上月减少的应计折旧固定资产原价）×月分类折旧率

=上月应计折旧额+上月增加的固定资产应增加的折旧-上月减少的固定资产应减少的折旧

（二）工作量法

工作量法是指根据实际工作量计算每期应提折旧额的一种方法。

工作量法的基本计算公式如下：

单位工作量折旧额=［固定资产原价×（1-预计净残值率）］÷预计总工作量

某项固定资产月折旧额=该项固定资产当月工作量×单位工作量折旧额

（三）双倍余额递减法

双倍余额递减法是指在不考虑固定资产预计净残值的情况下，根据每期期初固定资产原价减去累计折旧后的余额和双倍的直线法折旧率计算固定资产折旧的一种方法。

双倍余额递减法的计算公式如下：

年折旧率=2÷预计使用年限（年）×100%

年折旧额=每年年初固定资产账面净值×年折旧率

采用双倍余额递减法计提固定资产折旧，一般应在固定资产使用寿命到期前两年内，将固定资产账面净值扣除预计净残值后的净值平均摊销。

（四）年数总和法

年数总和法又称年限合计法，是指将固定资产的原价减去预计净残值后的余额，乘以一个逐年递减的分数计算每年的折旧额。这个分数的分子代表固定资产尚可使用寿命，分母代表预计使用寿命逐年数字总和。

年数总和法的计算公式如下：

年折旧率=尚可使用年限÷预计使用寿命的年数总和×100%

年折旧额=（固定资产原价-预计净残值）×年折旧率

四、记录固定资产折旧的科目——"累计折旧"科目

（1）定义：用来核算固定资产的累计折旧额。

（2）核算内容：贷方登记计提的折旧额，借方登记固定资产减少时冲销的折旧额，期末

贷方余额表示现有固定资产的累计折旧数。

（3）明细账的设置：按固定资产的类别或项目进行明细核算。

五、固定资产计提折旧的业务节点与账务处理

每月月末，企业应根据选定的折旧方法对固定资产计提折旧，企业计提的固定资产折旧，应当根据固定资产的用途，分别计入有关资产成本或当期损益。

固定资产计提折旧的业务节点与账务处理如表7-6所示。

表7-6 固定资产计提折旧的业务节点与账务处理

业务节点	账务处理
月末，企业对生产车间固定资产计提折旧	借记"制造费用"科目，贷记"累计折旧"科目
月末，企业对管理部门固定资产计提折旧	借记"管理费用"科目，贷记"累计折旧"科目
月末，企业对销售部门固定资产计提折旧	借记"销售费用"科目，贷记"累计折旧"科目
月末，企业对经营租出的固定资产计提折旧	借记"其他业务"科目，贷记"累计折旧"科目

提醒你

固定资产的损耗，一方面是因为使用而发生；另一方面也随着时间的流逝而陈旧，所以，固定资产即使没有使用，也会产生损耗，未使用固定资产也应计提折旧，计提的折旧费计入管理费用。

任务实施

任务实施一　按直线法计提折旧

步骤一：江苏环宇公司有一套机器设备，原价200 000元，预计可使用20年，预计报废时的净残值为4 000元，按直线法计提本月生产所用设备的折旧。根据固定资产验收单计算月折旧额为

月折旧额=（200 000-4 000）÷（20×12）=816.67（元）

步骤二：根据折旧计算表编制会计分录如下。

借：制造费用——折旧费 816.67

　　贷：累计折旧 816.67

任务实施二　按工作量法计提折旧

步骤一：江苏环宇公司销售部门的一辆货运卡车原价为100 000元，预计总行驶里程为400 000公里，预计报废时的净残值为5 000元，采用工作量法计提本月的折旧，当月行驶里程为4 000公里。根据固定资产验收单计算当月折旧额为

当月应计提的折旧额=（100 000-5 000）÷400 000×4 000=950（元）

步骤二：根据折旧计算表编制会计分录如下。

借：销售费用——折旧费 950

　　贷：累计折旧 950

任务实施三　按双倍余额递减法计提折旧

步骤一：某企业一项管理部门使用的固定资产原价为 1 000 000 元，预计使用年限为 5 年，预计净残值为 4 000 元。按双倍余额递减法计提折旧，每年的折旧额计算为

年折旧率=2÷5×100%=40%

第 1 年应提的折旧额=1 000 000×40%=400 000（元）

第 2 年应提的折旧额=（1 000 000-400 000）×40%=240 000（元）

第 3 年应提的折旧额=（1 000 000-400 000-240 000）×40%=144 000（元）

第 4 年起改用年限平均法（直线法）计提折旧：

第 4 年、第 5 年的年折旧额=［（1 000 000-400 000-240 000-144 000）-4 000］÷2

=106 000（元）

步骤二：根据折旧计算表编制会计分录如下。

第一年：借：管理费用——折旧费　　　　　　　　　　400 000

　　　　　　贷：累计折旧　　　　　　　　　　　　　　400 000

第二年：借：管理费用——折旧费　　　　　　　　　　240 000

　　　　　　贷：累计折旧　　　　　　　　　　　　　　240 000

第三年：借：管理费用——折旧费　　　　　　　　　　144 000

　　　　　　贷：累计折旧　　　　　　　　　　　　　　144 000

第四年：借：管理费用——折旧费　　　　　　　　　　106 000

　　　　　　贷：累计折旧　　　　　　　　　　　　　　106 000

第五年：借：管理费用——折旧费　　　　　　　　　　106 000

　　　　　　贷：累计折旧　　　　　　　　　　　　　　106 000

任务实施四　按年数总和法计提折旧

步骤一：江苏环宇公司一台管理用的设备原价为 800 000 元，预计使用年限为 5 年，预计净残值为 4 000 元，采用年数总和法计提折旧。根据固定资产验收单填制折旧计算表为

第一年折旧额=（800 000-4 000）×5/(5+4+3+2+1)= 265 333.33

第二年折旧额=（800 000-4 000）×4/(5+4+3+2+1)= 212 266.67

第三年折旧额=（800 000-4 000）×3/(5+4+3+2+1)= 159 200

第四年折旧额=（800 000-4 000）×2/(5+4+3+2+1)= 106 133.33

第五年折旧额=（800 000-4 000）×1/(5+4+3+2+1)= 53 066.67

步骤二：根据折旧计算表编制会计分录如下。

第一年：借：管理费用——折旧费　　　　　　　　　265 333.33

　　　　　　贷：累计折旧　　　　　　　　　　　　　265 333.33

第二年：借：管理费用——折旧费　　　　　　　　　212 266.67

　　　　　　贷：累计折旧　　　　　　　　　　　　　212 266.67

第三年：借：管理费用——折旧费　　　　　　　　　159 200

　　　　　　贷：累计折旧　　　　　　　　　　　　　159 200

第四年：借：管理费用——折旧费　　　　　　　　　106 133.33

　　　　　　贷：累计折旧　　　　　　　　　　　　　106 133.33

第五年：借：管理费用——折旧费　　　　　　　　　　　　53 066.67

　　　　　贷：累计折旧　　　　　　　　　　　　　　　　　　　53 066.67

任务实施五　分类计提折旧

江苏环宇公司固定资产折旧采用直线法计提，净残值率为 5%，折旧年限分别为：房屋及建筑物 20 年，机器设备 10 年，运输工具 5 年，电子设备 3 年。折旧率保留 4位小数，如表 7-7 所示。

表 7-7　　　　　　　　　　　　　　折旧计算表

2013 年 12 月 31 日　　　　　　　　　　　　金额单位：元

使用部门	固定资产类别	上月折旧额	上月增加固定资产		上月减少固定资产		本月折旧额
			原价	折旧额	原价	折旧额	
基本生产车间	厂房	7 100					7 100
	机器设备	41 000	40 000	316.67			41 316.67
	其他	900					900
	小计	49 000	40 000	316.67			49 316.67
行政管理部门	房屋建筑物	1 200					1 200
	运输工具	1 500			30 000	475	1 025
	小计	2 700			30 000	475	2 225
出租设备	机器设备	420					420
合计		52 120	40 000	316.67	30 000	475	51 961.67

根据折旧计算表编制会计分录如下。

借：制造费用——折旧费　　　　　　　　　　　　　　49 316.67

　　管理费用——折旧费　　　　　　　　　　　　　　　2 225

　　其他业务支出——折旧费　　　　　　　　　　　　　420

　　贷：累计折旧　　　　　　　　　　　　　　　　　　　51 961.67

任务三　确认、记录固定资产后续支出

任务导入

企业的固定资产投入使用后，为了适应新技术发展的需要，或者为了维护、提高固定资产的使用效能，往往需要对现有固定资产进行维护、改建、扩建或改良等。对于此类后续支出，会计人员须对其进行分类辨析，确认为资本性支出或费用性支出。资本性支出和费用性支出应如何划分，各自处理原则是什么是我们需要解决的任务。

知识准备

一、认知固定资产后续支出

固定资产的后续支出是指固定资产在使用过程中发生的更新改造支出、修理费用等。企业的固定资产投入使用后，为了适应新技术发展的需要，或者为维护或提高固定资产的使用效能，往往需要对现有固定资产进行维护、改建、扩建或者改良。

固定资产后续支出的处理原则是：与固定资产有关的更新改造等后续支出，符合固定资产确认条件的，应当作为固定资产成本，同时将被替换部分的账面价值扣除；与固定资产有关的修理费用等后续支出，不符合固定资产确认条件的，应当计入当期损益。

二、确认、记录资本化后续支出

资本化的后续支出是指与固定资产有关的、使可能流入企业的经济利益超过原先估计的那部分后续支出。如固定资产的改建、扩建、部件的换新、再安装及再组合等，其支出能导致企业未来经济利益增加，应在发生时予以资本化，计入固定资产的账面价值。

固定资产资本化后续支出的业务节点与账务处理如表 7-8 所示。

表 7-8　　　　　　　　固定资产资本化后续支出的业务节点与账务处理

业务节点	账务处理
转入在建工程	借记"在建工程"、"累计折旧"科目，贷记"固定资产"科目
发生要资本化的后续支出	借记"在建工程"科目，贷记"银行存款"等科目
后续支出完工达到预定可使用状态	借记"固定资产"科目，贷记"在建工程"科目

三、确认、记录费用化后续支出

一般情况下，固定资产投入使用后，由于固定资产磨损、各组成部分耐用程度不同，可能会导致固定资产的局部损坏，为了维持固定资产的正常运转和使用，充分发挥其使用效能，企业会对固定资产进行必要的维护。固定资产的日常维护支出只是确保固定资产的正常工作状况，通常不满足固定资产的确认条件，应在发生时计入管理费用或销售费用，不得采用预提或待摊方式处理。

固定资产费用化后续支出的业务节点与账务处理如表 7-9 所示。

表 7-9　　　　　　　　固定资产费用化后续支出的业务节点与账务处理

业务节点	账务处理
企业生产车间（部门）和行政管理部门等发生的固定资产修理费用	借记"管理费用"等科目，贷记"银行存款"等科目
企业发生的与专设销售机构相关的固定资产修理费用	借记"销售费用"科目，贷记"银行存款"等科目

任务实施

任务实施一　资本化后续支出的核算

步骤一：江苏环宇公司 2013 年 12 月 31 日对 A 产品生产线进行改造。改造时，该生产线账面原价为 3 000 万元，已计提折旧 900 万元。根据转入在建工程通知单编制会计分录如下。

借：在建工程——技术改造工程　　　　　　　　　　　21 000 000

　　累计折旧　　　　　　　　　　　　　　　　　　　 9 000 000

　　贷：固定资产——A 产品生产线　　　　　　　　　　　30 000 000

步骤二：在改造过程中，用银行存款支付改造费用200万元。根据转账支票存根等原始凭证编制会计分录如下。

借：在建工程——技术改造工程　　　　　　　　　　　 2 000 000

　　贷：银行存款——中国银行　　　　　　　　　　　　 2 000 000

步骤三：安装完毕，投入使用。根据固定资产交接单编制会计分录如下。

固定资产的入账价值=2 100+200=2 300（万元）

借：固定资产——A 产品生产线　　　　　　　　　　　23 000 000

　　贷：在建工程——技术改造工程　　　　　　　　　　23 000 000

任务实施二　费用化后续支出的核算

2013 年 6 月 1 日，江苏环宇公司对现有一台管理用设备进行日常修理，修理过程中应支付的维修人员工资为 20 000 元。

根据工资结算凭证编制会计分录如下。

借：管理费用——工资　　　　　　　　　　　　　　　　 20 000

　　贷：应付职工薪酬 ——工资　　　　　　　　　　　　 20 000

任务四　确认、记录固定资产处置

📢 **任务导入**

企业在生产经营过程，可能将不适用或不需用的固定资产对外出售转让，或因磨损、技术进步等原因对固定资产进行报废，或因遭受自然灾害而对毁损的固定资产进行处理。固定资产的处置有哪些情形？符合哪些条件可以对固定资产终止确认？固定资产处置应设置哪些账户？如何进行会计核算？

📈 **知识准备**

一、认知固定资产处置

企业在生产经营过程中，可能将不适用或不需用的固定资产对外出售转让，或因磨损、技术进步等原因对固定资产进行报废，或因遭受自然灾害而对毁损的固定资产进行处理，这些就是固定资产处置，它包括固定资产的出售、转让、报废或毁损、对外投资、非货币性交换、债务重组等。固定资产处置的确认和计量实质上是对固定资产终止的确认和计量。

二、记录固定资产处置的科目——"固定资产清理"

（1）定义：该账户用来核算因处置而减少的固定资产。

（2）核算内容：借方登记转入处置固定资产账面价值、处置过程中发生的费用和相关税费；贷方登记收回处置固定资产的价款、残料、变价收入和应由保险公司赔偿的损失。期末借方余额反映尚未清理完毕的固定资产清理净损失，期末贷方余额反映尚未清理完毕的固定资产清理净收益。

（3）明细账的设置：按处置的固定资产项目设置。

三、固定资产处置的业务节点与账务处理

固定资产处置的业务节点与账务处理如表 7-10 所示。

表 7-10　　　　　　　　　　固定资产处置的业务节点与账务处理

业务节点	账务处理
进行处置，转入清理	按固定资产的账面价值，借记"固定资产清理"科目，按已计提的累计折旧；借记"累计折旧"科目，按其账面原价，贷记"固定资产"科目
发生的清理费用	按应支付的相关税费及其他费用，借记"固定资产清理"科目，贷记"银行存款"、"应交税费——应交营业税"科目
收回出售固定资产的价款、残料价值和变价收入	按实际金额借记"银行存款"、"原材料"等科目，贷记"固定资产清理"科目，若是机器等动产还应贷记"应交税费——应交增值税（销项税额）"科目
收到保险公司或过失人的赔偿	按保险公司或过失人赔偿的损失，借记"其他应收款"等科目，贷记"固定资产清理"科目
结转处置、清理净损益	清理完成后，属于生产经营期间正常的处理损失，借记"营业外支出——处置非流动资产损失"科目，贷记"固定资产清理"科目；属于自然灾害等非正常原因造成的损失，借记"营业外支出——非常损失"科目，贷记"固定资产清理"科目。如果为贷方余额，借记"固定资产清理"科目，贷记"营业外收入"科目

四、固定资产盘亏的会计核算

固定资产盘亏是指在清查中发现账面上记载的某项固定资产其实物已不存在。

固定资产盘亏的业务节点与账务处理如表 7-11 所示。

表 7-11　　　　　　　　　　固定资产盘亏的业务节点与账务处理

业务节点	账务处理
盘亏固定资产	按其账面价值，借记"待处理财产损溢——待处理固定资产损溢"科目，按对其已计提的折旧，借记"累计折旧"科目，按其账面原值，贷记"固定资产"科目
经报批准后	借记"营业外支出——盘亏损失"科目，贷记"待处理财产损溢——待处理固定资产损溢"科目

▶ 任务实施

任务实施一　出售建筑物

步骤一：江苏环宇公司出售一幢建筑物，原价为 2 000 000 元，已计提折旧 1 000 000 元，未计提减值准备，具体情况如图 7-4 所示。

固定资产处置报告单

固定资产编号:2901　　　　　　　2013 年 12 月 07 日　　　　　　固定资产卡账号:2435

固定资产名称	规格型号	单位	数量	预计使用年限	原值	已提折旧	备注
第一仓库		栋	1	50 年	2 000 000	1 000 000	
使用部门:	生产车间						
固定资产状况及报废原因	出售						
处理意见	使用部门	技术鉴定小组		固定资产管理部门		主管部门审批	
	同意出售 陈珊瑚	同意出售 丁玲		同意出售 王明		同意出售 刘海波	

图 7-4　固定资产处置报告单

根据固定资产处置报告单编制会计分录如下。

借：固定资产清理——第一仓库　　　　　　　　　　　　　　1 000 000
　　累计折旧　　　　　　　　　　　　　　　　　　　　　　1 000 000
　　　贷：固定资产——第一仓库　　　　　　　　　　　　　　　　2 000 000

步骤二：实际出售价格为 1 200 000 元，已通过银行收回价款。

根据发票、支票存根编制会计分录如下。

借：银行存款——中国银行　　　　　　　　　　　　　　　　1 200 000
　　　贷：固定资产清理——第一仓库　　　　　　　　　　　　　　1 200 000

步骤三：出售不动产应缴纳的营业税税率为 5%。

根据营业税计算表编制会计分录如下。

借：固定资产清理——第一仓库　　　　　　　　　　　　　　　60 000
　　　贷：应交税费——应交营业税　　　　　　　　　　　　　　　60 000

步骤四：结转出售净利得。

根据清理损益计算表编制会计分录如下。

借：固定资产清理——第一仓库　　　　　　　　　　　　　　140 000
　　　贷：营业外收入——非流动资产处置利得　　　　　　　　　140 000

任务实施二　固定资产盘亏的核算

步骤一：江苏环宇公司进行财产清查时盘亏设备一台，其账面原价为 5 000 元，已提折旧 4 335.08 元。

对固定资产进行盘点，填写盘点报告表，如表 7-12 所示。

根据固定资产盘盈盘亏报告表编制会计分录如下。

借：待处理财产损溢——待处理固定资产损溢　　　　　　　　664.92
　　累计折旧　　　　　　　　　　　　　　　　　　　　　4 335.08
　　　贷：固定资产——台式电脑　　　　　　　　　　　　　　　5 000

步骤二：盘亏的设备报经批准处理，如图 7-5 所示。

根据核销决议编制会计分录如下。

借：营业外支出——盘亏损失　　　　　　　　　　　　　　　664.92
　　　贷：待处理财产损溢——待处理固定资产损溢　　　　　　　664.92

表 7-12　　　　　　　　　　固定资产盘盈盘亏报告表

部门：采购部

2013 年 12 月 25 日

编号	品名规格	单位	账面数量	实存数量	盘盈			盘亏			原因
					数量	市价（元）	损耗（元）	数量	原价（元）	已提折旧（元）	
	台式电脑	台	5	4				1	15 000	4 335.08	被盗毁损
处理意见	保管部门	清查小组		审批部门			
		按财务制度规定处理 林建华		同意清查小组意见 李铁明			

供应部门负责人：程洪江　　　　　　　　　保管：汤显英　　　　清点人：张莉

盘点报告意见书

2013 年 12 月固定资产盘点工作已顺利结束。清查盘点结果，被盗盘亏的设备经经理层会议决定列为营业外支出。

2013 年 12 月 30 日

图 7-5　盘点报告意见书

任务实施三　出售机器设备

江苏环宇公司 2012 年 2 月因经营调整，计划出售设备 X，设备 X 原价为 200 000 元，交付使用时间为 2009 年 2 月，折旧年限为 10 年，采用直线法折旧，残值为 0。

步骤一：根据固定资产处置报告单编制会计分录如下。

3 年累计计提折旧=（200 000÷10）×3=60 000（元）

借：固定资产清理——设备 X　　　　　　　　　　　　　　　140 000

　　累计折旧　　　　　　　　　　　　　　　　　　　　　　60 000

　　贷：固定资产——设备 X　　　　　　　　　　　　　　　　　200 000

步骤二：收到售价款 210 600 元（含增值税），该设备适用 17% 的增值税税率。根据增值税专用发票的记账联和收款通知编制会计分录如下。

借：银行存款——中国银行　　　　　　　　　　　　　　　　210 600

　　贷：固定资产清理——设备 X　　　　　　　　　　　　　　　180 000

　　　　应交税费——应交增值税（销项税额）　　　　　　　　　30 600

步骤三：结转清理净损益。

根据清理损益计算表编制会计分录如下。

借：固定资产清理——设备 X　　　　　　　　　　　　　　　40 000

　　贷：营业外收入——非流动资产处置利得　　　　　　　　　　40 000

项目总结

本项目共有 4 个任务，其中任务一主要讲述了固定资产的概念及特征；固定资产应当按照成本进行初始计量，由于企业取得固定资产的途径和方式不同，其成本的确定也有所差异。外购固定资产的入账价值，包括买价、增值税、进口关税等相关税费，以及为使固定资产达到预定可使用状态前所发生的可归属于该项资产的运输费、装卸费、安装费和专业人员服务费等；在原有基础上进行改建、扩建的固定资产的入账价值，按原固定资产的账面价值，加上由于改建、扩建而使该项固定资产达到预定可使用状态前发生的支出，减去改建、扩建过程中发生的变价收入确定。在进行固定资产的会计核算时，设置"固定资产"和"在建工程"等科目核算，购入不需要安装的固定资产直接通过"固定资产"科目核算，购入需要安装的固定资产应先通过"在建工程"科目，待完工后再转入"固定资产"科目。

任务二讲述了固定资产折旧的概念及范围。固定资产应当按月计提折旧，当月增加的固定资产，当月不计提折旧，从下月起计提折旧；当月减少的固定资产，当月仍计提折旧，从下月起不计提折旧。固定资产提足折旧后，不论能否继续使用，均不再计提折旧；提前报废的固定资产，也不再补提折旧。固定资产折旧的计算方法主要有年限平均法、工作量法、年数总和法、双倍余额递减法。年限平均法是指将固定资产的应计折旧额均衡地分摊到固定资产预计使用寿命内的一种方法。工作量法是指根据实际工作量计算每期应提折旧额的一种方法。双倍余额递减法是指在不考虑固定资产预计净残值的情况下，根据每期期初固定资产原价减去累计折旧后的余额和双倍的直线法折旧率计算固定资产折旧的一种方法。采用双倍余额递减法计提固定资产折旧，一般应在固定资产使用寿命到期前两年内，将固定资产账面净值扣除预计净残值后的净值平均摊销。年数总和法是指将固定资产的原价减去预计净残值后的余额，乘以一个逐年递减的分数计算每年的折旧额。这个分数的分子代表固定资产尚可使用的寿命，分母代表预计使用寿命逐年数字总和。每月月末，企业应根据选定的折旧方法对固定资产计提折旧，企业计提的固定资产折旧，应当根据固定资产的用途，分别计入有关资产成本或当期损益，未使用固定资产计提的折旧应计入管理费用。

任务三主要讲述了固定资产的后续支出的概念及核算。固定资产的后续支出是指固定资产在使用过程中发生的更新改造支出、修理费用等。与固定资产有关的更新改造等后续支出，符合固定资产确认条件的，应当作为固定资产成本，同时将被替换部分的账面价值扣除；与固定资产有关的修理费用等后续支出，不符合固定资产确认条件的，应当计入当期损益。固定资产发生可资本化的后续支出时，企业应将该固定资产的原价、已计提的累计折旧转销，将固定资产的账面价值转入在建工程。固定资产发生的可资本化的后续支出，通过"在建工程"科目核算。在固定资产发生的后续支出完工并达到预定可使用状态时，从"在建工程"科目转入"固定资产"科目。而固定资产的日常维护支出只是确保固定资产的正常工作状况，通常不满足固定资产的确认条件，应在发生时计入管理费用或销售费用，不得采用预提或待摊方式处理。

任务四讲述了固定资产的处置。固定资产的处置核算须设置"固定资产清理"科目，首先将处置的固定资产转入固定资产清理的借方，发生的清理费用计入固定资产清理借方，收回出售固定资产的价款、残料价值和变价收入以及收到保险公司或过失人的赔偿计入固定资产清理贷方，最后一步结转清理净损益，如为借方余额，借记"营业外支出"科目，贷记"固定资产清理"科目；如为贷方余额，借记"固定资产清理"科目，贷记"营业外收入"科目。

项目八
记录各项负债、明确责任义务

项目导航

知识目标

- 了解负债的概念和内容构成；
- 了解应付职工薪酬的内容；
- 掌握应付职工薪酬的会计核算；
- 了解应交税费的概念和内容构成
- 掌握增值税的会计核算；
- 掌握消费税的会计核算；
- 掌握营业税的会计核算；
- 了解其他税费的有关规定；
- 掌握其他税费的会计核算；
- 了解其他流动负债的概念；
- 掌握借款费用处理的基本原则；
- 知悉长期借款的基本概念。

能力目标

- 能描述企业常见的负债项目；
- 能正确核算企业发生的短期借款、应付账款、应付票据、预收账款业务；
- 能对企业发生的应付职工薪酬业务进行账务处理；
- 能对企业发生的增值税业务进行账务处理；
- 能对企业发生的消费税业务进行账务处理；
- 能对企业发生的营业税业务进行账务处理；
- 能对企业发生的其他税费业务进行账务处理；
- 能对企业发生的其他流动负债业务进行账务处理；

- 能写出长期借款业务核算所涉及科目之间的对应关系;
- 能分清长期借款利息费用的列支渠道;
- 能对长期借款完整业务流程进行会计核算。

负债是指企业过去的交易或者事项形成的,预期会导致经济利益流出企业的现时义务。负债一般按偿还速度或偿还时间的长短可划分为流动负债和长期负债两类。流动负债是指将在 1 年或超过 1 年的一个营业周期内偿还的债务,主要包括短期借款、应付票据、应付账款、应付利息、预收账款、应付职工薪酬、应交税费、应付股利、其他应付款等。长期负债包括长期借款、应付债券、长期应付款。

任务一　确认、记录短期借款

任务导入

江苏环宇公司新接一订单,需要大量采购原材料,企业自有资金有限,决定向银行借入期限 3 个月,利率 7.2%,金额 500 000 元的短期借款。对于这种经常发生的融资业务,财会人员应考虑如何核算款项借入、利息计付及怎样偿还借款。

知识准备

一、短期借款的认知

(一)短期借款的概念

短期借款是指小企业向银行或其他金融机构借入的期限在 1 年以内(含 1 年)的各种借款。短期借款一般是小企业为维持正常的生产经营所需资金而借入的,或者是为抵偿某项债务而借入的款项。

(二)利息费用的确认时间与利息支出方式

企业从银行借入短期借款,其利息一般按季定期支付;若从其他金融机构或有关企业借入,借款利息一般于到期日同本金一起支付。

具体方式有:按月计算并支付;借款到期时,随同本金一起归还;先按月预提计入当期损益,再按季度支付给银行。

(三)利息的计算

短期借款由于归还期短(1 年以内),其利息一般采取单利计算。

$$借款利息=借款本金×借款期限×借款利率$$

二、确认、记录短期借款的会计科目

(一)"短期借款"科目

(1)定义:核算企业向银行或其他金融机构等借入的期限在 1 年以内(含 1 年)的各种

借款。

（2）核算内容：贷方登记取得借款金额，借方登记归还借款金额，期末贷方余额，反映企业尚未偿还的短期借款。

（3）明细账设置：按借款种类、出借人和币种进行明细核算。

（二）"财务费用"科目

（1）定义：核算企业为筹集生产经营所需资金等而发生的筹资费用，包括利息支出（减利息收入）、汇兑损益以及相关的手续费、企业发生的现金折扣或收到的现金折扣等。

（2）核算内容：借方登记企业发生的财务费用，贷方登记发生的应冲减财务费用的利息收入、汇兑损益、现金折扣等，期末应将本科目余额转入"本年利润"科目，结转后本科目无余额。

（3）明细账设置：按费用项目（利息费用、手续费、工本费）进行明细核算。

（三）"应付利息"科目

（1）定义：核算企业按照合同约定应支付的利息。

（2）核算内容：资产负债表日，贷方登记按合同利率计算确定的应付未付利息，借方登记实际支付利息，期末贷方余额，反映企业应付未付的利息。

（3）明细账设置：按存款人或债权人进行明细核算。

三、短期借款的账务处理

短期借款的业务节点与账务处理如表 8-1 所示。

表 8-1　　　　　　　　　　　短期借款的业务节点与账务处理

业务节点	账务处理
借入短期借款	企业借入短期借款时，借记"银行存款"科目，贷记"短期借款"科目
资产负债表日计提利息	按规定在资产负债表日计提利息时，借记"财务费用"科目，贷记"应付利息"科目
支付利息	按月支付利息时，借记"应付利息"科目，贷记"银行存款"科目； 按季支付利息时，借记"应付利息"、"财务费用"科目，贷记"银行存款"科目
归还短期借款	归还短期借款时，借记"短期借款"科目，贷记"银行存款"科目

任务实施

江苏环宇公司向中国银行徐州开发区支行借入短期借款 500 000 元，期限 2013 年 12 月 1 日至 2014 年 2 月 28 日，借款利率 7.2%。

步骤一：签订借款合同后，收到银行借款凭证回单，如图 8-1 所示。

根据借款凭证回单，编制会计分录：

借：银行存款——中国银行　　　　　　　　　　　　　　　500 000

贷：短期借款——中国银行 500 000

中国银行借款凭证（回单）③

单位编号：1002 日期：2013 年 12 月 1 日 银行编号：1321

借款人	名　　称	江苏环宇公司	收款人	名　　称	江苏环宇公司
	账　　号	740108320311		往来账号	740108320311
	开户银行	中国银行徐州开发区支行		开户银行	中国银行徐州开发区支行

借款期限（最后还款日）	2014 年 2 月 28 日	借款计划指标									

		千	百	十	万	千	百	十	元	角	分
借款申请金额	人民币:伍拾万元整（大写）		¥	5	0	0	0	0	0	0	0
借款原因及用途 生产经营周转	银行核定金额 千 百 十 万 千 百 十 元 角 分		¥	5	0	0	0	0	0	0	0

期限	计划还款日期	计划还款金额	分次还款记录	期次	还款日期	还款金额	结欠
1	2014 年 2 月 28 日	500 000.00					
2							
3							
备注：			上述借款业已照数贷给并转入你单位往来账户，借款到期时应按期归还。 此致 借款单位 （银行盖章）2013 年 12 月 1 日				

图 8-1　借款凭证（回单）

步骤二：资产负债表日，确认应付银行的利息，如表 8-2 所示。

表 8-2 短期借款利息计算

借款期间：2013 年 12 月 1 日至 2014 年 2 月 28 日 金额单位：元

计息期间	借款金额	借款利率	本月借款利息	已提利息	合计
2013 年 12 月	500 000	7.2%	3 000	0	3 000

根据自制的"短期借款利息计算表"，编制会计分录如下。

借：财务费用——利息费用 3 000

  贷：应付利息——中国银行 3 000

2014 年 1 月 31 日，同上。

步骤三：2014 年 2 月 28 日归还银行借款本息，前 2 个月已预提利息 6 000 元。贷款利息通知单如图 8-2 所示。

根据银行贷款通知单等编制会计分录如下。

借：短期借款——中国银行 500 000

  财务费用——利息费用 3 000

应付利息——中国银行   6 000

    贷：银行存款——中国银行   509 000

中国银行贷款利息通知单

2014 年 2 月 28 日

账　号	户　名	计息期	积　数	利率（月）	利息金额
74010832 0311	江苏环宇公司	2013 年 12 月 1 日 起至 2014 年 2 月 28 日 止	￥500 000.00	0.6%	￥9 000.00
大写金额：人民币玖仟元整					
上列款项已从你单位账户如数支付。 银行盖章			备注：		

此联由银行送单位作支款通知

图 8-2　贷款利息通知单

任务二　确认、记录应付及预收款项

任务导入

    江苏环宇公司与金海公司商定，采用商业汇票方式结算采购材料的货款；与东海公司商定，采用赊购的方式结算采购材料的货款；与南海公司商定，采用先收款、后发货的方式结算产品的销售款。公司与这些合作伙伴在业务往来中会形成不同的负债，会计人员应如何进行会计核算？

第一部分　确认、记录应付票据

知识准备

（一）认知应付票据

    应付票据是小企业购买材料、商品和接受劳务供应等开出、承兑的商业汇票而形成的一项流动负债。它是企业根据合同进行延期付款的交易，并采用商业汇票结算方式而产生的。

    商业汇票按照承兑人不同分为商业承兑汇票和银行承兑汇票；按照是否带息，分为带息票据和不带息票据。不带息票据，企业到期时应支付的金额就是应付票据面值。带息票据的票面金额仅表示本金，票据到期时除按面值支付外，还应另行支付利息。

（二）记录商业汇票的科目——"应付票据"科目

（1）定义：核算企业购买材料、商品和接受劳务供应等开出、承兑的商业汇票，包括银行承兑汇票和商业承兑汇票。

（2）核算内容：贷方登记开出、承兑汇票的面值及带息票据的预提利息，借方登记支付票据的金额，余额在贷方，表示企业尚未到期的商业汇票的票面金额和应计未付的利息。

（3）明细账设置：一般按债权人名称进行明细核算。

（三）应付票据的账务处理

办理商业汇票结算业务的业务节点与账务处理如表 8-3 所示。

表 8-3 办理商业汇票结算业务的业务节点与账务处理

业务节点	账务处理
企业签发、承兑应付票据	企业因购买材料、商品和接受劳务供应等而开出的商业汇票。应当按其票面金额作为应付票据的入账金额，借记"材料采购"、"原材料"、"库存商品"、"应交税费——应交增值税（进项税额）"、"应付账款"等科目，贷记"应付票据"科目。 如企业签发、承兑的是银行承兑汇票，企业支付的银行承兑汇票的手续费，应当计入当期财务费用，借记"财务费用"科目，贷记"银行存款"科目
到期偿付应付票据	应付票据到期偿付票款时，应按账面余额予以结转，借记"应付票据"科目，贷记"银行存款"科目
应付票据的转销	应付商业承兑汇票到期，如果企业无力支付票款，应将应付票据按账面余额转作应付账款，借记"应付票据"科目，贷记"应付账款"科目。应付银行承兑汇票到期，如果企业无力支付票款，应将应付票据的账面余额转作短期借款，借记"应付票据"科目，贷记"短期借款"科目
如果是带息的应付票据	企业开出、承兑的带息票据，应于期末计算应付利息，计入当期财务费用，借记"财务费用"科目，贷记"应付票据"科目

任务实施

任务实施一　不带息应付票据的结算业务

步骤一：江苏环宇公司与金海公司商定，采用银行承兑汇票方式结算材料采购货款。2014 年 1 月 7 日，江苏环宇公司向其开户银行——中国银行申请承兑面值为 46 800 元、期限 4 个月的不带息商业汇票，缴纳承兑手续费 23.40 元。根据银行手续费付款凭证及银行承兑汇票复印件编制会计分录如下。

借：财务费用——手续费　　　　　　　　　　　　　　　　23.40
　　贷：银行存款——中国银行　　　　　　　　　　　　　　23.40

步骤二：2014 年 1 月 7 日，江苏环宇公司使用面值为 46 800 元、期限 4 个月的不带息银行承兑汇票采购甲材料，材料已收到并入库，按实际成本核算。增值税专用发票上注明的材料价款为 40 000 元，增值税额为 6 800 元。根据购买材料的增值税专用发票的记账联、材料入库单、银行承兑汇票复印件等原始凭证编制会计分录如下。

借：原材料——甲材料 40 000

应交税费——应交增值税（进项税额） 6 800

贷：应付票据——金海公司 46 800

步骤三：2014 年 5 月 7 日，上述银行承兑汇票到期，以银行存款支付票款。根据银行转来的付款通知编制会计分录如下。

借：应付票据——金海公司 46 800

贷：银行存款——中国银行 46 800

步骤四：汇票到期时江苏环宇公司无力支付票款，根据银行承兑协议，银行承担无条件支付票款的义务，此时江苏环宇公司转为欠银行的钱。根据相关原始凭证编制会计分录如下。

借：应付票据——金海公司 46 800

贷：短期借款——中国银行 46 800

步骤五：汇票到期时江苏环宇公司无力支付票款，如果在与银行签订承兑协议时，有第三方作为担保人。此时，银行会从担保人处扣款，江苏环宇公司转为欠担保人的钱。根据相关原始凭证编制会计分录如下。

借：应付票据——金海公司 46 800

贷：应付账款——担保人 46 800

任务实施二　带息应付票据的结算业务

步骤一：2014 年 2 月 20 日，江苏环宇公司与银海公司商定，采用商业承兑汇票方式支付前欠购货款。2014 年 3 月 1 日，开出带息商业汇票一张，面值 640 000 元，用于抵付其前欠银海公司的货款。该票据票面利率为 6%，期限为 3 个月。根据偿还协议和商业承兑汇票复印件等相关原始凭证编制会计分录如下。

借：应付账款——银海公司 640 000

贷：应付票据——银海公司 640 000

步骤二：2014 年 3 月 31 日，计算并提取上述商业汇票的应付利息。根据利息费用计算单（见图 8-3）编制会计分录如下。

利息费用计算单				
2014 年 3 月 31 日				金额单位：元
事由或票据	计息期间	计息本金	利率	利息金额
签发给银海公司的商业承兑汇票	2014 年 3 月 1 日至 2014 年 3 月 31 日	640 000	6%	3 200

图 8-3　利息费用计算单

借：财务费用——利息费用 3 200

贷：应付票据——银海公司 3 200

注：2014 年 4 月 30 日和 2014 年 5 月 31 日同上。

步骤三：2014 年 6 月 1 日，上述商业汇票到期，以银行存款支付票款和利息。根据相关原始凭证编制会计分录如下。

借：应付票据——银海公司 649 600

贷：银行存款——中国银行 649 600

第二部分 确认、记录应付账款

📊 **知识准备**

（一）应付账款认知

应付账款是指企业因购买材料、商品或接受劳务供应等经营活动应支付的款项。应付账款主要是由于企业取得资产的时间与结算付款的时间不一致而产生的。

（二）记录应付账款的会计科目——"应付账款"科目

（1）定义：核算应付账款的发生、偿还、转销等情况。

（2）核算内容：贷方登记企业因购买材料、商品和接受劳务等而发生的应付账款，借方登记偿还的应付账款，或开出商业汇票抵付应付账款的款项，或已冲销的无法支付的应付账款。余额一般在贷方，表示企业尚未支付的应付账款余额。

（3）明细账设置：一般应按照债权人设置明细科目，进行明细核算。

（三）应付账款的账务处理

应付账款的业务节点与账务处理如表 8-4 所示。

表 8-4 应付账款的业务节点与账务处理

业务节点	账务处理
企业购入材料、商品	企业购入财料、商品等验收入库，但货款尚未支付，也未签发、承兑商业汇票时，根据有关凭证，借记"原材料"、"材料采购"等科目，按可抵扣的增值税税额，借记"应交税费——应交增值税（进项税额）"科目，按应付的价款，贷记"应付账款"科目
企业接受供应单位提供劳务	企业接受供应单位提供劳务而发生的应付未付款项，也未签发、承兑商业汇票时，根据供应单位的发票账单，借记"生产成本"、"管理费用"等科目，按可抵扣的增值税税额，借记"应交税费——应交增值税（进项税额）"科目，贷记"应付账款"科目
企业偿还应付账款	企业偿还应付账款或开出商业汇票抵付应付账款时，借记"应付账款"科目，贷记"银行存款"、"其他货币资金"、"应付票据"等科目
应付账款的转销	企业转销确实无法支付的应付账款（如因债权人撤销等原因而产生无法支付的应付账款），应按其账面余额计入营业外收入。借记"应付账款"科目，贷记"营业外收入"科目

🏃 **任务实施**

任务实施一 核算应付购货款

2014 年 3 月 1 日，江苏环宇公司从云达公司购入平板钢材一批，货款 200 000 元，增值税 34 000 元；对方代垫运费 2 000 元，增值税 220 元。材料已运到并按实际成本验收入库，款项尚未支付。

根据专用发票、材料入库单等原始凭证编制会计分录如下。

借：原材料——平板钢材　　　　　　　　　　　　　　　　202 000
　　应交税费——应交增值税（进项税额）　　　　　　　　 34 220
　　　贷：应付账款——云达公司　　　　　　　　　　　　　　　　236 220

任务实施二 核算水电费用

2014 年 3 月 31 日，根据供电部门开具的增值税专用发票，江苏环宇公司本月应支付给电力公司电费 52 000 元，增值税 8 840 元。其中生产车间电费 38 000 元，企业行政管理部门电费 14 000 元，款项尚未支付。

根据供电部门的专用发票和本单位的电费分配表等原始凭证编制会计分录如下。

借：制造费用——水电费 38 000

管理费用——水电费 14 000

应交税费——应交增值税（进项税额） 8 840

贷：应付账款——电力公司 60 840

任务实施三 核算应付账款的偿还

2014 年 4 月 5 日，用银行汇票支付前欠云达公司贷款 136 220 元，其余款项以一张银行承兑汇票抵付。

根据银行汇票付款通知和银行承兑汇票复印件等原始凭证编制会计分录如下。

借：应付账款——云达公司 236 220

贷：其他货币资金——银行汇票存款 136 220

应付票据——云达公司 100 000

任务实施四 应付账款的转销

2014 年 6 月 30 日，公司确定一笔应付光明公司 50 000 元为无法支付的应付账款，应予转销。

根据有关转销决议等原始凭证编制会计分录如下。

借：应付账款——光明公司 50 000

贷：营业外收入——其他 50 000

第三部分 确认、记录预收账款

知识准备

（一）认知预收账款

预收账款是指企业按照合同规定向购货单位预收的款项。与应付账款不同，预收账款形成的负债不是以货币偿付，而是以货物偿付。

（二）记录预收账款的会计科目——"预收账款"科目

（1）定义：核算预收账款的取得、偿付等情况。

（2）核算内容：贷方登记发生的预收账款数额和购货单位补付账款的数额，借方登记企业向购货方发货后冲销的预收账款数额和退回购货方多付账款的数额；余额一般在贷方，反映企业向购货单位预收的款项但尚未向购货方发货的数额，如为借方余额，反映企业应收的款项。

（3）明细账设置：应当按照购货单位设置明细科目，进行核算。

（三）预收账款的账务处理

办理预收账款的业务节点与账务处理如表 8-5 所示。

表 8-5   办理预收账款的业务节点与账务处理

业务节点	账务处理
预收购货单位款项	企业预收购货单位的款项时，借记"银行存款"科目，贷记"预收账款"科目
发出商品、销售实现	销售实现时，按实现的收入和应交的增值税销项税额，借记"预收账款"科目，按照实现的营业收入，贷记"主营业务收入"科目；按照增值税专用发票上注明的增值税税额，贷记"应交税费——应交增值税（销项税额）"等科目
收到购货单位补付款项	企业收到购货单位补付的款项时，借记"银行存款"科目，贷记"预收账款"科目
退回购货单位多付款项	向购货单位退回其多付的款项时，借记"预收账款"科目，贷记"银行存款"科目

任务实施

2014 年 4 月 3 日，江苏环宇公司与光明公司签订供货合同，向其出售 A 产品一批，货款 200 000 元，增值税 34 000 元。根据合同的规定，光明公司在合同签订后一周内，应当向江苏环宇公司预付货款 120 000 元，剩余货款在交货后付清。

步骤一：4 月 9 日，收到光明公司交来的预付货款 120 000 元并存入银行。根据购货合同和银行转来的收款通知等原始凭证编制会计分录如下。

借：银行存款——中国银行   120 000
　　贷：预收账款——光明公司   120 000

步骤二：4 月 19 日，将货物发给光明公司并开出增值税专用发票，根据销售发票的记账联和产品出库单等原始凭证编制会计分录如下。

借：预收账款——光明公司   234 000
　　贷：主营业务收入——A 产品   200 000
　　　　应交税费——应交增值税（销项税额）   34 000

步骤三：4 月 30 日，光明公司验收后交来的剩余货款 114 000 元并存入银行。根据银行转来的收款通知等原始凭证编制会计分录如下。

借：银行存款——中国银行   114 000
　　贷：预收账款——光明公司   114 000

任务三　确认、记录应付职工薪酬

任务导入

企业聘请员工从事生产经营活动，应当付给职工合理的劳动报酬，这些应付的职工薪酬包括哪些内容？有没有给职工办理"社保"？企业如何代扣代缴职工的个人所得税？夏天降温费、冬天取暖费、过年过节费等职工福利和工会经费等如何入账？这些都是我们必须掌握的内容。

第一部分 确认、记录"工资"、"社会保险费"、"住房公积金"

知识准备

一、应付职工薪酬的认知

（一）小企业应付职工薪酬的定义

小企业应付职工薪酬是小企业为获得职工提供的服务而给予或付出的各种形式的对价。应付职工薪酬作为一种耗费构成小企业的人工费用。

职工是指与企业订立劳动合同的所有人员，含全职、兼职和临时职工。按照《中华人民共和国劳动法》和《中华人民共和国劳动合同法》的规定，小企业作为用人单位与劳动者应当订立劳动合同，因此，小企业的职工包括与小企业订立了固定期限、无固定期限和以完成一定的工作为期限的劳动合同的所有人员。

（二）应付职工薪酬的报酬形式

应付职工薪酬的报酬形式有货币和非货币两种形式。

（三）应付职工薪酬的内容

1. 职工工资、奖金、津贴和补贴

工资是指支付给职工的计时工资和计件工资。

奖金是指支付给职工的超额劳动报酬和增收节支的劳动报酬。如生产奖，包括超产奖、质量奖、安全奖、考核各项经济指标的综合奖、年终奖、劳动分红等。又如劳动竞赛奖，包括发给劳动模范、先进个人的各种奖金和实物奖励等。

津贴和补贴是指为了补偿职工特殊或额外的劳动消耗和因其他特殊原因支付给职工的津贴，以及为了保证职工工资水平不受物价影响而支付的物价补贴，包括补偿职工特殊或额外劳动消耗的津贴（如高空津贴、井下津贴等），保健津贴，技术性津贴，工龄津贴及其他津贴（如直接支付的伙食津贴、合同制职工工资性补贴及书报费等）。

根据国家法律、法规和政策规定，因病、工伤、产假、计划生育、婚丧假、探亲假、定期休假、停工学习、执行国家和社会义务等原因应支付的工资也包括在内。

2. 职工福利费

职工福利费主要包括职工因公负伤赴外地就医路费、职工生活困难补助、未实行医疗统筹小企业职工医疗费用，以及按规定发生的其他职工福利支出。

3. 医疗保险费、养老保险费、失业保险费、工伤保险费和生育保险费等社会保险费。

社会保险费指小企业按照国务院、各地方人民政府规定的基准和比例计算，向社会保险经办机构缴纳的医疗保险费、养老保险费、失业保险费、工伤保险费和生育保险费就是通常所说的"五险"。

根据我国养老保险制度相关规定，小企业为职工缴纳基本养老保险费的比例，一般不得超过小企业工资总额的 20%（包括划入个人账户的部分），具体比例由省、自治区、直辖市人民政府确定。

4. 住房公积金

住房公积金指小企业按照国家规定的基准和比例计算，向住房公积金管理机构缴存的住房公积金。

5. 工会经费和职工教育经费

工会经费和职工教育经费指小企业根据《中华人民共和国工会法》的规定，为了改善职工文化生活、为职工学习先进技术和提高文化水平和业务素质，用于开展工会活动和职工教育及职业技能培训等相关支出。

6. 非货币性福利

非货币性福利指小企业以自己的产品或外购商品作为福利发放给职工的福利。

小企业如果将自己生产的产品作为非货币性福利发放给职工，应当视同销售并作为应付职工薪酬的结算进行会计处理。

小企业如果以外购商品作为福利发放给职工，也应当按照上述以自产产品作为福利发放的规定进行会计处理。

7. 因解除与职工的劳动关系给予的补偿

因解除与职工的劳动关系给予的补偿指企业在职工劳动合同尚未到期之前解除与职工的劳动关系等情况下根据国家有关规定给予职工的经济补偿，即辞退福利。

8. 其他与获得职工提供的服务相关的支出

指除上述七种薪酬以外的其他为获得职工提供的服务而给予的薪酬。

二、记录应付职工薪酬的会计科目——"应付职工薪酬"科目

（1）定义：核算应付职工薪酬的提取、结算、使用等情况。

（2）核算内容：贷方登记已分配计入有关成本费用项目的职工薪酬数额，借方登记实际发放职工薪酬的数额以及扣还的款项。期末贷方余额，反映企业应付未付的职工薪酬。

（3）明细账设置：设有"工资"、"职工福利"、"社会保险费"、"住房公积金"、"工会经费"、"职工教育经费"、"非货币性福利"等明细科目。

三、"工资"、"社会保险费"、"住房公积金"的业务节点与账务处理

确认、记录"工资"、"社会保险费"、"住房公积金"的业务节点与账务处理如表8-6所示。

表8-6　　确认、记录"工资"、"社会保险费"、"住房公积金"的业务节点与账务处理

业务节点	账务处理
企业在职工为其提供服务的会计期间，确认、分配职工薪酬，将应付的职工薪酬确认为负债	借：生产成本【生产部门人员的职工薪酬】 　　制造费用【车间管理人员的职工薪酬】 　　管理费用【行政管理人员和难以确定直接受益对象的人员的薪酬】 　　销售费用【销售人员的职工薪酬】 　　在建工程【在建工程人员的职工薪酬】 　贷：应付职工薪酬——工资

业务节点	账务处理
确认企业为职工负担的社会保险费、住房公积金（标准按企业所在地政府的规定）	借：生产成本【生产部门人员的社会保险费、住房公积金】 　　　制造费用【车间管理人员的社会保险费、住房公积金】 　　　管理费用【行政管理人员和难以确定直接受益对象人员的社会保险费、住房公积金】 　　　销售费用【销售人员的社会保险费、住房公积金】 　　　在建工程【在建工程人员的社会保险费、住房公积金】 　　贷：应付职工薪酬——社会保险费 　　　　　　　　　　——住房公积金
发放工资并代扣个人负担的社会保险费、住房公积金、个人所得税（代扣的标准按企业所在地政府的规定）	借：应付职工薪酬——工资 　　贷：库存现金/银行存款 借：应付职工薪酬——工资 　　贷：其他应付款——社会保险费 　　　　　　　　　　——住房公积金 　　　应交税费——应交个人所得税
向有关部门缴纳社会保险费、住房公积金、个人所得税	借：应付职工薪酬——社会保险费（注：企业负担的） 　　　　　　　　　　——住房公积金（注：企业负担的） 　　　其他应付款——社会保险费（注：个人负担的） 　　　　　　　　　——住房公积金（注：个人负担的） 　　　应交税费——应交个人所得税 　　贷：银行存款/库存现金 　注：上交的社会保险费=企业承担的社会保险费+个人负担的社会保险费 　　　上交的住房公积金=企业承担的住房公积金 +个人负担的住房公积金

任务实施

应付职工薪酬、社保费、住房公积金、个人所得税的确认、计提、发放及上缴。

步骤一：月末，江苏环宇公司根据工资结算单，编制"职工薪酬结算汇总表"，如表8-7所示。

步骤二：月末，根据职工薪酬结算汇总表中"应付职工薪酬"项目，分配工资费用，确认应付职工薪酬，编制会计分录如下。

借：生产成本——甲产品（直接人工） 100 960

　　　　　——乙产品（直接人工） 33 660

　　制造费用——一车间（工资） 57 920

　　　　　——二车间（工资） 14 260

　　在建工程——人工费用 18 700

　　销售费用——人工费用 9 230

　　管理费用——人工费用 64 420

　　贷：应付职工薪酬——工资 299 150

表 8-7

职工薪酬结算汇总表

2014 年 1 月 31 日　　　　　　　　　　　　　金额单位：元

部　门		基本工资	岗位工资	各种补贴	生产奖金	应扣病事假工资	应付职工薪酬	代　扣　款　项						实发职工薪酬
								养老保险 8%	医疗保险 2%	失业保险 1%	住房公积金 10%	个人所得税	合计	
一车间	生产工人（甲产品）	76 000	12 400	6 800	6 700	940	100 960	2 019.2	1 009.6	1 009.6	10 096	540	21 741.6	79 218.4
	管理人员	46 000	5 400	2 600	4 180	260	57 920	1 158.4	579.2	579.2	5 792	240	12 403.2	45 516.8
	小　计	122 000	17 800	9 400	10 880	1 200	158 880	3 177.6	1 588.8	1 588.8	15 888		34 144.8	124 735.2
二车间	生产工人（乙产品）	25 000	4 600	1 800	2 560	300	33 660	673.2	336.6	336.6	3 366	210	7 278.6	26 381.4
	管理人员	11 000	1 500	860	1 200	300	14 260	285.2	142.6	142.6	1 426	90	3 084.6	11 175.4
	小　计	36 000	6 100	2 660	3 760	600	47 920	958.4	479.2	479.2	4 792		10 363.2	37 556.8
在建工程		14 600	1 700	1 100	1300	—	18 700	1 496	374	187	1 870	1 870	5 248	134 520.0
专设销售机构		7 600	780	620	400	170	9 230	738.4	184.6	92.3	923	764	2 702.3	6 527.7
管理部门		48 000	8 500	4 900	5 200	2 180	64 420	5 153.6	1 288.4	644.2	6 442	5 380	18 908.2	45 511.8
合　计		228 200	34 880	18 680	21 540	4 150	299 150	23 932	5 983	2 991.5	29 915	8 545	71 366.5	227 783.5

提醒你　　个人一般只负担养老保险、医疗保险、失业保险，工伤保险与生育保险一般都是企业负担。现在，有的省市还征收大病统筹，按职工人数每月定额征收（每人每月 5 元左右，企业负担。）。

　　步骤三：月末，编制社会保险费及基金计提表（见表 8-8），计提应由企业负担的各项社会保险费。

表 8-8

社会保险费及基金计提表

2014 年 1 月 31 日　　　　　　　　　　　　　金额单位：元

部　门		应付职工薪酬	养老保险 20%	医疗保险 8%	失业保险 2%	住房公积金 10%	工伤保险 1%	生育保险 0.8%	大病医疗	合计
一车间	生产工人	100 960	20 192	8 076.8	2 019.2	10 096	1 009.6	807.68	1 000	43 201.28
	管理人员	57 920	11 584	4 633.6	1 158.4	5 792	579.2	463.36	150	24 360.56
	小　计	158 880	31 776	12 710.4	3 177.6	15 888	1 588.8	1 271.04	1 150	67 561.84

部　门		应付职工薪酬	养老保险20%	医疗保险8%	失业保险2%	住房公积10%	工伤保险1%	生育保险0.8%	大病医疗	合计
二车间	生产工人	33 660	6 732	2 692.8	673.2	3 366	336.6	269.28	300	14 369.88
	管理人员	14 260	2 852	1 140.8	285.2	1 426	142.6	114.08	30	5 990.68
	小计	47 920	9 584	3 833.6	958.4	4 792	479.2	383.36	60	20 360.56
在建工程		18 700	3 740	1 496	374	1 870	187	149.6	20	7 836.6
专设销售机构		9 230	1 846	738.4	184.6	923	92.3	73.84	10	3 868.14
管理部门		64 420	12 884	5 153.6	1 288.4	6 442	644.2	515.36	50	26 977.56
合　计		299 150	59 830	23 932	5 983	29 915	2 991.5	2 393.2	1 560	126 604.7

步骤四：月末，根据保险费及基金计提表，编制会计分录如下。

借：生产成本——甲产品（直接人工）	43 201.28
——乙产品（直接人工）	14 369.88
制造费用——一车间（人工费用）	24 360.56
——二车间（人工费用）	5 990.68
在建工程——人工费用	7 836.6
销售费用——人工费用	3 868.14
管理费用——人工费用	26 977.56
贷：应付职工薪酬——社会保险费	96 689.7
——住房公积金	29 915

步骤五：月末，结转应由个人负担的社会保险费、住房公积金以及个人所得税，编制会计分录如下。

借：应付职工薪酬——工资	71 366.5
贷：其他应付款——社会保险费	32 906.5
——房公积金	29 915
应交税费——应交个人所得税	8 545

步骤六：下月初，发放工资。

根据"职工薪酬结算汇总表"签发支票一张，委托中国银行开发区支行办理代发工资转存信用卡业务。工资发放清单以软盘形式同时送交银行，并经银行审核发放。根据支票存根和职工薪酬结算汇总表编制会计分录如下。

借：应付职工薪酬——工资	227 783.5
贷：银行存款——中国银行	227 783.5

步骤七：分别向人社局社会养老处和住房公积金管理部门上缴社会保险费和住房公积金，根据申报缴纳的凭据和银行的付款通知编制会计分录如下。

借：其他应付款——社会保险费	32 906.5
——住房公积金	29 915
应付职工薪酬——社会保险费	96 689.7
——住房公积金	29 915
贷：银行存款——中国银行	189 426.2

第二部分　确认、记录"职工福利"、"工会经费"、"职工教育经费"

知识准备

一、职工福利费的规定

企业职工福利费是指企业为职工提供的除职工工资、奖金、津贴、纳入工资总额管理的补贴、职工教育经费、社会保险费和补充养老保险费（年金）、补充医疗保险费及住房公积金以外的福利待遇支出，包括发放给职工或为职工支付的以下各项现金补贴和非货币性集体福利。

① 为职工卫生保健、生活等发放或支付的各项现金补贴和非货币性福利，包括职工因公外地就医费用、暂未实行医疗统筹企业职工医疗费用、职工供养直系亲属医疗补贴、职工疗养费用、自办职工食堂经费补贴或未办职工食堂统一供应午餐支出、符合国家有关财务规定的供暖费补贴、防暑降温费等。

② 企业尚未分离的内设集体福利部门所发生的设备、设施和人员费用，包括职工食堂、职工浴室、理发室、医务所、托儿所、疗养院、集体宿舍等集体福利部门设备、设施的折旧、维修保养费用以及集体福利部门工作人员的工资薪金、社会保险费、住房公积金、劳务费等人工费用。

③ 职工困难补助，或者企业统筹建立和管理的专门用于帮助、救济困难职工的基金支出。

④ 离退休人员统筹外费用，包括离休人员的医疗费及离退休人员其他统筹外费用。企业重组涉及的离退休人员统筹外费用，按照《财政部关于企业重组有关职工安置费用财务管理问题的通知》（财企[2009]117号）执行。国家另有规定的，从其规定。

⑤ 按规定发生的其他职工福利费，包括丧葬补助费、抚恤费、职工异地安家费、独生子女费、探亲假路费，以及符合企业职工福利费定义但没有包括在本通知各条款项目中的其他支出。

企业为职工提供的交通、住房、通信待遇，已经实行货币化改革的，按月按标准发放或支付的住房补贴、交通补贴或者车改补贴、通讯补贴，应当纳入职工工资总额，不再纳入职工福利费管理；尚未实行货币化改革的，企业发生的相关支出作为职工福利费管理，但根据国家有关企业住房制度改革政策的统一规定，不得再为职工购建住房。

企业给职工发放的节日补助、未统一供餐而按月发放的午餐费补贴，应当纳入工资总额管理。

企业发生的职工福利费支出，不超过工资、薪金总额14%的部分准予扣除。

二、工会经费、职工教育经费的规定

企业拨缴的工会经费，不超过工资、薪金总额2%的部分准予扣除；除国务院财政、税务主管部门另有规定外，企业发生的职工教育经费支出，不超过工资、薪金总额2.5%的部分准予扣除，超过部分准予结转以后纳税年度扣除。

三、"职工福利"、"工会经费"、"职工教育经费"的业务节点与账务处理

确认、记录"职工福利"、"工会经费"、"职工教育经费"的业务节点与账务处理如表8-9所示。

表 8-9　　**确认、记录"职工福利"、"工会经费"、"职工教育经费"的业务节点与账务处理**

业务节点	账务处理
合理预计当期职工福利费，或是按不超过计提标准的发放款	借记"生产成本"、"制造费用"、"销售费用"、"管理费用"、"在建工程"科目，贷记"应付职工薪酬——职工福利"科目
按照国家相关规定，计提工会经费、职工教育经费	借记"生产成本"、"制造费用"、"销售费用"、"管理费用"、"在建工程"科目，贷记"应付职工薪酬——工会经费"、"应付职工薪酬——职工教育经费"科目
支付职工福利费、工会经费、职工教育经费	借记"应付职工薪酬——职工福利"、"应付职工薪酬——工会经费"、"应付职工薪酬——职工教育经费"科目，贷记"银行存款"、"库存现金"科目
计提应向有关部门上缴工会经费、职工教育经费	借记"应付职工薪酬——工会经费"、"应付职工薪酬——职工教育经费"科目，贷记"应交税费——工会经费""应交税费——职工教育经费"科目
向有关部门申报缴纳工会经费、职工教育经费	借记"应交税费——工会经费"、"应交税费——职工教育经费"科目，贷记"银行存款"科目

任务实施

任务实施一　工会经费、教育经费的计提、使用与上缴

步骤一：江苏环宇公司月末编制工会经费、教育经费计提表（见表 8-10），根据计提表编制会计分录。

表 8-10　　**工会经费、教育经费计提表**

2014 年 1 月 31 日　　　　　　　　　　金额单位：元

部　　门		应付职工薪酬	工会经费 2%	职工教育经费 2.5%	合计
一车间	生产工人	100 960	2 019.2	2 524	4 543.2
	管理人员	57 920	1 158.4	1 448	2 606.4
	小计	158 880	3 177.6	3 972	7 149.6
二车间	生产工人	33 660	673.2	841.5	1 514.7
	管理人员	14 260	285.2	356.5	641.7
	小计	47 920	958.4	1 198	2 156.4
在建工程		18 700	374	467.5	841.5
专设销售机构		9 230	184.6	230.75	415.35
管理部门		64 420	1 288.4	1 610.5	2 898.9
合　计		299 150	5 983	7 478.75	13 461.75

借：生产成本——甲产品（直接人工）　　　　　　　4 543.2
　　　　　　——乙产品（直接人工）　　　　　　　1 514.7
　　制造费用——一车间（工会经费）　　　　　　　2 606.4
　　　　　　——二车间（工会经费）　　　　　　　641.7
　　在建工程——人工费用　　　　　　　　　　　　841.5
　　销售费用——人工费用　　　　　　　　　　　　415.35
　　管理费用——人工费用　　　　　　　　　　　　2 898.9
　　　贷：应付职工薪酬——工会经费　　　　　　　5 983
　　　　　　　　　　——职工教育经费　　　　　　7 478.75

步骤二：工会经费、教育经费的使用。

（1）2014年2月10日，工会向生活困难的职工发放困难补助2 000元。根据"困难补助发放表"编制会计分录如下。

  借：应付职工薪酬——工会经费   2 000

    贷：银行存款   2 000

（2）2014年2月26日，向上海国家会计学院支付公司财会人员培训费用5 000元。根据上海国家会计学院开具的发票编制会计分录如下。

  借：应付职工薪酬——职工教育经费   5 000

    贷：银行存款——中国银行   5 000

步骤三：工会经费、教育经费的上缴。

根据我国工会法的规定，企业计提的工会经费，本企业工会留用比例不少于60%，拨交给上级工会的比例不应超过40%。企业计提的职工教育经费，按规定也应向当地的人社局上缴一部分（上缴比例各地不一致）。

（1）2014年1月31日，江苏环宇公司计提应上缴的工会经费、教育经费。根据计提表编制会计分录如下。

  借：应付职工薪酬——工会经费   2 393.2

        ——职工教育经费   1 495.75

    贷：应交税费——工会经费   2 393.2

        ——职工教育经费   1 495.75

（2）2014年2月8日，申报缴纳工会经费、教育经费，如表8-11所示。

表8-11   江苏省徐州市地方各基金申报表

申报日期：2014年2月8日

纳税人识别号					
纳税人名称					
开户银行及账号					
基金费大类	费种	所属期间	计征依据（元）	计征费率（%）	应缴金额（元）
职工教育培训统筹	职工教育经费	2014-1-1～2014-1-31	299 150	0.5	1 495.75
工会经费	工会经费	2014-1-1～2014-1-31	299 150	0.8	2 393.2

根据银行转来已转账成功缴纳的申报表，编制会计分录如下。

  借：应交税费——工会经费   2 393.2

        ——职工教育经费   1 495.75

    贷：银行存款——中国银行   3 888.95

任务实施二 职工福利费的计提与使用

步骤一：江苏环宇公司在2014年5月8日签发转账发票，支付给职工食堂补助金50 000元。根据支票存根、职工食堂补助协议等凭证编制会计分录。

  借：应付职工薪酬——职工福利费   50 000

    贷：银行存款——中国银行   50 000

步骤二：因没有超过标准，直接按支付数计提分配职工福利。如表8-12所示。

表 8-12　　　　　　　　**职工福利费计提分配表**

2014 年 5 月 31 日

部门		人数	补助标准	金额
一车间	生产工人	190	100	19 000
	管理人员	20	100	2 000
	小计	210		7 000
二车间	生产工人	60	100	6 000
	管理人员	10	100	1 000
	小计	70		7 000
在建工程		20	100	2 000
专设销售机构		20	100	2 000
管理部门		180	100	1 800
合计		500		50 000

根据职工福利计提分配表编制会计分录：

借：生产成本——甲产品（直接人工）　　　　　　　　　　19 000
　　　　　　——乙产品（直接人工）　　　　　　　　　　6 000
　　制造费用——一车间　　　　　　　　　　　　　　　2 000
　　　　　　——二车间　　　　　　　　　　　　　　　1 000
　　在建工程——人工费用　　　　　　　　　　　　　　2 000
　　销售费用——人工费用　　　　　　　　　　　　　　2 000
　　管理费用——人工费用　　　　　　　　　　　　　　1 800
　　贷：应付职工薪酬——职工福利费　　　　　　　　　　50 000

第三部分　确认、记录非货币性职工薪酬

知识准备

一、非货币性职工薪酬的有关规定

企业以其自产产品作为非货币性福利发放给职工的，应当根据受益对象，按照该产品的公允价值，计入相关资产成本或当期损益，同时确认应付职工薪酬。在发放时，视同销售确认收入。

属于外购的其他的资产，作为非货币性福利发放给职工，可按购入时的价格确定销售收入。

二、非货币性职工薪酬的业务节点与账务处理

确认、记录非货币性职工薪酬的业务节点与账务处理如表 8-13 所示。

表 8-13　　　　　　**确认、记录非货币性职工薪酬的业务节点与账务处理**

业务节点	账务处理
确认非货币性职工薪酬	借记"生产成本"、"制造费用"、"管理费用"等科目，贷记"应付职工薪酬——非货币性福利"科目

业务节点	账务处理
发放非货币性职工薪酬	企业以自产产品作为职工薪酬发放给职工时，应确认主营业务收入，借记"应付职工薪酬——非货币性福利"科目，贷记"主营业务收入"科目，同时结转相关成本，涉及增值税销项税额的，还应进行相应的处理
企业将自己拥有的房屋等资产无偿提供给职工使用及租入住房供职工无偿使用	将该住房每期应计提的折旧及支付租赁住房供职工无偿使用所发生的租金，计入相关资产成本或当期损益，同时确认应付职工薪酬，借记"生产成本"、"制造费用"、"管理费用"等科目，贷记"应付职工薪酬——非货币性福利"科目
企业计提无偿提供给职工使用的住房折旧费	借记"应付职工薪酬——非货币性福利"科目，贷记"累计折旧"科目
支付供职工无偿使用的租入住房租金	企业借记"应付职工薪酬——非货币性福利"科目，贷记"银行存款"等科目

任务实施

非货币性职工薪酬会计处理

江苏环宇公司将自产的电暖器作为福利发放给员工，该型号电暖器市场售价为 1 000 元，生产成本为 600 元。

步骤一：确认非货币性职工薪酬如图 8-4、表 8-14 所示。

通　知

各部门：

为了提高公司员工福利，经公司研究决定，将本公司产电暖器作为福利发放给本公司在册员工，每人 1 台，请各部门按部门于即日领取。

特此通知。

江苏环宇公司

办公室

2014 年 3 月 5 日

图 8-4　通知

表 8-14　　　　　　　　　　　　　**电暖器发放表**

2014 年 3 月 5 日

部　门	数量（台）	签　名
一车间	210（其中工人 190 人）	周　军
二车间	70（其中工人 60 人）	黄柏林
在建工程	20	赵建华
专设销售机构	20	吉　军
办公室	180	王　兵
合　计	500	

根据公司通知和发放表编制会计分录如下。

借：生产成本——甲产品　　　　　　　　　　　　　　　　222 300

　　　　　　——乙产品　　　　　　　　　　　　　　　　　70 200

　　制造费用——一车间（人工费用）　　　　　　　　　　　23 400

　　　　　　——二车间（人工费用）　　　　　　　　　　　11 700

　　在建工程——人工费用　　　　　　　　　　　　　　　　23 400

　　销售费用——人工费用　　　　　　　　　　　　　　　　23 400

　　管理费用——人工费用　　　　　　　　　　　　　　　 210 600

　　贷：应付职工薪酬——非货币性福利　　　　　　　　　　　　585 000

步骤二：根据销售发票的记账联编制确认销售的会计分录如下。

借：应付职工薪酬——非货币性福利　　　　　　　　　　 585 000

　　贷：主营业务收入——电暖器　　　　　　　　　　　　　　500 000

　　　　应交税费——应交增值税（销项税额）　　　　　　　　85 000

步骤三：根据出库单编制结转成本的会计分录如下。

借：主营业务成本——电暖器　　　　　　　　　　　　　 300 000

　　贷：库存商品——电暖器　　　　　　　　　　　　　　　　300 000

提醒你　　　如果是外购的商品，应进行外购商品的处理，借记"库存商品"、"应交税费——应交增值税（进项税额）"等科目，贷记"银行存款"科目。其他的会计处理同上。确认收入的价格按外购商品时的价格计算。

任务四　计算、记录应交税费

任务导入

　　小李自进入江苏环宇公司以来，工作认真负责，业务精益求精。前不久，财务部经理找她"谈话"，拟把她调至"税务岗"。小李既感到高兴，又感到"压力山大"。高兴的是，自己的付出与努力得到了领导的认可；"压力山大"是因为"税务岗"极其重要，也极富挑战性，胜任这个岗位，不仅要懂得会计核算，还要精通税法。一个企业应交哪些税？如何计算？如何核算？这是我们每一个会计人员都会面临的问题。

第一部分　认知我国的税法体系与各项基金、费用

知识准备

一、我国的税法体系

我国税法体系包括五大类 19 种税。

（1）流转税类，包括增值税、消费税、营业税、关税。

（2）所得税类，企业所得税、个人所得税。

（3）财产和行为税，包括房产税、车船税、印花税、契税。

（4）资源税类，包括资源税、土地增值税、城镇土地使用税。

（5）特定目的税类，包括固定资产投资方向调节税（暂停征收）、城市维护建设税、车辆购置税、耕地占用税、烟叶税。

二、税之外的基金（费）

我国的企业不仅要照章纳税，还要交纳各项基金（费），如江苏省徐州市企业要交纳的基金（费）如表8-15所示（来源：徐州市地方税务局网站。另：各省市征收的基金（费）略有不同）。

表8-15   江苏省徐州市征收的基金（费）表

残疾人就业保障金	江苏省人民政府令第31号、徐州市人民政府令第96号	机关、团体、企业、事业单位	（用人单位职工人数×1.5%－本单位在职残疾职工人数）×上年度本地区职工平均工资数额×90%
教育费附加	苏政办发[2003]130号	交纳增值税、消费税、营业税的单位和个人	"三税"税额的3%
地方教育附加	苏政发（2011）3号	交纳增值税、消费税、营业税的单位和个人	"三税"税额的2%
防洪保安基金	徐政发［2011］116号	工业、交通、农业、信托投资、财务、证券等非银行金融机构、事业和其他经济组织、其他行业	按当月销售、业务、事业、经营收入的1‰交纳
		商业、外贸、物资、供销	按当月销售收入为计税依据，零售按1‰，批发按0.5‰交纳
		银行、保险	按当月利息、保费收入的0.6‰交纳
		跨行业经营的企业，应分别核算并适用相关标准征收，不能分别核算的，提高适用征收标准	
文化事业建设费	财税字[1997]95号	交纳娱乐业、广告业营业税的单位和个人	按缴费人应当交纳娱乐业、广告业营业税的营业额的3%
城市垃圾处理费	徐政规[2011]1号	机关、事业单位、部队、社会团体、学校、企业、城市居民和个体工商户	在职职工3元/人/月
绿化费	徐政办发[2007]15号	党政机关、事业单位和社会团体/各类企业（外资的中方职工）、城镇个体工商户	计税依据为单位上年末从业人数，义务植树统筹费：5元/人/年，绿化费：8元/人/年
工会经费或工会筹备金	《中华人民共和国工会法》、江苏省实施<中华人民共和国工会法>办法、徐政办发[2003]171号	机关、事业、企业单位	全部职工工资总额的2%

确定不同行业企业一般应交纳的税费

小明在江苏省徐州市的某会计公司代理了一家小型制造业企业账务，代理了一家小型商品流通业企业账务，还代理了一家小型餐饮企业账务。小明想厘清以上各企业应交纳哪些税费。

第一步：分析各企业的经营活动及所取得的收入，对照税法，确定各企业应交纳的流转税：制造业企业与商品流通业企业是销售有形动产，应交纳增值税；餐饮企业是提供餐饮服务，应交纳营业税。

第二步：因为交纳了增值税和营业税，就应交纳附加税费：城市维护建设税、教育费附加、地方教育附加。

第三步：在经营过程中如果出现了资本增加、签订了合同等还应交纳印花税。

第四步：对所有员工应申报工资薪酬项目下的个人所得税。

第五步：如果在每季度或年度实现了"应纳税所得额"，还应交纳企业所得税。

第六步：按所在地税务机关规定，还应申报各项基金（费）：按月申报工会经费、职工教育经费；按年申报残疾人就业保障金、防洪保安基金、文化事业建设费、城市垃圾处理费、绿化费。

第二部分　计算、记录应交增值税

知识准备

一、增值税认知

增值税是以商品（含应税劳务）在流转过程中产生的增值额作为计税依据而征收的一种流转税。按照我国增值税法的规定，增值税的纳税人是在我国境内销售货物、进口货物，或提供加工、修理修配劳务的企业单位和个人。另外，根据 2014 年 1 月 1 日全面实施的"营改增"的规定，提供交通运输业和部分现代服务业服务（以下称应税服务）的单位和个人，也应交纳增值税。

（一）计征范围

1. 销售货物

"货物"是指除土地、房屋和其他建筑物等一切不动产之外的有形动产，包括电力、热力和气体在内。

2. 提供加工和修理修配劳务

加工是指受托加工货物，即委托方提供原料及主要材料，受托方按照委托方的要求制造货物并收取加工费的业务；修理修配是指受托方对损伤和丧失功能的货物进行修复，使其恢复原状和功能的业务。

3. 进口货物

进口货物是指申报进入我国海关境内的货物。必须看其是否办理了报关进口手续来确定一项货物是否属于进口货物。只要是报关进口的应税货物，均属于增值税征税范围，在进口环节缴纳增值税（享受免税政策的货物除外）。

4. 提供交通运输业劳务

交通运输业是指使用运输工具将货物或者旅客送达目的地，使其空间位置得到转移的业务活动。包括陆路运输服务、水路运输服务、航空运输服务和管道运输服务。陆路运输服务，是指通过陆路（地上或者地下）运送货物或者旅客的运输业务活动，包括铁路运输和其他陆路运输。其中，铁路运输服务，是指通过铁路运送货物或者旅客的运输业务活动；其他陆路运输服务，是指铁路运输以外的陆路运输业务活动，包括公路运输、缆车运输、索道运输、地铁运输、城市轻轨运输等。

5. 邮政业

邮政业，是指中国邮政集团公司及其所属邮政企业提供邮件寄递、邮政汇兑、机要通信和邮政代理等邮政基本服务的业务活动，包括邮政普遍服务、邮政特殊服务和其他邮政服务。

邮政普遍服务，是指函件、包裹等邮件寄递，以及邮票发行、报刊发行和邮政汇兑等业务活动。

邮政特殊服务，是指义务兵平常信函、机要通信、盲人读物和革命烈士遗物的寄递等业务活动。

其他邮政服务，是指邮册等邮品销售、邮政代理等业务活动。

6. 提供部分现代服务业劳务

部分现代服务业是指围绕制造业、文化产业、现代物流产业等提供技术性、知识性服务的业务活动，包括研发和技术服务、信息技术服务、文化创意服务、物流辅助服务、有形动产租赁服务、鉴证咨询服务、广播影视服务。

研发和技术服务，包括研发服务、技术转让服务、技术咨询服务、合同能源管理服务、工程勘察勘探服务。

信息技术服务是指利用计算机、通信网络等技术对信息进行生产、收集、处理、加工、存储、运输、检索和利用，并提供信息服务的业务活动，包括软件服务、电路设计及测试服务、信息系统服务和业务流程管理服务。

文化创意服务，包括设计服务、商标和著作权转让服务、知识产权服务、广告服务和会议展览服务。

物流辅助服务，包括航空服务、港口码头服务、货运客运场站服务、打捞救助服务、货物运输代理服务、代理报关服务、仓储服务、装卸搬运服务和收派服务。

有形动产租赁，包括有形动产融资租赁和有形动产经营性租赁。

鉴证咨询服务，包括认证服务、鉴证服务和咨询服务。

广播影视服务，包括广播影视节目（作品）的制作服务、发行服务和播映（含放映）服务。

（二）纳税人

按照纳税人的经营规模及会计核算的健全程度，增值税纳税人分为一般纳税人和小规模纳税人。

一般纳税人是指销售货物的年应征增值税销售额和应税服务的年应征增值税销售额超过财政部和国家税务总局规定标准的纳税人，其他的就是小规模纳税人。一般纳税人与小规模纳税人的划分标准如表 8-16 所示。

表 8-16 　　　　　　　　　　　　一般纳税人与小规模纳税人划分标准表

从事的业务	年应征增值税销售额	纳税人的认定
从事货物生产或提供加工、修理修配应税劳务的纳税人以从事货物生产或提供应税劳务为主，并兼营货物批发或零售的纳税人	年应税销售额在 50 万元以上	一般纳税人
从事货物批发或零售的纳税人	年应税销售额在 80 万元以上	一般纳税人
提供交通运输业和部分现代服务业服务（以下称应税服务）的单位和个人	年应税销售额在 500 万元以上	一般纳税人
从事货物生产或提供加工、修理修配应税劳务的纳税人以从事货物生产或提供应税劳务为主，并兼营货物批发或零售的纳税人	年应税销售额在 50 万元以下	小规模纳税人
从事货物批发或零售的纳税人	年应税销售额在 80 万元以下	小规模纳税人
提供交通运输业和部分现代服务业服务（以下称应税服务）的单位和个人	年应税销售额在 500 万元以下	小规模纳税人

年应税销售额达到规定标准以上的单位，必须认定为一般纳税人；未超过标准的小规模企业，会计核算健全，能准确核算并提供销项税额、进项税额的，可申请办理一般纳税人认定手续。

（三）增值税税率

增值税税率如表 8-17 所示。

表 8-17 　　　　　　　　　　　　　　增值税税率表

纳税人种类	应税行为或应税劳务	税率
一般纳税人	销售或者进口货物（不含低税率适用范围的货物和销售个别旧货）	17%
	提供加工、修理修配劳务	17%
	有形动产出租	17%
	销售或者进口： ① 粮食、食用植物油； ② 自来水、暖气、冷气、热水、煤气、石油液化气、天然气、沼气、居民用煤炭制品； ③ 图书、报纸、杂志； ④ 饲料、化肥、农药、农机、农膜； ⑤ 国务院规定的其他货物	13%
	提供交通运输业服务、邮政业	11%
	提供现代服务业服务（有形动产租赁服务除外）	6%
	出口货物或应税服务	零税率
小规模纳税人		3%

（四）应纳增值税税额的计算

一般纳税人：本期应交增值税=当期销项税额-当期进项税额

小规模纳税人：本期应交增值税=本期销售额×征收率

二、记录增值税的会计科目

（一）一般纳税人的"应交税费——应交增值税"科目

为了核算企业应交增值税的发生、抵扣、缴纳、退税及转出等情况，小企业中的一般纳税人应在"应交税费"科目下设置"应交增值税"明细科目，并在"应交增值税"明细账内设置"进项税额"、"销项税额"、"进项税额转出"、"已交税金"等专栏，具体格式如表8-18所示。

表8-18 应交税费——应交增值税科目表

年		凭 证		摘要	借　方				贷　方				借或贷	余额
月	日	字	号		进项税额	转出未交增值税	已交税金	合计	转出多交增值税	出口退税	进项税额转出	合计		

（二）小规模纳税人的"应交税费——应交增值税"科目

为了核算企业应交增值税的发生、抵扣、缴纳、退税及转出等情况，小企业中的小规模纳税人应在"应交税费"科目下设置"应交增值税"明细科目，但不用在"应交增值税"明细科目下再设细目。

三、一般纳税人的会计处理

（一）进项税额的账务处理

1. 允许抵扣的进项税额

根据有关税收法律的规定，企业在购买货物和接收劳务中取得的下列进项税额准予从销项税额中抵扣，企业应记录为"应交税费——应交增值税（进项税额）"。

（1）从销售方或者提供方取得的增值税专用发票（含货物运输业增值税专用发票、税控机动车销售统一发票）上注明的增值税额。

（2）从海关取得的海关进口增值税专用缴款书上注明的增值税额。

（3）购进农产品，除取得增值税专用发票或者海关进口增值税专用缴款书外，按照农产品收购发票或者销售发票上注明的农产品买价和13%的扣除率计算的进项税额。计算公式为

进项税额=买价×扣除率

买价是指纳税人购进农产品在农产品收购发票或者销售发票上注明的价款和按照规定缴纳的烟叶税。

（4）接受境外单位或者个人提供的应税服务，从税务机关或者境内代理人取得的解缴税款的中华人民共和国税收缴款凭证（以下称税收缴款凭证）上注明的增值税额。

2. 进项税额的业务节点与账务处理

进项税额的业务节点与账务处理如表 8-19 所示。

表 8-19　　　　　　　　　　　　　进项税额的业务节点与账务处理表

业务节点	账务处理
企业从国内采购商品或接受应税劳务等	根据增值税专用发票上记载的应计入采购成本或应计入加工、修理修配等物资成本的金额或应计入相关费用的金额借记"材料采购"、"在途物资"、"原材料"、"库存商品"或"生产成本"、"委托加工物资"、"管理费用"、"固定资产"等科目，根据增值税专用发票上注明的可抵扣的增值税税额，借记"应交税费——应交增值税（进项税额）"科目，按照应付或实际支付的总额，贷记"应付账款"、"应付票据"、"银行存款"、"其他货币资金"等科目
购入的免税农产品	企业购入免税农产品，按照买价和规定的扣除率（13%）计算进项税额，借记"应交税费——应交增值税（进项税额）"科目，按买价扣除按规定计算的进项税额后的差额，借记"材料采购"、"原材料"、"库存商品"等科目，按照应付或实际支付的价款，贷记"应付账款"、"银行存款"等科目
进口货物	根据从海关取得的海关进口增值税专用缴款书上注明的增值税额，借记"应交税费——应交增值税（进项税额）"科目，按到岸价和应交的进口关税，借记"材料采购"、"在途物资"、"原材料"、"库存商品"等科目，按照应付或实际支付的总额，贷记"应付账款"、"应付票据"、"银行存款"、"其他货币资金"等科目

（二）销项税额的账务处理

1. 销项税额的计算

销项税额是指纳税人销售货物或者应税劳务，按照销售额和适用税率计算并向购买方收取的增值税额，其公式为

$$销项税额 = 销售额 × 税率$$

（1）销售额是指纳税人销售货物或者应税劳务向购买方收取的全部价款和价外费用，但不包括收取的销项税额。

价外费用是指价外向购买方收取的手续费、补贴、基金、集资费、返还利润、奖励费、违约金（延期付款利息）、包装费、包装物租金、储备费、运输装卸费、代收款项、代垫款项及其他各种性质的价外费用。

对于价外费用应该注意两点：一是随同销售货物或提供应税劳务向购买方收取的价外费用，无论其会计制度如何核算，均应并入销售额计算应纳税额；二是向购买方收取的价外费用应视为含税收入，在征税时换算成不含税收入，再并入销售额。

（2）含税销售额的换算

一般纳税人销售货物或应税劳务采用销售额和销项税额合并定价的，即对小规模纳税人或居民等开出普通发票（俗称含税价），按下列公式计算销售额：

销售额＝含税销售额÷（1+增值税税率）

2. 视同销售行为

（1）视同销售行为的定义

视同销售行为全称"视同销售货物行为"，意为其不同于一般销售，是一种特殊的销售行为。视同销售行为是从会计和税法两个角度来说的，会计上认为这些行为大多数不符合常规会计上的收入确认标准，而从税法上看，它们与销售行为类似，所以需要缴纳增值税。

（2）应当视同销售的业务类型

根据现行税法规定，下列行为应当视同销售：

① 将货物交付他人代销；

② 销售代销货物；

③ 设有两个以上机构并实行统一核算的纳税人，将货物从一个机构移送至其他机构用于销售，但相关机构设在同一县（市）的除外；

④ 将自产、委托加工的货物用于非应税项目；

⑤ 将自产、委托加工或购买的货物作为投资，提供给其他单位或个体经营者；

⑥ 将自产、委托加工或购买的货物用于分配给股东或投资者；

⑦ 将自产、委托加工的货物用于集体福利或个人消费；

⑧ 将自产、委托加工或购买的货物无偿赠送他人。

3. 销项税额的业务节点与账务处理

销项税额的业务节点与账务处理如表 8-20 所示。

表 8-20　　　　　　　　　　　销项税额的业务节点与账务处理表

业务节点	账务处理
企业销售货物或者提供应税劳务	按照营业收入和应收取的增值税税额，借记"应收账款"、"应收票据"、"银行存款"等科目，按专用发票上注明的增值税税额，贷记"应交税费——应交增值税（销项税额）"科目，按照实现的营业收入，贷记"主营业务收入"、"其他业务收入"等科目 注：发生的销售退回，作相反的会计分录
将自产的货物用于非应税项目	借记"在建工程（厂房办公楼建设工程）"科目，贷记"应交税费——应交增值税（销项税额）"、"库存商品"科目
将自产的货物对外投资	借记"长期股权投资"科目，贷记"应交税费——应交增值税（销项税额）"、"主营业务收入"科目；同时，借记"主营业务成本"科目，贷记"库存商品"科目
将自产的货物用于集体福利	借记"应付职工薪酬——非货币性福利"科目，贷记"应交税费——应交增值税（销项税额）"、"主营业务收入"科目；同时，借记"主营业务成本"科目，贷记"库存商品"科目
将自产的货物无偿赠送他人	借记"营业外支出"科目，贷记"应交税费——应交增值税（销项税额）"、"库存商品"科目

（三）进项税额转出的账务处理

1. 不得从销项税额中抵扣进项税额

根据增值税相关税收政策规定，不是企业取得的所有专用发票都可以用于抵扣销项税额。下列项目的进项税额不得从销项税额中抵扣，应予转出。

（1）用于适用简易计税方法计税项目、非增值税应税项目、免征增值税项目、集体福利或者个人消费的购进货物、接受加工修理修配劳务或者应税服务。其中涉及的固定资产、专利技术、非专利技术、商誉、商标、著作权、有形动产租赁，仅指专用于上述项目的固定资产、专利技术、非专利技术、商誉、商标、著作权、有形动产租赁。

（2）非正常损失的购进货物及相关的加工修理修配劳务和交通运输业服务。（非正常损失是指因管理不善造成被盗、丢失、霉烂变质的损失，以及被执法部门依法没收或者强令自行销毁的货物。）

（3）非正常损失的在产品、产成品所耗用的购进货物（不包括固定资产）、加工修理修配劳务或者交通运输业服务。

（4）接受的旅客运输服务。

2. 进项税额转出的业务节点与账务处理

进项税额转出的业务节点与账务处理如表 8-21 所示。

表 8-21　　　　　　　　　　进项税额转出的业务节点与账务处理表

业务节点	账务处理
直接用于简易计税方法计税项目、非增值税应税项目、免征增值税项目、集体福利或者个人消费	购进货物或者应税服务直接用于简易计税方法计税项目、非增值税应税项目、免征增值税项目、集体福利或者个人消费的，即使取得增值税专用发票，也不能记录为"进项税额"进行抵扣，应按价税全部金额借记"在建工程（厂房办公楼建设工程）"、"应付职工薪酬——职工福利"等科目，贷记"应付账款"、"应付票据"、"银行存款"、"其他货币资金"等科目
购进货物改变用途	购进货物先期已记录抵扣了"进项税额"，但后来企业改变了货物的用途（如用于非应税项目、集体福利或个人消费等），则先期记录抵扣了"进项税额"应予转出。借记"在建工程（厂房办公楼建设工程）"、"应付职工薪酬——职工福利"等科目，贷记"应交税费——应交增值税（进项税额转出）"科目
企业购进的货物发生的非正常损失	借记"待处理财产损溢"科目，贷记"应交税费——应交增值税（进项税额转出）"、"原材料"等科目
非正常损失的在产品、产成品所耗用的购进货物或者应税劳务	借记"待处理财产损溢"科目，贷记"应交税费——应交增值税（进项税额转出）"、"生产成本"、"库存商品"等科目

（四）交纳增值税的账务处理

1. 增值税的交纳期限

根据有关税收法规的规定，增值税的纳税期限分别为 1 日、3 日、5 日、10 日、15 日、1 个月或者 1 个季度。纳税人的具体纳税期限，由主管税务机关根据纳税人应纳税额的大小分别核定。以 1 个季度为纳税期限的规定适用于小规模纳税人及财政部和国家税务总局规定的其他纳税人。

纳税人以 1 个月或者 1 个季度为 1 个纳税期的，自期满之日起 15 日内申报纳税；以 1 日、3 日、5 日、10 日或者 15 日为 1 个纳税期的，自期满之日起 5 日内预缴税款，于次月 1 日起 15 日内申报纳税并结清上月应纳税款。

2. 缴纳增值税的业务类型

如果是以 1 日、3 日、5 日、10 日、15 日为纳税期限的，就会出现本月交纳本月应交的增值税的业务，如果是以 1 个月或者 1 个季度为纳税期限的，则会出现本月交纳上期应交未交的增值税的业务。

3. 记录每月或每季应交未交增值税的科目

以 1 个月或者 1 个季度为纳税期限的，本月应交的增值税要在次月 1 日起 15 日内申报纳税并上缴，那么在月末，企业应结出本月"未交增值税"并登记入账，以便下月在规定的期限内申报纳税并上缴。为反映每月"未交增值税"，企业应设置"应交税费——未交增值税"科目。

4. 交纳增值税的业务节点与账务处理

交纳增值税的业务节点与账务处理如表 8-22 所示。

表 8-22　　　　　　　　　　交纳增值税的业务节点与账务处理表

业务节点	账务处理
企业本月上缴本月应交的增值税	借记"应交税费——应交增值税（已交税金）"科目，贷记"银行存款"科目
本月上缴上期应交未交的增值税	借记"应交税费——未交增值税"科目，贷记"银行存款"科目
月度终了，将本月应交未交增值税自本科目明细科目（转出未交增值税）转入本科目明细科目（未交增值税）	借记"应交税费——应交增值税（转出未交增值税）"科目，贷记"应交税费——未交增值税"科目

四、小规模纳税人的会计处理

（一）简易计税方法

根据有关规定，小规模纳税人采取简易计税方法计算应纳税额，直接按照销售额和增值税征收率计算的增值税额，不得抵扣进项税额。

$$应纳税额 = 销售额 \times 征收率$$

（二）销售额的确认

简易计税方法的销售额不包括其应纳税额，纳税人采用销售额和应纳税额合并定价方法的，应把含税的销售额换算为不含税的销售额：

$$不含税的销售额 = 含税销售额 \div (1 + 征收率)$$

（三）小规模纳税人的发票管理

小规模纳税人销售货物或提供应税劳务时可以由税务机关代为开具增值税专用发票，也可以自行开具普通发票。

（四）小规模纳税人的会计核算特点

因为小规模纳税企业不享有进项税额的抵扣权，其购进货物或接受应税劳务支付的增值税直接计入有关货物或劳务的成本；应纳税额是直接按照销售额和增值税征收率计算的增值税额，不得抵扣进项税额。因此，小规模纳税企业只须在"应交税费"科目下设置"应交增值税"明细科目，不需要在"应交增值税"明细科目中设置专栏。"应交税费——应交增值税"科目贷方登记应缴纳的增值税，借方登记已缴纳的增值税；期末贷方余额为尚未交纳的增值税，借方余额为多缴纳的增值税。

（五）小规模纳税人的业务节点与会计处理

小规模纳税人的业务节点与账务处理如表 8-23 所示。

表 8-23　　小规模纳税人的业务节点与账务处理表

业务节点	账务处理
购进货物或接受应税劳务	因为所支付的进项增值税不能抵扣，购进货物或接受应税劳务支付的增值税应直接计入有关货物或劳务的成本，按照价税合计金额，借记“原材料”、“库存商品”科目，贷记“银行存款”、“应付账款”科目
销售货物或提供应税劳务	借：银行存款/应收账款 　贷：主营业务收入【不含税销售额】 　　应交税费——应交增值税【不含税销售额×征收率】
缴纳增值税	借：应交税费——应交增值税 　贷：银行存款

任务实施

任务实施一　确认、记录进项税额

江苏环宇公司为增值税一般纳税人，2014 年 6 月份发生下列购货与接收劳务的业务。

（1）6 月 5 日，支付广告费，取得的增值税专用发票上注明广告费 20 000 元，增值税税额 1 200 元（见图 8-5），款项已用银行存款支付。

江苏省增值税专用发票

抵　扣　联

购货单位	名　　称：江苏环宇有限公司 纳税人识别号：320600219776688 地 址、电 话：徐州通江路 290 号 82880132 开户行及账号：建行新北区支行 2986109527	密码区	750066<98/198533204+<　加密版本：01 63<+64<->876*98</8765　3200030101 />+216>2>612-+47561<> +782-/5432<4*-62>>>01　32203327

货物及应税劳务的名称	规格型号	单位	数量	单价	金额	税率	税额
广告费		次	1	20 000	20 000	6%	1 200
合　计							
价税合计（大写）	贰万壹仟贰佰元整				（小写）¥21200.00		

销货单位	名　　称：徐州清风广告有限公司 纳税人识别号：320400187788612 地 址、电 话：徐州清溪路 98 号 82136509 开户行及账号：交行徐州支行 97064565125	备注	徐州清风广告有限公司 320400187788612 发票专用章

第二联 抵扣联 购货方扣税凭证

收款人：　　复核：　　开票人：王芳　　销货单位（章）

图 8-5　增值税专用发票

根据增值税专用发票和支票存根编制会计分录如下。

借：销售费用——广告费　　20 000

应交税费——应交增值税（进项税额）　　　　　　　　　1 200

　　　贷：银行存款——中国银行　　　　　　　　　　　　　　　　　　21 200

（2）6 月 10 日，购入不需要安装设备一台，价款 400 000 元，取得的增值税专用发票上注明的增值税税额 68 000 元。运输费用增值税专用发票上注明运费 10 000 元，增值税 1 100 元。设备已交车间使用，买价及运费签发转账支票支付。根据设备、运费专用发票记账联、设备移交使用单及支票存根编制会计分录如下。

借：固定资产——设备　　　　　　　　　　　　　　　　　　410 000

　　应交税费——应交增值税（进项税额）　　　　　　　　　69 100

　　　贷：银行存款——中国银行　　　　　　　　　　　　　　　　　　479 100

（3）6 月 12 日，从外地购入原材料一批，增值税专用发票上注明货款 20 000 元，增值税 3 400 元，另外向运输公司（小规模纳税人）支付运输费用 2 000 元，增值税 60 元。货物已运抵并验收入库，按实际成本核算。货款、进项税款和运输费已用银行存款支付。根据购买材料、支付运费专用发票，入库单，支票存根编制会计分录如下。

借：库存商品　　　　　　　　　　　　　　　　　　　　　　22 000

　　应交税费——应交增值税（进项税额）　　　　　　　　　3 460

　　　贷：银行存款——中国银行　　　　　　　　　　　　　　　　　　25 460

（4）6 月 20 日，购入免税农产品一批，价款 20 000 元，规定的扣除率为 13%，货物已验收入库，货款已用银行存款支付。

借：原材料　　　　　　　　　　　　　　　　　　　　　　　17 400

　　应交税费——应交增值税（进项税额）　　　　　　　　　2 600

　　　贷：银行存款——中国银行　　　　　　　　　　　　　　　　　　20 000

任务实施二　确认、记录销项税额

（1）江苏环宇公司向金海公司销售 A 产品一批，不含税价格为 800 000 元，另收取销售产品手续费及包装费 23 400 元，增值税税率为 17%，提货单和增值税专用发票已交给买方，款项尚未收到。根据开具的专用的记账联等原始凭证编制会计分录如下。

借：应收账款——金海公司　　　　　　　　　　　　　　　　959 400

　　　贷：主营业务收入——A 产品　　　　　　　　　　　　　　　　　820 000

　　　　　应交税费—应交增值税（销项税额）　　　　　　　　　　　139 400

（2）江苏环宇公司 2014 年 6 月 20 日，用自己生产的产品自行建造职工俱乐部。该批产品的成本为 300 000 元，计税价格为 400 000 元，增值税税率为 17%。根据领用单和专用发票等原始凭证编制会计分录如下。

借：在建工程——职工俱乐部　　　　　　　　　　　　　　　368 000

　　　贷：库存商品——A 产品　　　　　　　　　　　　　　　　　　　300 000

　　　　　应交税费——应交增值税（销项税额）　　　　　　　　　　68 000

（3）江苏环宇公司 2014 年 6 月 25 日将自己生产的 A 产品一批投资于道勤公司，取得道勤公司 2%的股权并计划长期持有。该产品的公允价值为 500 000 元，账面价值为 400 000 元，增值税率为 17%，未计提减值。该项交易具有商业实质。根据投资协议和专用发票等原始凭证编制会计分录如下。

① 视同销售

借：长期股权投资——道勤公司   585 000

    贷：主营业务收入——A 产品   500 000

        应交税费——应交增值税（销项税额）   85 000

② 结转销售成本

借：主营业务成本——A 产品   400 000

    贷：库存商品——A 产品   400 000

（4）江苏环宇公司 2014 年 6 月 26 日将自己生产的产品无偿赠送给民政部门，该批产品的成本为 40 000 元，计税价格为 50 000 元，增值税税率为 17%。根据出库单、专用发票、对方接收捐赠时开出的收据等原始凭证编制会计分录如下。

借：营业外支出——公益捐赠支出   48 500

    贷：库存商品——A 产品   40 000

        应交税费——应交增值税（销项税额）   8 500

任务实施三　确认记录进项税额转出

（1）江苏环宇公司 2014 年 6 月 12 日，公司行政办公楼建设工程领用外购生产产品用甲原材料一批，成本 40 000 元，所负担的增值税为 6 800 元。根据领料单编制会计分录如下。

借：在建工程——行政办公楼建设工程   46 800

    贷：原材料——甲材料   40 000

        应交税费——应交增值税（进项税额转出）   6 800

（2）2014 年 6 月 30 日，江苏环宇公司库存甲材料因霉烂变质毁损一批，有关增值税专用发票确认的成本为 20 000 元，增值税税额 3 400 元。根据存货盘点报告单等原始凭证编制会计分录如下。

借：待处理财产损溢——待处理流动资产损溢   23 400

    贷：原材料——甲材料   20 000

        应交税费——应交增值税（进项税额转出）   3 400

（3）2014 年 6 月 30 日，江苏环宇公司因管理不善造成 A 产品被盗，其实际成本 80 000 元，经确认所耗用的外购货物的增值税 8 500 元。根据存货盘点报告单等原始凭证编制会计分录如下。

借：待处理财产损溢——待处理流动资产损溢   88 500

    贷：库存商品——A 产品   80 000

        应交税费——应交增值税（进项税额转出）   8 500

（4）2014 年 6 月 30 日，江苏环宇公司所属的职工医院维修领用甲原材料 5 000 元，其购入时支付的增值税为 850 元。根据领料单编制会计分录如下。

借：应付职工薪酬——职工福利   5 850

    贷：原材料——甲材料   5 000

        应交税费——应交增值税（进项税额转出）   850

任务实施四　计算、记录应交增值税并上缴

1. 计算 2014 年 6 月应交增值税（设上月没有留抵的进项税额）

本期应交增值税=本期销项税额-（本期进项税额-本期进项税额转出）

$$= （139\,400+68\,000+85\,000+8\,500）-[（1\,200+69\,100+3\,460$$

$$+2\,600）-（6\,800+3\,400+8\,500+850）]=244\,090$$

借：应交税费——应交增值税（转出未交增值税）　　　　244 090

　　　贷：应交税费——未交增值税　　　　　　　　　　　244 090

2．2014 年 7 月 9 日，申报缴纳上月应交增值税

借：应交税费——未交增值税　　　　　　　　　　　244 090

　　　贷：银行存款—建行　　　　　　　　　　　　　　244 090

任务实施五　小规模纳税人的会计处理

（1）海天制作中心属小规模纳税企业，2014 年 3 月 2 日，向银海公司购入甲原材料一批，取得的普通发票中注明货款 5 000 元，款项尚未支付，材料到达并已验收入库。根据购货发票和材料入库单编制会计分录如下。

借：原材料——甲材料　　　　　　　　　　　　　　5 000

　　　贷：应付账款——银海公司　　　　　　　　　　　　5 000

（2）2014 年 3 月 10 日，购入甲原材料一批，取得的专用发票中注明货款 10 000 元，增值税 1 700 元，款项以转账支票支付，材料已验收入库。根据购货发票、材料入库单和支票存根编制会计分录如下。

借：原材料——甲材料　　　　　　　　　　　　　　11 700

　　　贷：银行存款——中国银行　　　　　　　　　　　　11 700

（3）2014 年 3 月 12 日，销售 A 产品一批，所开出的普通发票中注明的货款（含税）为 30 900 元，增值税征收率为 3%，款项已存入银行。根据销货发票和进账单回单联编制会计分录如下。

借：银行存款——中国银行　　　　　　　　　　　　30 900

　　　贷：主营业务收入——A 产品　　　　　　　　　　　30 000

　　　　　应交税费——应交增值税　　　　　　　　　　　　900

（4）2014 年 4 月 12 日，申报缴纳增值税。根据银行转来的缴纳凭证编制会计分录如下。

借：应交税费——应交增值税　　　　　　　　　　　900

　　　贷：银行存款——中国银行　　　　　　　　　　　　900

第三部分　计算、记录应交消费税

知识准备

一、消费税的认知

消费税是指在我国境内生产、委托加工和进口应税消费品的单位和个人，按其流转额缴纳的一种税。它是在对货物普遍征收增值税的基础上，选择少数消费品再征收的一个税种。

现行消费税的征收范围（应税消费品）主要包括：烟、酒及酒精、鞭炮、焰火、化妆品、

成品油、贵重首饰及珠宝玉石、高尔夫球及球具、高档手表、游艇、木制一次性筷子、实木地板、汽车轮胎、摩托车、小汽车等税目。

消费税属于价内税，一般在应税消费品的生产、委托加工和进口环节征收，在以后的批发、零售等环节中，由于价款中已包含消费税，因此不再征收消费税。

二、消费税的征收方法

消费税实行从价定率、从量定额，或者从价定率和从量定额复合计税（以下简称复合计税）的办法计算应纳税额。

应纳税额计算公式：

实行从价定率办法计算的应纳税额＝销售额×比例税率

实行从量定额办法计算的应纳税额＝销售数量×定额税率

实行复合计税办法计算的应纳税额＝销售额×比例税率＋销售数量×定额税率

采取从价定率方法征收的消费税，以不含增值税的销售额为税基，按照税法规定的税率计算。企业的销售收入包含增值税的，应将其换算为不含增值税的销售额。销售额为纳税人销售应税消费品向购买方收取的全部价款和价外费用。

采取从量定额计征的消费税，根据税法确定的企业应税消费品的数量和单位应税消费品应缴纳的消费税计算确定。

三、应交消费税的账务处理

（一）"应交税费——应交消费税"科目的设置

企业在"应交税费"科目下设置"应交消费税"明细科目，核算应交消费税的发生、缴纳情况。该科目贷方登记应缴纳的消费税，借方登记已缴纳的消费税；期末贷方余额为尚未缴纳的消费税，借方余额为多缴纳的消费税。

（二）应交消费税的业务节点与账务处理

应交消费税的业务节点与账务处理如表 8-24 所示。

表 8-24　　　　　　　　　　应交消费税的业务节点与账务处理表

业务节点	账务处理
销售应税消费品	企业销售应税消费品应交的消费税，应借记"主营业务税金及附加"科目，贷记"应交税费——应交消费税"科目
自产自用应税消费品	企业将生产的应税消费品用于业务宣传、在建工程、职工福利、对外投资等时，按规定应缴纳的消费税，借记"销售费用"、"在建工程"、"应付职工薪酬"、"长期股权投资"等科目，贷记"应交税费——应交消费税"科目
委托加工应税消费品	企业如有应交消费税的委托加工物资，一般应由受托方代收代缴税款，受托方按照应交税款金额，借记"应收账款"、"银行存款"等科目，贷记"应交税费——应交消费税"科目。委托加工物资收回后，直接用于销售的，应将受托方代收代缴的消费税计入委托加工物资的成本，借记"委托加工物资"等科目，贷记"应付账款"、"银行存款"等科目；委托加工物资收回后用于连续生产的，按规定准予抵扣的，应按已由受托方代收代缴的消费税，借记"应交税费——应交消费税"科目，贷记"应付账款"、"银行存款"等科目
进口应税消费品	企业进口应税物资在进口环节应交的消费税，计入该项物资的成本，借记"材料采购"、"固定资产"等科目，贷记"银行存款"科目

确认记录应交消费税。

（1）江苏利民公司于 2014 年 9 月 1 日销售应税消费品 B 产品一批，价格为 300 000 元，消费税税率为 10%，该批产品成本为 200 000 元。该笔销售实现的同时，B 产品的包装袋单独以不含税价 20 000 元售予购货方，该批包装袋成本为 10 000 元。通过银行转账收到价款 374 400 元。

① 根据销售发票的记账联等原始凭证编制会计分录（确认销售收入）如下。

借：银行存款——中国银行　　　　　　　　　　　　　374 400

　　贷：主营业务收入——B 产品　　　　　　　　　　　300 000

　　　　其他业务收入——包装物　　　　　　　　　　　 20 000

　　　　应交税费——应交增值税（销项税额）　　　　　 54 400

② 根据出库单等原始凭证编制会计分录（结转销售成本）如下。

借：主营业务成本——B 产品　　　　　　　　　　　　200 000

　　贷：库存商品——B 产品　　　　　　　　　　　　　200 000

借：其他业务成本——包装物　　　　　　　　　　　　 10 000

　　贷：周转材料——包装物　　　　　　　　　　　　　 10 000

③ 根据消费税计提表等原始凭证编制会计分录（计提应交消费税）如下。

借：营业税金及附加——消费税　　　　　　　　　　　 32 000

　　贷：应交税费——应交消费税　　　　　　　　　　　 32 000

（2）2014 年 10 月 10 日，江苏利民公司在建办公楼领用成本为 10 000 元的本企业自产的应税消费品（E 产品），该批应税消费品的市场售价为 15 000 元，增值税税率 17%，消费税税率 10%。根据产品出库单等原始凭证编制会计分录如下。

借：在建工程——办公楼建设工程　　　　　　　　　　 14 050

　　贷：库存商品——E 产品　　　　　　　　　　　　　 10 000

　　　　应交税费——应交增值税（销项税额）　　　　　　2 550

　　　　　　　　——应交消费税　　　　　　　　　　　　1 500

（3）2014 年 10 月 20 日，江苏利民公司将自产的应税消费品（E 产品）用于向丰乐公司投资，该产品成本为 750 000 元，计税价格为 800 000 元。该产品增值税税率为 17%，消费税税率为 10%。

① 根据投资协议、销售发票记账联等原始凭证编制会计分录（确认销售收入）如下。

借：长期股权投资——丰乐公司　　　　　　　　　　　936 000

　　贷：主营业务收入——E 产品　　　　　　　　　　　800 000

　　　　应交税费——应交增值税（销项税额）　　　　　136 000

② 根据出库单等原始凭证编制会计分录（结转销售成本）如下。

借：主营业务成本——E 产品　　　　　　　　　　　　750 000

　　贷：库存商品——E 产品　　　　　　　　　　　　　750 000

③ 根据消费税计提表等原始凭证编制会计分录（计提应交消费税）如下。

借：营业税金及附加——消费税　　　　　　　　　　　　　　　　　80 000
　　贷：应交税费——应交消费税　　　　　　　　　　　　　　　　　　80 000

第四部分　计算、记录应交营业税

知识准备

一、营业税认知

营业税是对在我国境内提供应税劳务或销售不动产的单位和个人征收的流转税。其中：应税劳务是指属于建筑业、金融保险业、电信业、娱乐业、服务业税目征收范围的劳务，不包括加工、修理修配等劳务；销售不动产是指有偿转让不动产的所有权，转让不动产的有限产权或永久使用权，以及单位将不动产无偿赠与他人等视同销售不动产的行为。

营业税以营业额作为计税依据。营业额是指纳税人提供应税劳务和销售不动产而向对方收取的全部价款和价外费用。税率从 3%～20% 不等。

二、应交营业税的账务处理

（一）"应交税费——应交营业税"科目的设置

企业在"应交税费"科目下设置"应交营业税"明细科目，核算应交营业税的发生、缴纳情况。该科目贷方登记应缴纳的营业税，借方登记已缴纳的营业税；期末贷方余额为尚未缴纳的营业税，借方余额为多缴纳的营业税。

（二）应交营业税的业务节点与账务处理

应交营业税的业务节点与账务处理如表 8-25 所示。

表 8-25　　　　　　　　　　　应交营业税的业务节点与账务处理表

业务节点	账务处理
小企业提供应税劳务计提营业税	企业按照营业额及适用的税率，计算应交的营业税，借记"主营业务税金及附加"科目，贷记"应交税费——应交营业税"科目
小企业出售不动产计提营业税	企业出售不动产时，计算应交的营业税，借记"固定资产清理"科目，贷记"应交税费——应交营业税"科目
缴纳营业税	实际缴纳营业税时，借记"应交税费——应交营业税"科目，贷记"银行存款"科目

任务实施

确认、记录应交营业税。

2014 年 10 月 28 日，江苏环宇公司出售一幢办公楼，价款为 1 000 000 元，该办公楼原价 800 000 元，累折旧 200 000 元。款项已经通过银行转账收取，营业税税率为 5%，不考虑其他相关税费。

（1）根据固定资产的出售通知和固定资产卡片等原始凭证编制会计分录如下。

借：固定资产清理——办公楼　　　　　　　　　　　　600 000
　　累计折旧　　　　　　　　　　　　　　　　　　　200 000
　　贷：固定资产——办公楼　　　　　　　　　　　　　　　800 000

（2）根据营业税计提表等原始凭证编制会计分录如下。

借：固定资产清理——办公楼　　　　　　　　　　　　50 000
　　贷：应交税费——应交营业税　　　　　　　　　　　　　50 000

（3）根据收款通知、清理结果计算表等原始凭证编制会计分录如下。

借：银行存款——中国银行　　　　　　　　　　　　1000 000
　　贷：固定资产清理——办公楼　　　　　　　　　　　　650 000
　　　　营业外收入——处置非流动资产得利　　　　　　　350 000

第五部分　其他应交税费的会计核算

📊 **知识准备**

其他应交税费是指除上述应交税费以外的应交税费，包括应交资源税、应交城市维护建设税、应交土地增值税、应交所得税、应交房产税、应交土地使用税、应交车船税、应交教育费附加、应交矿产资源补偿费、应交个人所得税等。企业应当在"应交税费"科目下设置明细科目进行核算，贷方登记应缴纳的有关税费，借方登记已缴纳的有关税费，期末贷方余额表示尚未缴纳的有关税费。

一、应交资源税的账务处理

资源税是对在我国境内开采矿产品或者生产盐的单位和个人征收的税。资源税按照应税产品的课税数量和规定的单位税额计算。开采或生产应税产品对外销售的，以销售数量为课税数量；开采或生产应税产品自用的，以自用数量为课税数量。

应交资源税的业务节点与账务处理如表 8-26 所示。

表 8-26　　　　　　　　　　应交资源税的业务节点与账务处理表

业务节点	账务处理
收购未税矿产品	按照实际支付的价款，借记"材料采购"或"在途物资"等科目，贷记"银行存款"等科目，按照代扣代缴的资源税，借记"材料采购"或"在途物资"等科目，贷记本科目
小企业销售应税产品应纳资源税	借记"主营业务税金及附加"科目，贷记"应交税费——应交资源税"科目
小企业自产自用应税产品应纳资源税	借记"生产成本"、"制造费用"等科目，贷记"应交税费——应交资源税"科目
缴纳资源税	企业缴纳资源税，应借记"应交税费——应交资源税"科目，贷记"银行存款"等科目

二、应交城市维护建设税和应交教育费附加的会计核算

城市维护建设税是以增值税、消费税、营业税为计税依据征收的一种税。其纳税人为缴纳增值税、消费税、营业税的单位和个人，税率因纳税人所在地不同从 1%～7%不等。教育费附加是为了发展教育事业而向企业征收的附加费用，企业按应交流转税的一定比例计算缴纳。

应交城市维护建设税和应交教育费附加的业务节点与账务处理如表 8-27 所示。

表 8-27 　　　　　应交城市维护建设税和应交教育费附加的业务节点与账务处理表

业务节点	账务处理
以增值税、消费税、营业税为计税依据计算城市维护建设税	企业应交的城市维护建设税，借记"主营业务税金及附加"等科目，贷记"应交税费——应交城市维护建设税"科目 应纳税额=（应交增值税+应交消费税+应交营业税）×适用税率
以增值税、消费税、营业税为计税依据计算教育费附加	企业应交的教育费附加，借记"主营业务税金及附加"等科目，贷记"应交税费——应交教育费附加"科目 应交教育费附加=（应交增值税+应交消费税+应交营业税）×适用征收率
缴纳城市维护建设税和教育费附加	借记"应交税费——应交城市维护建设税"、"应交税费——应交教育费附加"科目，贷记"银行存款"等科目

三、应交土地增值税的会计核算

土地增值税是指在我国境内有偿转让土地使用权及地上建筑物和其他附着物产权的单位和个人，就其土地增值额征收的一种税。土地增值额是指转让收入减去规定扣除项目金额后的余额。转让收入包括货币收入、实物收入和其他收入。扣除项目主要包括取得土地使用权所支付的金额、开发土地的费用、新建及配套设施的成本、旧房及建筑物的评估价格等。

应交土地增值税的业务节点与账务处理如表 8-28 所示。

表 8-28 　　　　　　应交土地增值税的业务节点与账务处理表

业务节点	账务处理
企业主营房地产开发业务土地增值税的会计核算	主营房地产业务的企业，其销售房地产过程中应缴纳的土地增值税，借记"主营业务税金及附加"科目，贷记"应交税费——应交土地增值税"科目
企业兼营房地产开发业务土地增值税的会计核算	兼营房地产业务的企业，转让房地产应交的土地增值税记入"其他业务支出"科目。企业按规定计算应交的土地增值税，借记"其他业务支出"科目，贷记"应交税费——应交土地增值税"科目
转让国有土地使用权应交的土地增值税（土地使用权在"无形资产"科目核算的）	按照实际收到的金额，借记"银行存款"科目，按照应缴纳的土地增值税，贷记"应交税费——应交土地增值税"科目。按照已计提的累计摊销，借记"累计摊销"科目，按照其成本，贷记"无形资产"科目，按照其差额，贷记"营业外收入——非流动资产处置净收益"科目或借记"营业外支出——非流动资产处置净损失"科目
转让土地使用权应缴纳的土地增值税（土地使用权与地上建筑物及附着物一并在"固定资产"科目核算的）	借记"固定资产清理"科目，贷记"应交税费——应交土地增值税"科目
缴纳的土地增值税	借记"应交税费——应交土地增值税"科目，贷记"银行存款"等科目

四、应交房产税、土地使用税、车船税、印花税、耕地占用税的会计核算

房产税是国家对在城市、县城和工矿区征收的由产权所有人缴纳的一种税。房产税依照房产原值一次减除 10%～30% 后的余额计算缴纳。没有房产原值作为依据的，由房产所在地税务机关参考同类房产核定；房产出租的，以房产租金收入为房产税的计税依据。

土地使用税是国家为了合理利用城镇土地，调节土地级差收入，提高土地使用效益，加强土地管理而开征的一种税，以纳税人实际占用的土地面积为计税依据，依照规定税额计算征收。

车船税由拥有并且使用车船的单位和个人按照适用税额计算缴纳。企业按规定计算应交的房产税、土地使用税、车船税时，借记"管理费用"科目，贷记"应交税费——应交房产税（或土地使用税、车船税）"科目；上缴时，借记"应交税费——应交房产税（或土地使用税、车船税）"科目，贷记"银行存款"等科目。

印花税是对书立、领受购销合同等凭证行为征收的税款，实行由纳税人根据规定自行计算应纳税额，购买并一次贴足印花税票的缴纳方法。印花税是由纳税人根据规定自行计算应纳税额以购买并一次贴足印花税票的方法缴纳的税款。因此，企业缴纳的印花税不需要通过"应交税费"科目核算，于购买印花税票时，直接借记"管理费用"科目，贷记"银行存款"等科目。

耕地占用税是国家为了利用土地资源，加强土地管理，保护农用耕地而征收的一种税。耕地占用税以实际占用的耕地面积计税，按照规定税额一次征收。企业缴纳的耕地占用税不需要通过"应交税费"科目核算。企业按规定计算缴纳耕地占用税时，借记"在建工程"科目，贷记"银行存款"等科目。

五、应交个人所得税和企业所得税

应交个人所得税在"应付职工薪酬"里讲解了。应交企业所得税将在"收入、费用、利润"任务中讲述。

任务实施

确认、记录其他应交税费。

（1）江苏利民公司 2014 年 11 月生产焦煤 10 000 吨，对外销售了 9 000 吨。焦煤适用资源税税额为每吨 20 元。根据资源税计提表等原始凭证编制会计分录如下。

借：营业税金及附加——资源税　　　　　　　　　　　180 000

　　贷：应交税费——应交资源税　　　　　　　　　　　　180 000

（2）2014 年 11 月将自产的煤炭 3 000 吨用于 D 产品生产，煤炭适用资源税税额为每吨 5 元。自产自用应交资源税=3 000×5=15 000（元）。根据产品出库单和资源税计提表等原始凭证编制会计分录如下。

借：生产成本——D 产品　　　　　　　　　　　　　　15 000

　　贷：应交税费——应交资源税　　　　　　　　　　　　 15 000

（3）2014 年 11 月收购未税丙矿产品，实际支付的收购款为 300 000 元，代扣代交的资源税为 5 000 元。矿产品已验收入库，增值税率为 17%，取得的增值税专用发票上注明价款为 300 000 元，增值税额为 51 000 元，款项已经支付。根据收购未税矿产品入库单、资源税计提表、付款单据等原始凭证编制会计分录如下。

借：原材料——丙矿产品　　　　　　　　　　　　　　　305 000

　　　应交税费——应交增值税（进项税额）　　　　　　　51 000

　　　　贷：银行存款——中国银行　　　　　　　　　　　　351 000

　　　　　　应交税费——应交资源税　　　　　　　　　　　5 000

（4）2014 年 11 月对外转让一栋厂房，根据税法规定计算的应交土地增值税为 20 000 元，编制会计分录如下。

借：固定资产清理　　　　　　　　　　　　　　　　　20 000

　　　贷：应交税费——应交土地增值税　　　　　　　　　20 000

（5）江苏环宇公司 2014 年 11 月份应交增值税 500 000 元，消费税 240 000 元，营业税 160 000 元。城市维护建设税税率为 7%，教育费附加税税率为 3%，编制计征城市维护建设税、教育费附加的会计分录如下。

借：营业税金及附加　　　　　　　　　　　　　　　　63 000

　　　贷：应交税费——应交城市维护建设税　　　　　　　63 000

借：营业税金及附加　　　　　　　　　　　　　　　　27 000

　　　贷：应交税费——应交教育费附加　　　　　　　　　27 000

任务五　确认、记录其他流动负债

任务导入

　　很快，一年过去了。在过去的一年中，江苏环宇公司取得了较好的经营业绩。为对良好的投资进行回报，公司决定向投资者分配现金股利，这些向投资者分配的股利应如何核算；同时，公司还发生了与其他单位的一些往来款项（如租金、押金等），这些往来款项应如何核算，也是我们应掌握的内容。

知识准备

一、应付利润的会计核算

（一）应付利润认知

　　应付利润是指企业根据股东大会或类似机构审议批准的利润分配方案确定分配给投资者的现金股利或利润。

（二）"应付利润"科目

（1）定义：核算企业确定或宣告支付但尚未实际支付的现金股利或利润。

（2）核算内容：贷方登记应支付的现金股利或利润，借方登记实际已支付的现金股利或利润，期末贷方余额反映企业应付未付的现金股利或利润。

（3）明细账设置：一般按投资者设置明细科目进行明细核算。

（三）应付利润的业务节点与账务处理

应付利润的业务节点与账务处理如表 8-29 所示。

表 8-29   应付利润的业务节点与账务处理表

业务节点	账务处理
小企业根据规定或协议计算出应分配给投资者的利润	企业根据股东大会或类似机构审议批准的利润分配方案，确认应付给投资者的现金股利或利润时，借记"利润分配——应付利润"，贷记"应付利润"科目
向投资者实际支付利润	支付现金股利时，借记"应付利润"科目，贷记"银行存款"科目

二、其他应付款的会计核算

（一）其他应付款认知

其他应付款是指企业除应付票据、应付账款、预收账款、应付职工薪酬、应交税费、应付股利等经营活动以外的其他各项应付、暂收的款项，如应付租入包装物租金、存入保证金等。

（二）"其他应付款"科目

（1）定义：核算其他应付款的增减变动及其结存情况。

（2）核算内容：贷方登记发生的各种应付、暂收款项，借方登记偿还或转销的各种应付、暂收款项；该科目期末贷方余额，反映企业应付未付的其他应付款项。

（3）明细账设置：按照其他应付款的项目和对方单位（或个人）设置明细科目进行明细核算。

（三）其他应付款的业务节点与账务处理

其他应付款的业务节点与账务处理如表 8-30 所示。

表 8-30   其他应付款的业务节点与账务处理表

业务节点	账务处理
其他应付款的产生	企业发生其他各种应付、暂收款项时，借记"管理费用"等科目，贷记"其他应付款"科目
其他应付款的支付或退回	支付或退回其他各种应付、暂收款项时，借记"其他应付款"科目，贷记"银行存款"等科目

任务实施

江苏常州利民公司从 2014 年 7 月 1 日起，以经营租赁方式从东方公司租入管理用办公设备一批，每月租金 9 360 元（含增值税），按季支付。

（1）7 月 31 日，确认租金费用，根据租赁协议等原始凭证编制会计分录如下。

借：管理费用——设备租金   8 000

　　　　贷：其他应付款——东方公司　　　　　　　　　　　　　　　　8 000

（2）8 月 31 日同上。

（3）9 月 30 日，以银行存款支付应付租金和增值税。根据对方开具的租赁费专用发票的记账联和付款单据等原始凭证编制会计分录如下。

　　　　借：其他应付款——东方公司　　　　　　　16 000（注：7、8 两月租金）
　　　　　　管理费用——设备租金　　　　　　　　8 000（注：9 月租金）
　　　　　　应交税费——应交增值税（进项税额）　4 080（注：本季度的增值税）
　　　　　　贷：银行存款——中国银行　　　　　　28 080

任务六　确认、记录非流动负债

任务导入

　　江苏环宇公司为购建新的生产流水线，向银行借入一笔为期 3 年的银行贷款。偿还期限在 1 年或者超过 1 年的一个营业周期的债务的会计核算方法是不是不同于流动负债的核算方法，应如何核算？

知识准备

　　非流动负债是流动负债以外的负债，一般是指偿还期限在 1 年或者超过 1 年的一个营业周期的债务，主要分为长期借款、应付债券、长期应付款。其特点是：偿还期长（1 年以上）、负债金额大。

一、长期借款的认知

　　长期借款是指企业向银行或其他金融机构借入的期限在 1 年以上（不含 1 年）的各项借款。长期借款一般用于固定资产的购建、改扩建工程、大修理工程等，它是企业长期负债的重要组成部分。

　　在企业借入长期借款中，有些是规定了明确用途（即为购建或者生产某项符合资本化条件的资产）的，则属于专门借款，专门借款是指为购建或者生产符合资本化条件的资产而专门借入的款项。其余的则为一般借款，一般借款是指除专门借款之外的借款，相对于专门借款而言，一般借款在借入时，其用途通常没有特指用于符合资本化条件的资产的购建或者生产。

　　长期借款利息费用的列支渠道要视长期借款是发生于筹建期间还是发生于生产经营期间及借款的用途来确定。

　　长期借款利息费用的列支渠道如表 8-31 所示。

表 8-31	长期借款利息费用的列支渠道表

生产经营期间及借款的用途		利息费用的列支渠道
筹建期间	专门借款	符合资本化条件的，资本化，计入所购建资产的成本； 不符合资本化条件的，计入长期待摊费用，然后在开始生产经营当月一次性计入当期损益
	一般借款	符合资本化条件的，资本化，计入所购建资产的成本； 不符合资本化条件的，计入长期待摊费用，然后在开始生产经营当月一次性计入当期损益
生产经营期间	专门借款	符合资本化条件的，资本化，计入所购建资产的成本； 不符合资本化条件的，费用化，直接计入当期损益
	一般借款	符合资本化条件的，资本化，计入所购建资产的成本； 不符合资本化条件的，费用化，直接计入当期损益

二、长期借款的会计核算

（一）记录长期借款的会计科目——"长期借款"科目

（1）定义：核算企业向银行或其他金融机构借入的期限在 1 年以上（不含 1 年）的各项借款。

（2）核算内容：贷方登记企业借入长期借款（本金和利息调整数）及资产负债表日利息调整摊销数；借方登记归还的长期借款本金和利息调整摊销数，期末贷方余额，反映企业尚未偿还的长期借款。

（3）明细账的设置：分为"本金"、"利息调整"等进行明细核算，如"长期借款——本金"、"长期借款——利息调整"。

（二）长期借款的业务节点与账务处理

长期借款的业务节点与账务处理如表 8-32 所示。

表 8-32	长期借款的业务节点与账务处理表

业务节点	账务处理
借入	企业借入各种长期借款时，按实际收到的款项，借记"银行存款"科目，按借款合同所列的借款金额贷记"长期借款——本金"科目；按借贷双方之间的差额，借或贷记"长期借款——利息调整"科目
承有期间	在资产负债表日，企业应按长期借款的摊余成本和实际利率计算确定长期借款的利息费用并根据借款的用途，分别借记"在建工程"、"财务费用"、"制造费用"、"研发支出"等科目，按借款本金和合同利率计算确定的应付未付利息，贷记"应付利息"科目，按其差额，贷记或借记"长期借款——利息调整"科目
到期归还	归还的长期借款本金，借记"长期借款——本金"科目，贷记"银行存款"科目。同时，存在利息调整余额的，借记或贷记"在建工程"、"制造费用"、"财务费用"、"研发支出"等科目，贷记或借记"长期借款——利息调整"科目

任务实施

江苏环宇公司于 2014 年 1 月 1 日从中国银行借入资金 1 000 000 元，用于购建厂房，借款期限为两年，年利率 12%，按年付息，到期一次还本，所借款项已存入银行。

该厂房从 2014 年 3 月 1 日开始建设，到 2015 年 5 月 31 日完工。2015 年 12 月 31 日，企业如期偿还了该笔借款。

（1）2014 年 1 月 1 日借入款项时，根据借款借据和收账通知等原始凭证编制会计分录如下。

借：银行存款——中国银行　　　　　　　　　　　　　1 000 000
　　贷：长期借款——中国银行　　　　　　　　　　　　　　1 000 000

（2）2014 年 12 月 31 日根据长期借款利息的计算单据等原始凭证编制会计分录如下。

$$应计利息=1 000 000×12\%=120 000（元）$$
$$借款费用资本化金额=120 000÷12×10=100 000（元）$$

借：在建工程——厂房建设工程　　　　　　　　　　　100 000
　　财务费用——利息费用　　　　　　　　　　　　　　20 000
　　贷：应付利息——中国银行　　　　　　　　　　　　　　120 000

（3）2014 年 12 月 31 日根据支付利息的付款通知等原始凭证编制会计分录如下。

借：应付利息——中国银行　　　　　　　　　　　　　120 000
　　贷：银行存款——中国银行　　　　　　　　　　　　　　120 000

（4）2015 年 5 月 31 日根据完工交付使用通知和长期借款利息的计算单据等原始凭证编制会计分录如下。

$$应资本化利息=1 000 000×12\%÷12×5=50 000（元）$$

借：在建工程——厂房建设工程　　　　　　　　　　　50 000
　　贷：应付利息——中国银行　　　　　　　　　　　　　　50 000

（5）2015 年 12 月 31 日根据长期借款利息的计算单据等原始凭证编制会计分录如下。

$$应费用化利息=1 000 000×12\%÷12×7=70 000（元）$$

借：财务费用——利息费用　　　　　　　　　　　　　70 000
　　贷：应付利息——中国银行　　　　　　　　　　　　　　70 000

（6）2015 年 12 月 31 日根据归还借款本息时的付款通知等原始凭证编制会计分录如下。

借：长期借款——中国银行　　　　　　　　　　　　　1 000 000
　　应付利息——中国银行　　　　　　　　　　　　　　120 000
　　贷：银行存款——中国银行　　　　　　　　　　　　　　1 120 000

项目总结

本项目共有 6 个任务，其中任务一主要讲述了短期借款的概念及核算。短期借款是指小企业向银行或其他金融机构借入的期限在 1 年以下（含 1 年）的各种借款。小企业从银行借入短期借款时，借记"银行存款"科目，贷记"短期借款"科目，月末计提短期借款利息，借记"财务费用"科目，贷记"应付利息"科目，短期借款到期偿还本息时，借记"短期借款"科目，已计提的利息借记"应付利息"科目，未计提直接支付的利息借记"财务费用"科目，贷记"银行存款"科目。

任务二讲述了应付票据、应付账款、预收账款的核算。应付票据是企业根据合同进行延期付款的交易，并采用商业汇票结算方式而产生的，是小企业购买材料、商品和接受劳务供应等而开出、承兑的商业汇票，包括商业承兑汇票和银行承兑汇票。商业汇票按照是否带息，分为带息票据和不带息票据，不带息票据企业到期时应支付的金额就是应付票据面值，带息票据的票面金额仅表示本金，票据到期时除按面值支付外，还应另行支付利息。应付商业承兑汇票到期，如果企业无力支付票款，应将应付票据按账面余额转作应付账款，借记"应付票据"科目，贷记"应付账款"科目。应付银行承兑汇票到期，如果企业无力支付票款，应将应付票据的账面余额转作短期借款，借记"应付票据"科目，贷记"短期借款"科目。企业购入材料、商品等验收入库，但货款尚未支付，也未签发承兑商业汇票时，根据有关凭证，借记"原材料"、"材料采购"等科目，按可抵扣的增值税税额，借记"应交税费——应交增值税（进项税额）"科目，按应付的价款，贷记"应付账款"科目。企业偿还应付账款或开出商业汇票抵付应付账款时，借记"应付账款"科目，贷记"银行存款"、"其他货币资金"、"应付票据"等科目。企业转销确实无法支付的应付账款（如因债权人撤销等原因而产生无法支付的应付账款），应按其账面余额计入营业外收入，借记"应付账款"科目，贷记"营业外收入"科目。企业采用预收款购入材料时须分以下几步处理。第一步，预收购货单位款项，借记"银行存款"科目，贷记"预收账款"科目。第二步，发出商品、销售实现，借记"预收账款"科目，按照实现的营业收入，贷记"主营业务收入"科目；按照增值税专用发票上注明的增值税税额，贷记"应交税费——应交增值税（销项税额）"等科目。第三步，结清款项，向购货单位退回其多付的款项时，借记"预收账款"科目，贷记"银行存款"科目；收到购货单位补付款项，借记"银行存款"科目，贷记"预收账款"科目。

任务三主要讲述了应付职工薪酬的定义及核算。应付职工薪酬是指企业为获得职工提供的服务而给予各种形式的报酬及其他相关支出，包括职工在职期间和离职后提供给职工的全部货币性薪酬和非货币性福利。企业在职工为其提供服务的会计期间，应进行如下职工薪酬核算：确认、分配职工薪酬，根据职工提供服务的受益对象，将应确认的职工薪酬（包括工资、职工福利、社会保险费、住房公积金、工会经费、职工教育经费）计入相关资产成本或当期损益，同时确认为应付职工薪酬；发放工资并代扣个人负担的社会保险费、住房公积金、个人所得税（代扣标准按企业所在地政府的规定执行）；向有关部门缴纳社会保险费、住房公积金、个人所得税。企业以其自产产品作为非货币性福利发放给职工的视同销售，应当根据受益对象，按照该产品的公允价值（一定注意包含增值税销项税额），计入相关资产成本或当期损益，同时确认应付职工薪酬。

任务四讲述了应交税费的核算。核算增值税时，小企业应在"应交税费"科目下设置"应交增值税"明细科目，并在"应交增值税"明细账内设置"进项税额"、"销项税额"、"进项税额转出"、"已交税金"等专栏，注意掌握进项税额转出以及视同销售等特殊情况的处理。小规模纳税企业应当按照不含税销售额和规定的增值税征收率计算缴纳增值税，销售货物或提供应税劳务时一般开具普通发票，可以由税务机关代为开具增值税专用发票。小规模纳税企业不享有进项税额的抵扣权，其购进货物或接受应税劳务支付的增值税直接计入有关货物或劳务的成本。因此，小规模纳税企业只须在"应交税费"科目下设置"应交增值税"明细科目，不需要在"应交增值税"明细科目中设置专栏。小企业销售应税消费品应交的消费税，应借记"主营业务税金及附加"科目，贷记"应交税费——应交消费税"科目。小企业提供应税劳务计提营业税时，应借记"主营业务税金及附加"等科目，贷记"应交税费——应交营业税"科目。出售作为固定资产的不动产时计提营业税，应借记"固定资产清理"科目，贷记"应交税费——应交营业税"科目。小企业销售应税产品应纳资源税借记"主营业务税金及附加"科目，贷记"应交税费——应交资源税"科目。小企业自产自用应税产品应纳资源税，借记"生产成本"、"制造费用"等科目，贷记"应交税费——应交资源税"科目。企业应交的房产税、土地使用税、车船税、矿产资源补偿费，记入"管理费用"科目，借记"管理费用"科目，贷记"应交税费——应交房产税（或应交土地使用税、应交车船税、应交矿产资源补偿费）"科目。

任务五讲述了应付利润和其他应付款的账务处理。小企业根据股东大会或类似机构审议批准的利润分配方案，确认应付给投资者的现金股利或利润时，借记"利润分配——应付利润"科目，贷记"应付利润"科目。向投资者实际支付利润时，借记"应付利润"科目，贷记"银行存款"科目。企业发生其他各种应付、暂收款项时，借记"管理费用"等科目，贷记"其他应付款"科目。支付或退回其他各种应付、暂收款项时，借记"其他应付款"科目，贷记"银行存款"等科目。

本项目任务六讲述了长期借款的账务处理。长期借款是指企业向银行或其他金融机构借入的期限在 1 年以上（不含 1 年）的各项借款。长期借款一般用于固定资产的购建、改扩建工程、大修理工程等，它是企业长期负债的重要组成部分。长期借款利息费用的列支渠道要视长期借款是发生于筹建期间还是发生于生产经营期间及借款的用途来确定。小企业借入长期借款，应按实际收到的金额，借记"银行存款"科目，贷记"长期借款"科目。期末，应当按照借款本金和借款合同利率计提利息费用，借记"财务费用"、"在建工程"科目，贷记"长期借款"科目。偿还的长期借款本金，借记"长期借款"科目，贷记"银行存款"科目。

项目九
记录投入资本、核算留存收益

项目导航

知识目标

- 了解小企业的组织形式；
- 知悉小企业的资本金制度；
- 知悉投入资本的意义及相关规定；
- 掌握企业投入资本、资本公积、盈余公积的核算。

能力目标

- 能说出所有者权益的概念及构成；
- 能描述资本公积的内容及产生原因；
- 能说出留存收益的内容及来源渠道和用途；
- 能进行企业投入资本、资本公积、盈余公积等业务流程每一环节的账务处理。

　　小企业为维持正常的生产经营活动，需要拥有或控制一系列必要的资源，这些资源从来源看，无外乎两个方面：①投资者提供或小企业经营所得；②债权人提供。对于投资者提供的资源，就形成了小企业的所有者权益。所有者权益是指企业资产扣除负债后由所有者享有的剩余权益。公司的所有者权益又称为股东权益。所有者权益是所有者对企业资产的剩余索取权，它是企业资产中扣除债权人权益后应由所有者享有的部分。所有者权益构成如图 9-1 所示。

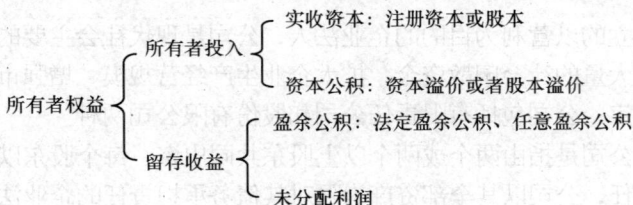

```
                        ┌── 实收资本：注册资本或股本
              ┌─所有者投入┤
              │         └── 资本公积：资本溢价或者股本溢价
  所有者权益─┤
              │         ┌── 盈余公积：法定盈余公积、任意盈余公积
              └─留存收益─┤
                        └── 未分配利润
```

图 9-1　所有者权益构成

任务一　确认、记录企业接收的本钱

任务导入

刘永手中有一笔 100 万元的闲置资金，他决定用这笔资金成立一家公司——江苏永庆公司。两年后，江苏永庆公司业务蒸蒸日上，被投资人王星看中，决定注资 50 万元。作为永庆公司的会计，应如何处理投资者投入企业的资金。企业的组织形式不同，所有者权益的含义及会计处理也就不同。会计人员应知悉企业的组织形式、资本金制度等知识，掌握在不同企业组织形式下所有者权益的核算。

知识准备

一、认知企业组织形式

企业按组织形式划分，分为独资、合伙和公司三种形式；企业按所有制划分，可分为国有企业、集体所有制企业、私营企业、股份制企业和中外合资企业。企业所有者对企业拥有的权利和承担的义务，并不是受所有制性质决定的，而是由企业的组织形式所决定的，企业的组织形式不同，所有者权益的含义及会计处理也就不同。

（一）独资企业

独资企业是指所有者权益属于唯一的一个所有者，即所有者权益为业主一人所独有，西方国家的独资企业一般是个人独资，具有规模小、资金少且与企业所有者个人财产不易划分，业主对企业债务负无限清偿责任等特点。

（二）合伙企业

合伙企业是指由两个或两个以上出资者订立合伙契约，共同出资经营的企业。合伙企业一般本着自愿组合的原则，订立契约文书，出资数额可以不等，共同经营一个企业，所有者权益属于合伙人共有，利润按出资多少或契约规定分配。合伙企业的每个合伙人对企业所欠债务都负有无限连带责任。

（三）公司企业

公司是依法成立的以营利为目的的企业法人，公司是现代社会主要的、典型的企业组织形式。它可以筹集大量的社会闲散资金，扩大企业生产经营规模、增强市场竞争能力。在我国《公司法》中规定：公司包括有限责任公司和股份有限公司两种。

（1）有限责任公司是指由两个或两个以上股东共同出资，每个股东以其所认缴的出资额对公司承担有限责任，公司以其全部资产为限对其债务承担责任的企业法人。有限责任公司的股东人数有限制，一般为 2 人以上，50 人以下。公司的全部资本可不划分为等额股份，不发行股票。《公司法》还允许设立一人有限责任公司。

（2）股份有限公司是指全部资本由等额股份构成，并通过发行股票或股权转让的方法筹集资本，股东以其认购的股份对公司承担责任，公司以全部资本为限对公司债务承担责任的企业法人。股份公司全部资本划分为等额股份，通过发行股票或股权证来筹集资本，公司的股份可以自由转让，而不受股东大会或董事会的限制。股东对公司负债只负有限责任，股份公司一旦破产、倒闭，股东最多损失原来认购的股份，对公司债务不负有连带责任。

二、认知资本金制度

资本金是小企业在工商行政管理部门登记的注册资金（资本）。有限公司的注册资本为公司在登记时全体股东认缴的出资额。

（一）注册资本的最低限额

我国《公司法》对各类公司注册资本的最低限额有明确规定：有限公司的注册资本的最低限额为 3 万元，但是一人有限公司的最低注册资本是 10 万元；股份有限公司的注册资本最低限额为 500 万元。

（二）筹集资本期限的规定

我国目前实行的是折衷资本制，即在公司注册成立时，注册资本不需要一次全额到位。《公司法》规定：公司全体股东的首次出资额不得低于注册资本的 20%，也不得低于法定的注册资本最低限额，其余部分由股东自公司成立之日起两年内缴足，其中的投资公司可以在五年内缴足。

一人公司的注册资本最低限额为人民币 10 万元，股东应当一次足额缴纳公司章程规定的出资额。

（三）投资者出资的形式

《公司法》规定：股东可以用货币出资，也可以用实物、知识产权、土地使用权等可以用货币估价并可以依法转让的非货币财产作价出资；但是，法律、行政法规规定不得作为出资的财产除外。

股东以货币出资的，应当将货币出资足额存入有限责任公司在银行开设的账户；以非货币财产出资的，应当依法办理其财产权的转移手续。

股东不按照前款规定缴纳出资的，除应当向公司足额缴纳外，还应当向已按期足额缴纳出资的股东承担违约责任。

全体股东的货币出资金额不得低于有限责任公司注册资本的 30%。

（四）出资证明书与股东名册

（1）有限责任公司成立后，应当向股东签发出资证明书并由公司盖章。

出资证明书应当载明下列事项：①公司名称；②公司成立日期；③公司注册资本；④股东的姓名或者名称、缴纳的出资额和出资日期；⑤出资证明书的编号和核发日期。出资证明书如图 9-2 所示。

（2）有限责任公司应当置备股东名册，记载下列事项。

①股东的姓名或者名称及住所；②股东的出资额；③出资证明书编号。

记载于股东名册的股东，可以依股东名册主张行使股东权利。

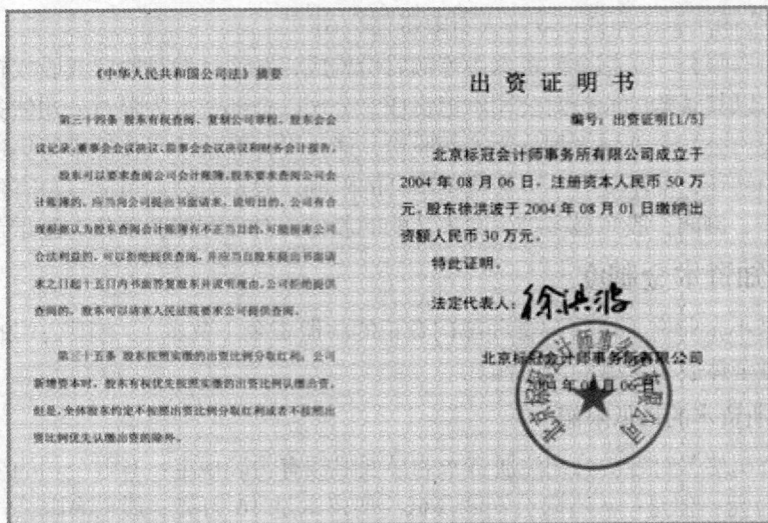

图9-2　出资证明书

（五）注册资本、实收资本、法定资本金的概念及三者的关系

注册资本：即资本金，是小企业在工商行政管理部门登记的资金（资本金），可以理解为全体股东认缴的出资额。

实收资本：实收资本是指小企业按照章程规定或合同、协议约定，实际收到投资者投入企业的资本。实收资本的构成比例或股东的股份比例是确定所有者在小企业所有者权益中份额的基础，也是小企业进行利润或股利分配的主要依据。

法定资本金：是《公司法》对各类公司注册资本的最低限额。

三者的关系是：法定资本金≤注册资本≥实收资本。

提醒你

值得注意的是，2013年10月25日国务院常务会议明确了我国公司注册资本登记制度改革的内容与方向，降低创业成本，激发社会投资活力。会议明确放宽注册资本登记条件，除法律、法规另有规定外，取消有限责任公司最低注册资本3万元、一人有限责任公司最低注册资本10万元、股份有限公司最低注册资本500万元的限制；不再限制公司设立时股东（发起人）的首次出资比例和缴足出资的期限。公司实收资本不再作为工商登记事项。

推进注册资本由实缴登记制改为认缴登记制，降低开办公司成本。在抓紧完善相关法律、法规的基础上，实行由公司股东（发起人）自主约定认缴出资额、出资方式、出资期限等，并对缴纳出资情况真实性、合法性负责的制度。

三、确认、记录投资者投入的资本

（一）科目设置

1．"实收资本（或股本）"科目

（1）定义：用来核算小企业按照公司章程的规定，投资人投入企业的法定资本。

（2）核算内容：贷方登记小企业收到投资人投入的资本；借方登记依法减少的资本数；

期末余额在贷方，表示小企业实有的资本或股本。

（3）明细账设置：按投资者设置明细账进行明细核算。

2．"资本公积"科目

（1）定义：核算小企业收到投资者出资额超出其在注册资本或股本中所占份额的部分。

（2）核算内容：贷方登记小企业资本公积增加数；借方登记企业资本公积减少数；期末余额在贷方，表示小企业实有的资本公积。

（3）明细账设置：按"资本溢价（股本溢价）"进行明细核算。

提醒你

> 企业增资扩股时，新介入的投资者缴纳的出资额如大于其按约定比例计算的注册资本的部分，不记入"实收资本"科目，而记入"资本公积"科目。这是因为：第一，在企业正常经营过程中投入的资金即使与企业创立时投入的资金数量一致，但其获利能力却不一致。因为不同阶段的风险和资本利润率是不同的，企业创办者为了经营阶段能获得较高的利润率付出了许多代价，创办者的权力理应大于新投资者的权力，所以新加入的投资者要付出大于原有投资者的出资额，才能得到相同的投资比例。第二，在新投资者加入之前，企业内部累积的留存收益应属于创办者所有，新投资者如想在加入之后与原投资者共享这部分留存收益，也必须付出大于原投资者的出资额，才能取得与原投资额相同的投资比例。所以企业对新投资者投入资本应按其在注册资本中所占份额部分，记入"实收资本"科目，超过部分记入"资本公积"科目。

（二）实收资本的计量

1．以现金方式出资的计量

现金出资方式包括投入的人民币和各种外币。小企业收到投资者以外币投入资本的，应当按收到外币出资额当日的即期汇率折算为人民币。小企业收到投资者的货币出资，应当按照其在小企业注册资本或股本中所占的份额确认实收资本，实际收到或者存入小企业开户银行的金额超过实收资本的差额，确认为资本公积。

2．以非货币性资产出资的计量

对于投资者以非货币性资产出资，小企业应当以取得资产的计量和实收资本的计量分别确定。其中，取得的非货币性资产的金额应采用评估价值确定；而实收资本的金额应根据投资合同或协议或公司章程的约定按照投资者在其中所占份额来确定，超出部分应当计入资本公积。

3．实收资本减少的计量

一般情况下小企业的实收资本不能随意减少，但是个别情况下可以依法减资。小企业实收资本减少的原因主要有两种：①资本过剩；②小企业发生重大亏损，短期内无力弥补而需要减少实收资本。资本减少应符合相关条件：

（1）减资应事先通知所有债权人，债权人无异议方允许减资；

（2）经股东会议同意，并经有关部门批准；

（3）公司减资后的注册资本不得低于法定注册资本的最低限额。

（三）投入资本的业务节点与账务处理

投入资本的业务节点与账务处理如表9-1所示。

表 9-1　　　　　　　　　　　　投入资本的业务节点与账务处理表

业务节点	账务处理
公司创建	有限责任公司接受现金资产投资，在核定的注册资本总额的范围内按实际收到现金资产时，借记"银行存款"科目，贷记"实收资本"科目
	有限责任公司接受投资者作价投入的房屋、建筑物、机器设备等固定资产，应按投资合同或协议约定价值确定固定资产价值（投资合同或协议约定价值不公允的除外）和在注册资本中应享有的份额，借记"固定资产"、"应交税金——应交增值税（进项税额）"科目，贷记"实收资本"科目
	有限责任公司接受投资者作价投入的材料物资，应按投资合同或协议约定价值确定材料物资价值（投资合同或协议约定价值不公允的除外）和在注册资本中应享有的份额，借记"原材料"、"应交税费——应交增值税（进项税额）"科目，贷记"实收资本"科目
	有限责任公司收到以无形资产方式投入的资本，应按投资合同或协议约定价值确定无形资产价值（投资合同或协议约定价值不公允的除外）和在注册资本中应享有的份额，借记"无形资产"科目，贷记"实收资本"科目
公司创建以后	有限责任公司创建以后，在经营期间，收到新的投资者投入的资本时，按确定的金额借记"银行存款"、"固定资产"、"原材料"、"应交税费——应交增值税（进项税额）"等科目，按新投资者在注册资本中所占的份额贷记"实收资本"科目，超过的部分，贷记"资本公积"科目
资本公积、盈余公积转增资本	资本公积转增资本时，借记"资本公积"科目，贷记"实收资本"科目 盈余公积转增资本时，借记"盈余公积"科目，贷记"实收资本"科目
实收资本的减少	有限责任公司按法定程序报经批准后减少实收资本，，借记"实收资本"科目，贷记"银行存款"等科目

🏃 任务实施

任务实施一　接受货币资金投资

步骤一：2012 年 1 月 1 日，刘军出资 3 500 000 元成立江苏环宇公司，注册资本为 3 500 000 元，款项已投入。根据投资协议、银行进账单等编制会计分录如下。

借：银行存款　　　　　　　　　　　　　　　　　3 500 000
　　贷：实收资本——刘军　　　　　　　　　　　　　　　3 500 000

步骤二：2013 年 2 月 2 日，无锡小天鹅公司与刘军协商，拟对江苏环宇公司进行投资，双方商定：江苏环宇公司注册资本增加到 5 000 000 元，无锡小天鹅公司以货币资金出资 2 050 000 元，享有 30%的股权。根据投资协议、银行进账单等编制会计分录如下。

借：银行存款　　　　　　　　　　　　　　　　　2 050 000
　　贷：实收资本——无锡小天鹅　　　　　　　　　　　　1 500 000
　　　　资本公积——资本溢价　　　　　　　　　　　　　　550 000

任务实施二　接受非货币性资产投资

2014 年 3 月 1 日，江苏南方机电公司与刘军、无锡小天鹅公司协商，决定向江苏环宇公司进行投资，江苏环宇公司的注册资本变更为 6 000 000 元，江苏南方机电公司拟用 C 原材料投资，原材料价值 450 000 元，增值税 76 500 元。江苏南方机电公司享有 5%的股权。根据投资协议、增值税发票、收料单等编制会计分录如下。

借：原材料——C 材料   450 000

  应交税费——应交增值税（进项税额）   76 500

  贷：实收资本——江苏南方机电公司   300 000

    资本公积——资本溢价   226 500

任务实施三 资本公积转增资本

资本公积转增资本，如表 9-2 所示。

表 9-2   **江苏环宇公司资本公积转增资本方案表**

为增强公司资本实力，根据公司股东会（2013）28 号决议，公司决定用资本公积——资本溢价 1 000 000 元按原投资各方的投资比例转增资本，具体方案如下。

2014 年 12 月 31 日

项目	金额	项目	金额
刘军	700 000		
无锡小天鹅股份有限公司	200 000		
江苏南方机电公司	100 000		
		注：股东会决议另附	

根据资本公积转增资本方案表编制会计分录如下。

借：资本公积——资本溢价   1 000 000

  贷：实收资本——刘军   700 000

    ——无锡小天鹅   200 000

    ——江苏南方机电   100 000

任务二 确认、记录企业的留存收益

任务导入

江苏永庆公司第三年盈利 50 万元，按照会计制度规定计提 5 万元法定盈余公积，还有 45 万元净利润，公司拟拿出一半，按比例给股东分红，剩下的留在企业。这一事件中的盈余公积、未分配利润就属于留存收益。留存收益来源于小企业在生产经营活动中所实现的净利润。小企业的留存收益主要包括哪些、有哪些用途、应设置哪些账户、应如何进行会计核算，这些都是会计人员必备的知识。

知识准备

一、认知留存收益

留存收益是指小企业从历年实现的利润中提取或形成的留存于小企业的内部积累。留存收益来源于小企业在生产经营活动中所实现的净利润，属于小企业的资本增值。留存收益主要包括盈余公积和未分配利润。

（一）盈余公积的组成及用途

盈余公积是指小企业按照有关规定从净利润中提取的法定公积金和任意公积金。

（1）法定盈余公积。它是指小企业按照规定的比例从净利润中提取的盈余公积。根据我国公司法的规定，有限责任公司和股份有限公司应按照净利润的 10% 提取法定盈余公积，计提的法定盈余公积累计达到注册资本的 50% 时，可以不再提取。

（2）任意盈余公积。它是指小企业经股东会或股东大会决议，按照规定的比例从净利润中提取的盈余公积。它与法定盈余公积的区别在于其提取比例由小企业自行决定，而法定盈余公积的提取比例则由国家有关法规决定。

小企业提取的盈余公积主要有以下几个方面的用途。

（1）弥补亏损。小企业发生亏损时，根据所得税法的规定，企业发生的亏损，准予向以后年度结转，用以后年度的所得弥补，但结转年限最长不得超过 5 年；经过 5 年期间未能足额弥补的，未弥补亏损应由小企业税后利润弥补；此外，由公司制小企业股东会或股东大会批准后，还可以用盈余公积弥补亏损。

（2）转增资本（股本）。当小企业提取的盈余公积累计比较多时，可以将盈余公积转增资本（股本），但是必须经股东大会或类似机构批准，而且用盈余公积转增资本（股本）后留存的盈余公积不得少于注册资本的 25%。

（3）扩大企业生产经营。盈余公积是小企业所有者权益的一个组成部分，也是小企业生产经营的一个重要资金来源。提取盈余公积并不是单独将这部分资金从小企业资金周转过程中抽出，它同小企业其他来源形成的资金一样循环周转，用于小企业的生产经营。在实务中，不需要进行专门的账务处理。

（二）未分配利润的形成和用途

未分配利润是企业实现的净利润经过弥补亏损、提取盈余公积和向投资者分配利润后留存在企业的、历年结存的利润。未分配利润通常用于留待以后年度向投资者进行分配。

相对于未分配利润而言，盈余公积可以理解为限定用途的利润，而未分配利润是未限定用途的利润。

二、留存收益的会计科目

（一）"利润分配"科目

1. 定义：核算企业利润的分配（或亏损的弥补）和历年分配（或弥补）后的余额。

2. 核算内容：借方登记按规定实际分配的利润数，或年终时从"本年利润"账户的贷方转来的当年亏损总额；贷方登记年终时从"本年利润"账户借方转来的当年实现的净利润总额；年终贷方余额表示年积存的未分配利润，如为借方余额，则表示历年积存的未弥补亏损。

3. 明细账的设置：分别"提取法定盈余公积"、"提取任意盈余公积"、"应付现金股利或利润"、"转作股本的股利"、"盈余公积补亏"和"未分配利润"等进行明细核算。

（二）"盈余公积"账户

1. 定义：核算企业从净利润中提取的盈余公积。

2. 核算内容：贷方登记提取的盈余公积，借方登记用于转增资本（股本）、弥补亏损、发放现金股利等减少的盈余公积，期末余额在贷方，反映盈余公积的结存数。

3. 明细账的设置：分别"法定盈余公积"、"任意盈余公积"等进行明细核算。

三、留存收益的账务处理

（一）盈余公积的业务节点与账务处理

盈余公积的业务节点与账务处理如表 9-3 所示。

表 9-3　　　　　　　　　　　盈余公积的业务节点与账务处理表

业务节点	账务处理
提取盈余公积	借记"利润分配——提取法定盈余公积——提取任意盈余公积"科目，贷记"盈余公积"科目
盈余公积补亏	借记"盈余公积"科目，贷记"利润分配——盈余公积补亏"科目
盈余公积转增资本	借记"盈余公积"科目，贷记"实收资本"科目

（二）未分配利润的业务节点与账务处理

未分配利润的业务节点与账务处理如表 9-4 所示。

表 9-4　　　　　　　　　　　未分配利润的业务节点与账务处理表

业务节点	账务处理
年度终了，企业结全年实现的净利润	借记"本年利润"科目，贷记"利润分配——未分配利润"科目
如果发生净亏损	借记"利润分配——未分配利润"科目，贷记"本年利润"科目
向投资者分配利润	借记"利润分配——应付现金股利或利润"科目，贷记"应付股利"科目
"利润分配"科目所属明细科目之间结转	借记"利润分配——未分配利润"科目，贷记"利润分配——提取法定盈余公积、——提取任意盈余公积"、"利润分配——应付现金股利或利润"科目。结转后，"利润分配——未分配利润"明细账户若为贷方余额，表示累计未分配利润；若为借方余额，表示累计未弥补的亏损

🏃 **任务实施**

任务实施一　盈余公积的核算

步骤一：江苏环宇公司 2013 年实现净利润 2 000 000 元，按规定计提法定公积金 200 000 元，任意公积金 100 000 元。根据相关单据编制会计分录如下。

借：利润分配——提取法定公积金　　　　　　　　　　　　　200 000
　　　　　　——提取任意公积金　　　　　　　　　　　　　100 000
　　贷：盈余公积——法定公积金　　　　　　　　　　　　　　200 000
　　　　　　　　——任意公积金　　　　　　　　　　　　　　100 000

步骤二：江苏环宇公司经股东会决议，用盈余公积转增资本 300 000 元。根据相关单据编制会计分录如下。

借：盈余公积——法定公积金　　　　　　　　　　　　　　　300 000
　　贷：实收资本　　　　　　　　　　　　　　　　　　　　　300 000

任务实施二　未分配利润的核算

江苏环宇公司 2014 年实现净利润 1 000 000 元，按净利润的 10% 计提盈余公积，发放现金股利 70 000 元。根据相关单据编制会计分录如下。

步骤一：结转净利润。

借：本年利润 1 000 000

　　贷：利润分配——未分配利润 1 000 000

步骤二：计提盈余公积和分配股利。根据相关单据编制会计分录如下。

借：利润分配——提取法定公积金 100 000

　　　　　　——应付股利 70 000

　　贷：盈余公积——法定公积金 100 000

　　　　应付股利 70 000

步骤三：结转利润分配明细科目。根据相关单据编制会计分录如下。

借：利润分配——未分配利润 170 000

　　贷：利润分配——提取法定公积金 100 000

　　　　　　　　——应付股利 70 000

【知识链接】

小企业老板和大企业经营者的不同之处

小企业更多依赖于人，大公司更侧重于制度和流程；

小企业老板经营讲究刀起见血，大公司经营者强调稳步长远发展；

小企业的老板喜欢天马行空、无中生有的孙悟空；大企业经营者喜欢执着、踏实的许三多；

小企业老板自己多少能够天马行空、无中生有；大企业经营者自己也需要执着、踏实；

小企业老板可以没有念过 MBA，但必须有自己的独门武器；大企业经营者需要具备相当雄厚和丰富的学识；

小企业老板个人能力让企业生或者死，大企业发展的好坏决定着大企业经营者的生或者死；

小企业老板从实践中总结经验；大企业经营者以理论指导实践；

……

小企业老板是企业所有人，是老板；大企业经营者则是职业经理人！

项目总结

本项目共两个任务，全面了解小企业的所有者权益。

任务一讲述了小企业所有者投入资本的核算。描述了小企业的组织形式、资本金制度，重点讲述实收资本增加、减少的核算，投资者的投资超过小企业注册资本或股本中所占份额的部分，计入"资本公积"科目。

任务二讲述了小企业留存收益的核算。留存收益包括盈余公积和未分配利润两部分，盈余公积的作用主要有转增资本和弥补亏损，属于限定用途的利润；未分配利润是企业历年累计下来的未分配利润，属于可自由使用的利润。

项目十
确认收入、记录
费用、结转利润

项目导航

知识目标

- 理解收入的概念、特点及意义；
- 理解费用的概念和分类；
- 知悉收入的内容与分类、劳务收入的内容与确认；
- 掌握商品销售收入的确认标准和会计核算方法；
- 知悉期间费用的内容、掌握其会计核算方法；
- 掌握利润的形成及分配的程序与方法。

能力目标

- 能说出商品收入确认的条件；
- 能描述不同方式商品销售收入的确认条件；
- 能对商品销售业务流程每一环节进行会计核算；
- 能对劳务收入业务流程每一环节进行会计核算；
- 能对让渡资产所有权的业务进行会计核算；
- 能对期间费用的业务进行会计核算；
- 能对利润形成与分配业务进行会计核算；
- 能对所得税费用进行核算。

　　收入、费用和利润是会计要素的重要组成部分。企业生产经营活动是通过耗费一定的费用来获得经营业务收入，最终取得利润。企业在生产经营活动中，会发生各种收支事项，在会计期间终了时，应通过收入与成本费用的配比，合理确定经营损益，确定企业的经营成果，并依据相关的法律、法规进行利润分配。

任务一 确认、记录企业的收入

任务导入

销售过程是企业生产经营过程的最后阶段，它是公司、企业等最重要的经济活动之一。企业通过销售，收取货币资金，以保证企业再生产的顺利进行。企业销售产品取得的收入，扣除其销售成本、销售费用、销售税金及附加，即为企业营业利润的主要构成部分。因此做好销售过程业务核算，可以促使企业努力增加营业收入，降低成本费用，提高经济效益。实务中，企业发生销售业务以后，什么时间、如何确认销售收入、结转相应的成本呢？

第一部分 收入的认知

知识准备

一、收入的定义

收入是指小企业在日常活动中形成的、会导致所有者权益增加的、与所有者投入资本无关的经济利益的总流入。

二、收入的特征

收入具有以下特征。

（一）收入是从企业的日常活动中产生的，而不是从偶发的交易或事项中产生的

日常活动是指企业为完成其经营目的所从事的经常性活动及与之相关的活动。如工业企业销售产品、商业企业销售商品、咨询公司提供咨询服务、软件开发企业为客户开发软件、安装公司提供安装服务、商业银行对外贷款、租赁公司出租资产等活动。

（二）收入可能表现为资产的增加，也可能表现为负债的减少，或者两者兼而有之

例如，企业通过销售商品可以增加银行存款或应收账款等资产；企业用销售商品的货款来抵偿债务，使负债减少；企业将销售商品的货款部分用来抵偿债务，减少负债，部分作为应收账款来核算，增加资产。

（三）收入会导致企业所有者权益的增加

如上所述，收入能增加资产或减少负债或两者兼而有之。因此，根据"资产-负债=所有者权益"的会计等式，收入一定能增加企业的所有者权益。

（四）收入与所有者投入资本无关

所有者投入资本主要是为谋求享有企业资产的剩余权益，由此形成的经济利益的总流入不构成收入，而应确认为企业所有者权益的组成部分。

三、收入的分类

（1）收入按企业从事日常活动的性质不同：分为销售商品收入、提供劳务收入和让渡资产使用权收入。

（2）收入按企业经营业务的主次不同：分为主营业务收入和其他业务收入。

主营业务收入一般占企业总收入的较大比重，对企业的经济效益产生较大影响。不同行业企业的主营业务收入所包括的内容不同，如表 10-1 所示。

表 10-1　　　　　　　　　　　不同行业企业的收入内容

企业类型	主营业务收入	其他业务收入
制造业企业	销售商品、自制半成品、代制品、代修品及提供工业性劳务等实现的收入	销售材料收入、转让技术收入、包装物出租收入等
商品流通企业	销售商品实现的收入	
咨询公司	提供咨询服务实现的收入	
安装公司	提供安装服务实现的收入	

🏃 **任务实施**

收入种类的判断

江苏环宇公司是一家制造业企业，主要通过加工甲材料生产 A 产品。2013 年 1 月，发生下列收入。请判断各收入所属的类型及金额。

（1）5 日，销售 A 产品一批，价款 200 000 元，增值税 34 000 元，款项未收。

（2）8 日，出售生产用甲材料 50 000 元，增值税 8 500 元，款项已收。

（3）10 日，接受设备安装劳务，获得收入 80 000 元，增值税 4 800 元。

（4）15 日，出租一座仓库，收到租金 10 000 元。

（5）25 日，出租商标使用权，获得租金 8 000 元，增值税 480 元。

（6）30 日，进行增资扩股，收到新股东投入的资金 500 000 元。

步骤一：根据企业的生产经营活动，分析确定生产、销售 A 产品是企业的主营业务，销售 A 产品产生的收入是企业的"主营业务收入"，其他业务产生的收入属于"其他业务收入"。

步骤二：确定各项具体业务的收入种类与金额，如表 10-2 所示。

表 10-2　　　　　　　　江苏环宇公司 2013 年 1 月经济业务收入类型

序号	经济业务	收入类型	金额
1	销售 A 产品一批，价款 200 000 元，增值税 34 000 元，款项未收	主营业务收入	200 000
2	出售生产用甲材料 50 000 元，增值税 8 500 元，款项已收	其他业务收入	50 000
3	接受设备安装劳务，获得收入 80 000 元，增值税 4 800 元	其他业务收入	80 000
4	出租一座仓库，收到租金 10 000 元	其他业务收入	10 000
5	出租商标使用权，获得租金 8 000 元，增值税 480 元	其他业务收入	8 000
6	进行增资扩股，收到新股东投入的资金 500 000 元	不属于收入	0

第二部分　销售商品收入的确认、计量与账务处理

📊 **知识准备**

一、销售商品收入的确认

销售商品收入同时满足下列条件的，才能予以确认。

（1）企业已将商品所有权上的主要风险和报酬转移给购货方。这是指与商品所有权有关的主要风险和报酬同时转移给了购货方。

通常情况下，转移商品所有权凭证并交付实物后，商品所有权上的主要风险和报酬随之转移，如大多数商品零售、预收款销售商品等。

（2）企业既没有保留通常与所有权相联系的继续管理权，也没有对已售出的商品实施有效控制。

（3）相关的经济利益很可能流入企业。在销售商品的交易中，与交易相关的经济利益主要表现为销售商品的价款。相关的经济利益很可能流入企业是指销售商品价款收回的可能性大于不能收回的可能性，即销售商品价款收回的可能性超过50%。企业在销售商品时，如估计销售价款不是很可能收回，即使收入确认的其他条件均已满足，也不应当确认为收入。

🌿 **【知识链接】**

会计上不同程度"可能"的量化标准：
（1）"基本确定"指发生的可能性大于95%但小于100%；
（2）"很可能"指发生的可能性大于50%但小于或等于95%；
（3）"可能"指发生的可能性大于5%但小于或等于50%；
（4）"极小可能"指发生的可能性大于0但小于或等于5%。

（4）收入的金额能够可靠计量。这是指收入金额能够合理地估计。

（5）相关的已发生或将发生的成本能够可靠计量。

企业销售商品应同时满足上述5个条件，才能确认为收入，任何一个条件没有满足，即使收到货款，也不能确认为收入。

二、销售商品收入的计量

（一）销售商品收入计量的一般规定

小企业销售商品收入的金额应当根据企业与购货方签订的合同或协议价款金额确定。无合同或协议的，应按购销双方同意或都能接受的价格确定。

（二）折扣与折让的处理

企业销售商品时，有可能存在商业折扣、现金折扣、销售折让。

商业折扣是指企业为促进商品销售而在商品标价上给予的价格扣除。

现金折扣是指在赊销情况下，销货企业（债权人）为鼓励债务人在规定的期限内提前付款而向债务人提供的债务扣除，是为鼓励客户尽早付款而给予的价格优惠。现金折扣一般用符号"折扣率/付款期限"表示，例如，"2/10，1/20，n/30"表示：销货方允许客户最长的付

款期限为 30 天，如果客户在 10 天内付款，销货方可按商品售价给予客户 2% 的折扣；如果客户在 10 天以后、20 天内付款，销货方可按商品售价给予客户 1% 的折扣；否则，客户应在 20 天以后至 30 天内全额付款。

销售折让是指企业因售出商品的质量不合格等原因而在售价上给予的减让。

折扣和折让的处理如表 10-3 所示。

表 10-3　　　　　　　　　　　　折扣和折让的处理表

折扣类型	计量方法
商业折扣	企业销售商品发生商业折扣的，应当按照扣除商业折扣后的实际成交金额确定销售商品收入
现金折扣	企业销售商品时给予客户现金折扣的，应当按照销货发票价款确认销售商品收入金额，而不能扣除可能的现金折扣金额
销售折让	已确认收入的售出商品发生销售折让的，在发生时冲减当期销售商品收入
	已确认收入的销售折让属于资产负债表日后事项的，应当按照《企业会计准则》的相关规定进行处理

三、记录商品收入应设置的科目

（一）"主营业务收入"科目

（1）定义：核算企业确认的销售商品、提供劳务等主营业务的收入。

（2）核算内容：贷方登记企业销售商品或提供劳务确认的收入，借方登记企业本期（月）发生的销售退回或销售折让冲减的收入和转入"本年利润"科目的金额；期末，结转后本科目应无余额。

（3）明细账的设置：按商品（产品）或劳务种类设置明细账，进行明细分类核算。如"主营业务收入——××商品"、"主营业务收入——××劳务"。

（二）"其他业务收入"科目

（1）定义：核算企业确认的除主营业务活动以外的其他经营活动实现的收入，包括出租固定资产、出租无形资产、出租包装物和商品、销售材料、用材料进行非货币性交换或债务重组等实现的收入。

（2）核算内容：贷方登记企业确认的其他业务收入，借方登记期末转入"本年利润"科目的金额，结转后本科目应无余额。

（3）明细账的设置：按其他业务的种类设置明细账，进行明细分类核算。如"其他业务收入——××材料"、"其他业务收入——××包装物出租"。

（三）"主营业务成本"科目

（1）定义：核算企业确认销售商品、提供劳务等主营业务收入时应结转的成本。

（2）核算内容：借方登记企业根据本期（月）销售各种商品、提供各种劳务等应计算结转的主营业务成本；贷方登记本期（月）发生的销售退回产品的销售成本和转入"本年利润"科目的金额，结转后本科目无余额。

（3）明细账的设置：本账户应与"主营业务收入"相对应，设置有关明细账进行明细核算。如"主营业务成本——××商品"、"主营业务成本——××劳务"。

（四）"其他业务支出"科目

（1）定义：核算企业确认的除主营业务活动以外的其他经营活动所发生的支出，包括销售材料的成本、出租固定资产的折旧额、出租无形资产的摊销额、出租包装物的成本或摊销额等。

（2）核算内容：借方登记企业除主营业务成本以外的其他销售或其他业务所发生的支出，包括销售材料、提供劳务等而发生的相关成本、费用等；贷方登记转入"本年利润"科目的金额，结转后本科目无余额。

（3）明细账的设置：按其他业务的种类设置明细账，进行明细分类核算。如"其他业务支出——××材料"、"其他业务支出——××包装物出租"。

四、商品销售收入的账务处理

（一）商品销售的业务节点与账务处理

商品销售的业务节点与账务处理如表 10-4 所示。

表 10-4　　　　　　　　　　　商品销售的业务节点与账务处理表

业务节点	账务处理
企业销售商品符合收入的确认条件	企业销售商品符合收入确认条件的，应及时确认收入，借记"银行存款"、"应收账款"、"应收票据"、"预收账款"等科目，贷记"主营业务收入"、"应交税费——应交增值税（销项税额）"等科目
	企业销售商品后，通常在月份终了编制"商品发出汇总表"，汇总结转已销商品、已提供劳务的实际成本，按结转的实际成本，借记"主营业务成本"科目，贷记"库存商品"等科目

（二）涉及销售折扣和折让的业务节点与账务处理

涉及销售折扣和折让的业务节点与账务处理如表 10-5 所示。

表 10-5　　　　　　　　　涉及销售折扣和折让的业务节点与账务处理表

业务节点	账务处理
商业折扣	无须对商业折扣单独进行核算
现金折扣	按照销货发票价款，借记"应收账款"科目，贷记"主营业务收入"、"应交税费——应交增值税（销项税额）"等科目
	客户在现金折扣期限内支付的款项，发生了现金折扣，视为企业为了尽快回笼资金而发生的理财费用，在实际发生时计入当期财务费用。按实际收到的款项借记"银行存款"，按对方享受的现金折扣借记"财务费用"，按应收账款的账面金额贷记"应收账款"科目
销售折让	已确认收入的售出商品发生销售折让的，在发生时冲减当期销售商品收入，借记"主营业务收入"、"应交税费——应交增值税（销项税额）"科目，贷记"银行存款"、"应收账款"科目
	已确认收入的销售折让属于资产负债表日后事项的，应当按照《企业会计准则第 29 号——资产负债表日后事项》的相关规定进行处理

（三）商品销售退回的业务节点与账务处理

销售退回是指因售出商品不符合质量要求或违反合同规定，购销双方按合同约定达成退货协议而引起的已销商品退回的业务。

商品销售退回的业务节点与账务处理如表 10-6 所示。

表 10-6 　　　　　　　　　　　商品销售退回的业务节点与账务处理表

业务节点	账务处理
尚未确认商品收入的售出商品发生销售退回	如果已记录了"发出商品"科目，则应重新记录入库，借记"库存商品"科目，贷记"发出商品"科目
已确认销售商品收入的售出商品发生销售退回	应直接冲减当期销售商品收入，同时冲减当期销售商品成本，如按规定允许扣减增值税税额的，应同时用红字冲减"应交税费——应交增值税"科目的"销项税额"专栏。账务处理为收到退货时，应借记"主营业务收入"、"应交税费——应交增值税（销项税额）"科目，贷记"银行存款"、"应收账款"等科目。如果已经结转销售成本，应同时冲减同一月份的主营业务成本，借记"库存商品"科目，贷记"主营业务成本"科目

（四）其他业务收入的业务节点与账务处理

其他业务收入的业务节点与账务处理如表 10-7 所示。

表 10-7 　　　　　　　　　　　其他业务收入的业务节点与账务处理表

业务节点	账务处理
销售原材料	符合收入确认条件，按实际价款借记"库存现金"、"银行存款"、"应收账款"、"应收票据"等科目，贷记"其他业务收入"和"应交税费——应交增值税（销项税额）"科目。企业结转其他业务成本，借记"其他业务支出"科目，贷记"原材料"等有关科目
出租包装物	收到包装物租金时，按实际价款借记"库存现金"、"银行存款"等科目，贷记"其他业务收入"和"应交税费——应交增值税（销项税额）"科目； 第一次领用包装物时结转成本，借记"其他业务支出"科目，贷记"原材料"、"包装物"等有关科目
出租无形资产	收到出租无形资产租金收入时，借记"库存现金"、"银行存款"等科目，贷记"其他业务收入"；结转出租无形资产的成本时，借记"其他业务支出"科目，贷记"无形资产"等有关科目

🏃 **任务实施**

任务实施一　确认商品销售收入，结转商品销售成本

步骤一：江苏环宇公司 2013 年 12 月 5 日向虹桥机械厂销售 A 产品一批，开出的增值税专用发票上注明售价为 300 000 元，增值税税额为 51 000 元；产品已经发出，并已向银行办妥托收手续。

根据增值税专用发票及托收承付回单编制会计分录如下。

借：应收账款——虹桥机械厂　　　　　　　　　　　351 000
　　贷：主营业务收入——A 产品　　　　　　　　　　　300 000
　　　　应交税费——应交增值税（销项税额）　　　　　51 000

步骤二：根据商品出库单结转已销产品成本，如图 10-1 所示。

借：主营业务成本——A 产品　　　　　　　　　　　120 000
　　贷：库存商品——A 产品　　　　　　　　　　　　120 000

库存商品出库单

用途：销售　　　　　　　　　　2013 年 12 月 5 日　　　　　　产成品库：001

产品名称	型号规格	计量单位	数量	单位成本（元）	总成本（元）
A 产品		台	10	12 000	120 000

记账：　　　　　保管：　　　　　主管：　　　　　经办：

图 10-1　库存商品出库单

任务实施二　核算商业折扣

2013 年 6 月 10 日，江苏环宇公司向镇江市江海贸易公司销售 A 产品 1 000 件，标价总额为 200 000 元（不含增值税），为了促销，江苏环宇公司给予镇江市江海贸易公司 15% 的商业折扣并开具了增值税专用发票，江苏环宇公司已发出商品，并收到承兑期为 4 个月的商业承兑汇票一张。根据增值税专用发票、商业承兑汇票等原始凭证编制会计分录如下。

借：应收票据——镇江市江海贸易公司　　　　　　　　　　198 900
　　贷：主营业务收入——A 产品　　　　　　　　　　　　　　170 000
　　　　应交税费——应交增值税（销项税额）　　　　　　　　28 900

任务实施三　核算现金折扣

步骤一：2013 年 12 月 4 日江苏环宇公司销售 A 产品一批给天津市铸压机厂，开出的增值税专用发票上注明售价为 300 000 元，增值税税额为 51 000 元；产品已经发出，款项尚未收到，销售合同中规定现金折扣条件为 2/10，1/20，N/30。假定计算现金折扣时不考虑增值税。

根据增值税发票等原始凭证编制会计分录如下。

借：应收账款——天津市铸压机厂　　　　　　　　　　　　351 000
　　贷：主营业务收入——A 产品　　　　　　　　　　　　　　300 000
　　　　应交税费——应交增值税（销项税额）　　　　　　　　51 000

步骤二：2013 年 12 月 8 日，收到天津市铸压机厂转账支票，因其在 10 天之内付款，给予 2% 的现金折扣，如图 10-2 所示。

销货折扣审批单

购买单位：天津市铸压机厂
收货地址：天津市华东路 18 号　　2013 年 12 月 8 日
客户分类：临时客户　　　　　　现金折扣条件：2/10，1/20，N/30

产品名称	销货时间	收款时间	应收金额（元）	折扣率（%）	实收金额（元）
A 产品	2013.12.4	2013.12.8	351 000	2	345 000

图 10-2　销货折扣审批单

根据进账单及销货折扣审批单，确认现金折扣，编制会计分录如下。

借：银行存款——中国银行　　　　　　　　　　　　　　　345 000
　　财务费用——现金折扣　　　　　　　　　　　　　　　　6 000
　　贷：应收账款——天津市铸压机厂　　　　　　　　　　　351 000

任务实施四　核算销售退回

步骤一：江苏环宇公司 2013 年 12 月 13 日，收到本月 3 日向大洋纺织机械厂销售的 5 台甲产品（因有严重的质量问题而要求退货）。公司同意退货，并于当日支付了退货款，同时按规定向购货方开出红字增值税专用发票（见图 10-3）和进货退出及索取折让证明单（见图 10-4）。

（本增值税专用发票为红字发票）

江苏省增值税专用发票

开票日期：2013 年 12 月 13 日 　　　　No.004894502

购货单位	名称：	大洋纺织机械厂				密码区		
	纳税人识别号：	210433106215631						
	地址、电话：	徐州正东路 6 号 85664080						
	开户银行及账号	工商银行正东办事处 0456-7224-2201						

货物或应税劳务名称	规格型号	单位	数量	单价	金额	税率	税额
甲产品		台	5	22 000	110 000	17%	18 700
合计					110 000		18 700

价税合计（大写）	壹拾贰万捌仟柒佰元整	（小写）￥128 700.00

销货单位	名称：	江苏环宇公司	
	纳税人识别号：	320103001119928	
	地址、电话：	徐州市建国路 180 号	
	开户银行及账号	中国银行徐州开发区支行 740108320311	

收款人：刘红 　　复核：王露 　　开票人：王艺 　　销货单位：（章）

第三联 记账联

图 10-3 　增值税专用发票

进货退出及索取折让证明单

2013 年 12 月 13 日 　　　　No.00015879

销售单位	全称	江苏环宇公司				
	税务登记号	320103001119928				
进货退出	货物名称	单价	数量	货款	税款	
	甲产品	22 000	5	110 000	18 700	
索取折让	货物名称	货款	税款	要 求		
				折让金额	折让税额	
退货或索取折让理由			税务征收机关盖章			
	经办人： 单位盖章： 2013 年 12 月 13 日		经办人： 单位签章： 2013 年 12 月 13 日			
购货单位	全称	大洋纺织机械厂				
	税务登记号	210433106215631				

图 10-4 　进货退出及索取折让证明单

根据红字增值税发票及转账支票存根等原始凭证，编制会计分录如下。

借：主营业务收入——甲产品　　　　　　　　　　　　　　　　110 000

　　应交税费——应交增值税（销项税额）　　　　　　　　　　18 700

　　　贷：银行存款——中国银行　　　　　　　　　　　　　　　　128 700

步骤二：冲减当期销售成本，开出销售退货入库单，如图 10-5 所示。

销售退货入库单

2013 年 12 月 13 日

产品名称及规格	计量单位	实收数量	单价（元）	金额（元）
甲产品	台	5	15 000	75 000
合　计				75 000

会计主管：方泊　　　记账：张晓　　　保管：　　　交库：

图 10-5　销售退货入库单

根据有关单据编制会计分录如下。

借：库存商品——甲产品　　　　　　　　　　　　　　　　　　75 000

　　　贷：主营业务成本——甲产品　　　　　　　　　　　　　　　75 000

任务实施五　核算其他业务收入

步骤一：2013 年 9 月 13 日，江苏环宇公司出售多余 A 材料 400 千克给新飞机械厂，开出的增值税专用发票上注明的售价为 6 000 元，增值税销项税额为 1 020 元，款项已由银行收讫。

根据增值税专用发票及进账单编制会计分录如下。

借：银行存款——中国银行　　　　　　　　　　　　　　　　　7 020

　　　贷：其他业务收入——A 材料　　　　　　　　　　　　　　　6 000

　　　　　应交税费——应交增值税（销项税额）　　　　　　　　　1 020

步骤二：该批原材料的实际成本为 4 800 元。

根据领料单编制会计分录如下。

借：其他业务支出——A 材料　　　　　　　　　　　　　　　　4 800

　　　贷：原材料——A 材料　　　　　　　　　　　　　　　　　　4 800

第三部分　提供劳务收入的确认和计量

📊 **知识准备**

一、提供劳务收入的认知

劳务收入是指企业通过对外提供劳务实现的收入。小企业提供劳务的收入是指小企业从事建筑安装、修理修配、交通运输、仓储租赁、邮电通信、咨询经纪、文化体育、科学研究、技术服务、教育培训、餐饮住宿、中介代理、卫生保健、社区服务、旅游、娱乐、加工及其他劳务服务活动取得的收入。

二、不同劳务收入的确认方法

企业提供劳务收入的确认原则与计量方法，因劳务开始、完成时间的差异而不同。

（一）在同一会计期间内开始并完成的劳务

1. 即时提供劳务

即时提供的劳务，如餐饮住宿、中介代理、卫生保健、社区服务、旅游、娱乐等，在收到款项或取得收取款项的权利后即可确认收入。

2. 不跨年度的劳务

对建筑安装、修理修配等耗时较长的劳务，如果提供劳务交易的开始和完成均在同一个会计年度的，其劳务收入应在所提供劳务完成时确认，确认收入的金额通常为合同或协议总金额。

（二）跨年度的劳务

跨年度的劳务是指交易的开始和完成分别属于不同的会计年度的劳务。跨年度的劳务提供的劳务收入应分别按期末劳务结果是否能够可靠估计来加以确认。

1. 提供劳务收入的劳务结果能够可靠估计的，应按完工百分比法确认收入

本期确认的收入=劳务总收入×本年末止劳务的完成程度-以前期间累计已确认的收入合计

本期确认的费用=劳务总成本×本年末止劳务的完成程度-以前期间累计已确认的费用合计

2. 提供劳务交易的结果不能可靠估计的劳务收入的确认与计量方法

如果劳务的开始和完成分属不同的会计期间，且企业在资产负债表日对提供劳务交易的结果不能可靠估计的，不能采用完工百分比法确认提供劳务收入。此时，企业应当正确预计已经发生的劳务成本能否得到补偿，分下列情况处理。

（1）已经发生的劳务成本预计能够得到补偿的，应按能够得到补偿的劳务成本金额确认提供劳务收入，并结转已经发生的劳务成本。

（2）已经发生的劳务成本预计全部不能得到补偿的，应将已经发生的劳务成本计入当期损益（主营业务成本或其他业务支出），不确认提供劳务收入。

提供劳务交易的结果能够可靠估计的条件（要求同时满足）：一是收入的金额能够可靠计量（即提供劳务收入的金额能够合理估计）；二是相关的经济利益很可能流入企业（即劳务收入金额收回的可能性大于不能收回的可能性）；三是交易的完工进度能够可靠地确定（即交易的完工进度能够合理估计）；四是交易中已发生和将发生的成本能够可靠计量（即交易中已经发生和将要发生的成本能够合理估计）。

三、记录劳务收入的会计科目

（一）"劳务收入"科目

一般就使用前面的"主营业务收入"科目。

（二）"劳务成本"科目

（1）定义：核算企业对外提供劳务发生的成本。

（2）核算内容：企业提供劳务发生各种耗费时，借记"劳务成本"科目，以后企业确认收入时，按权责发生制原则结转成本，借记"主营业务成本"科目，贷记"劳务成本"科目；而对于一次就能完成的劳务，在劳务成本发生时，直接计入"主营业务成本"科目。

（3）明细账的设置：按劳务种类设置明细账，进行明细分类核算，如"劳务成本——××

劳务"。

四、劳务收入的账务处理

劳务收入的业务节点与账务处理如表 10-8 所示。

表 10-8　　　　　　　　　　　劳务收入的业务节点与账务处理表

业务节点	账务处理
提供劳务即时实现收入	确认劳务收入时，借记"银行存款"等科目，贷记"主营业务收入"等科目；发生劳务成本时，借记"主营业务成本"科目，贷记"银行存款"等科目
不跨年度的劳务	为完成劳务，发生各项支出时归集劳务成本，借记"劳务成本"科目，贷记"银行存款"等科目； 劳务完成时，确认劳务收入，借记"银行存款"等科目，贷记"主营业务收入"等科目；同时结转劳务成本，借记"主营业务成本"科目，贷记"劳务成本"等科目
跨年度的劳务	为完成劳务，发生各项支出时归集劳务成本，借记"劳务成本"科目，贷记"银行存款"等科目； 提供劳务期间预收劳务款项，借记"银行存款"科目，贷记"预收账款"科目；资产负债表日按照完工进度确认收入，借记"预收账款"科目，贷记"主营业务收入"科目，同时结转成本，借记"主营业务成本"科目，贷记"劳务成本"科目

任务实施

任务实施一　提供劳务即时实现收入

江苏环宇公司于 2013 年 9 月 10 日接受一项空调安装任务，该安装任务一天即完成，劳务价款为 9 000 元，该安装业务属于该公司的主营业务。

根据发票记账联及进账单编制会计分录如下。

借：银行存款——中国银行　　　　　　　　　　　　　　　　9 000

　　贷：主营业务收入——设备安装收入　　　　　　　　　　　　9 000

步骤二：实际发生安装成本 5 000 元。

根据发票及支票存根编制会计分录如下。

借：主营业务成本——设备安装成本　　　　　　　　　　　　5 000

　　贷：银行存款——中国银行　　　　　　　　　　　　　　　　5 000

任务实施二　同一会计期间持续一段时间完成劳务

2013 年 8 月 2 日江苏环宇公司接受一项设备安装服务（设备安装为企业主营业务），工程期 20 天，本月完成。

步骤一：8 月 5 日，用银行存款支付安装费用 5 000 元。

根据安装费用的发票及银行结算凭证编制会计分录如下。

借：劳务成本——设备安装　　　　　　　　　　　　　　　　5 000

　　贷：银行存款——中国银行　　　　　　　　　　　　　　　　5 000

步骤二：8 月 18 日，计算应付安装工人工资 4 000 元。

根据工资计算单编制会计分录如下。

借：劳务成本——设备安装　　　　　　　　　　　　　　　　4 000

　　　　贷：应付职工薪酬——工资　　　　　　　　　　　　　　　　4 000

　　步骤三：8 月 22 日，该项安装完成，验收合格，确认收入。合同价款 10 000 元，当日收款，存入银行。

　　根据进账单及收入计算单编制会计分录如下。

　　借：银行存款　　　　　　　　　　　　　　　　　　　　　　10 000

　　　　贷：主营业务收入——设备安装收入　　　　　　　　　　10 000

　　根据成本计算单编制会计分录如下。

　　借：主营业务成本——设备安装成本　　　　　　　　　　　　9 000

　　　　贷：劳务成本——设备安装　　　　　　　　　　　　　　9 000

任务实施三　劳务的开始和完成分属不同会计期间

　　江苏环宇公司于 2013 年 12 月 1 日接受徐州天启公司一项设备安装任务，安装期为 3 个月，合同总收入 300 000 元，2013 年 12 月 15 日预收安装费 220 000 元，2013 年 12 月 31 日截止实际发生安装费用 140 000 元，全部为安装人员薪酬。估计完成安装任务还须发生安装费用 60 000 元。江苏环宇公司按实际发生的成本占估计总成本的比例确定劳务的完工进度。

　　步骤一：预收安装费 220 000 元。

　　根据进账单编制会计分录如下。

　　借：银行存款——中国银行　　　　　　　　　　　　　　　　220 000

　　　　贷：预收账款——徐州天启公司　　　　　　　　　　　　220 000

　　步骤二：根据工资计算单编制会计分录如下。

　　借：劳务成本——设备安装　　　　　　　　　　　　　　　　140 000

　　　　贷：应付职工薪酬——工资　　　　　　　　　　　　　　140 000

　　步骤三：年末，计算完工程度并确认收入，根据收入计算单编制会计分录如下。

　　　　　劳务完工程度=140 000÷（140 000+60 000）×100%=70%

　　　　　　　2013 年劳务收入=300 000×70%=210 000

　　借：预收账款—— 徐州天启公司　　　　　　　　　　　　　　210 000

　　　　贷：主营业务收入——设备安装收入　　　　　　　　　　210 000

　　步骤四：根据成本计算单编制会计分录如下。

　　借：主营业务成本——设备安装成本　　　　　　　　　　　　140 000

　　　　贷：劳务成本——设备安装　　　　　　　　　　　　　　140 000

第四部分　让渡资产使用权收入的确认与计量

知识准备

一、让渡资产使用权取得收入的主要形式

　　让渡有形资产和无形资产等资产使用权而形成的使用费收入。

二、让渡资产使用权的使用费收入的确认条件

（1）相关的经济利益很可能流入企业。企业在确定让渡资产使用权的使用费收入金额是否很可能收回时，应当根据对方企业的信誉和生产经营情况，双方就结算方式和期限等达成的合同或协议条款等因素，综合进行判断。如果企业估计使用费收入金额收回的可能性不大的，就不应确认收入。

（2）收入的金额能够可靠计量。当让渡资产使用权的使用费收入金额能够可靠估计时，企业才能确认收入。

三、记录让渡资产使用权收入的科目

（一）"其他业务收入"科目

（1）定义：核算企业确认的除主营业务活动以外的其他经营活动实现的收入，包括出租固定资产、出租无形资产、出租包装物和商品、销售材料、用材料进行非货币性交换或债务重组等实现的收入。

（2）核算内容：贷方登记企业确认的其他业务收入，借方登记期末转入"本年利润"科目的金额，结转后本科目应无余额。

（3）明细账的设置：按其他业务的种类设置明细账，进行明细分类核算，如"其他业务收入——××材料"、"其他业务收入——××包装物出租"。

（二）"其他业务支出"科目

（1）定义：核算企业确认的除主营业务活动以外的其他经营活动所发生的支出，包括销售材料的成本、出租固定资产的折旧额、出租无形资产的摊销额、出租包装物的成本或摊销额等。

（2）核算内容：借方登记企业除主营业务成本以外的其他销售或其他业务所发生的支出，包括销售材料、提供劳务等而发生的相关成本、费用等；贷方登记转入"本年利润"科目的金额，结转后本科目无余额。

（3）明细账的设置：按其他业务的种类设置明细账，进行明细分类核算，如"其他业务支出——××材料"、"其他业务支出——××包装物出租"。

四、让渡资产使用权的业务节点与账务处理

让渡资产使用权的业务节点与账务处理如表10-9所示。

表10-9 　　　　　　　　让渡资产使用权的业务节点与账务处理表

业务节点	账务处理
企业确认让渡资产使用权的使用费收入	借记"银行存款"、"应收账款"等科目，贷记"其他业务收入"等科目
企业对所让渡资产计提折旧等	借记"其他业务支出"科目，贷记"累计折旧"等科目

任务实施

确认与记录其他业务收入

江苏环宇公司现有一幢闲置厂房，原始价值500 000元，预计使用年限30年，预计净残值为50 000元，按直线法计提折旧。2013年12月1日，江苏环宇公司将厂房出租给徐州市储运公司，租赁期限半年，共计租金30 000元，租金每月月末收。

步骤一：2013 年 12 月 31 日，根据发票及支票存根编制会计分录如下。

借：银行存款——中国银行   5 000

    贷：其他业务收入——租金收入   5 000

步骤二：计提该厂房的折旧。

借：其他业务支出——折旧费   1 250

    贷：累计折旧   1 250

任务二　确认、记录企业的费用

任务导入

费用是和收入相对应的，取得收入必然花费一定的成本，这种成本包括商品成本，也包括相应的税金，还包括三项期间费用，为了取得更好的经济效益，企业应该努力降低成本费用。作为会计人员应如何把握费用的确认与计量方法呢？

知识准备

一、费用的认知

（一）费用的概念和特征

费用是指小企业在日常活动中发生的、会导致所有者权益减少的、与向所有者分配利润无关的经济利益的总流出。费用具有以下特点。

1. 费用是企业在日常活动中发生经济利益的总流出

费用形成于企业日常活动的特征使其与产生于非日常活动的损失相区分。企业从事或发生的某些活动或事项也能导致经济利益流出企业，但不属于企业的日常活动。例如，企业处置固定资产、无形资产等非流动资产，因违约支付罚款，对外捐赠，因自然灾害等非常原因造成财产毁损等，这些活动或事项形成的经济利益的总流出属于企业的损失而不是费用。

2. 费用会导致企业所有者权益减少

费用在本质上是企业的一种资产流出（即资产减少），根据"资产=负债+所有者权益"的等式，企业费用最终会减少企业所有者权益。企业生产经营过程中的有些支出并不减少企业的所有者权益，也就不应归属于费用。如小企业为第三方代付的款项，如代付的水电费，表现为小企业现金的减小和负债的增加，但不会产生费用。

3. 费用与向所有者分配利润无关

向所有者分配利润或股利属于企业利润分配的内容，不构成企业的费用。

（二）费用的分类

费用按照经济用途进行分类，首先要将企业发生的费用划分为应计入产品成本的费用（称为生产成本）和不应计入产品成本的费用（称为期间费用）两大类。对于应计入产品成本的费用，可以分为直接材料、直接人工、制造费用三个成本项目；对于不应计入产品成本的期间费用，可以分为管理费用、财务费用和销售费用，如表 10-10 所示。

表 10-10 费用的分类

按经济用途分类	应计入产品成本的费用	成本项目	直接材料
			直接人工
			制造费用
	不应计入产品成本的费用		管理费用
			财务费用
			销售费用

二、费用的确认和计量

（一）费用确认的原则

1. 划分收益性支出和资本化支出的原则

按照划分收益性支出和资本化支出的原则，某项支出的效益涉及几个会计年度（或几个营业周期），该项支出应予以资本化，不能作为当期的费用；如果某项支出的效益仅涉及本会计年度（一个营业周期），就应作为收益性支出在一个会计期间确认为费用。这一原则为费用的确认给定了一个时间上的总体界限。

2. 权责发生制原则

划分收益性支出和资本化支出的原则只为费用的确认做出了时间上的大致区分，而权责发生制原则规定了具体在什么时点上确认。《小企业会计准则》规定，凡是当期已经发生或应当负担的费用，不论款项是否收付，都应作为当期的费用；凡是不属于当期的费用，即使款项已在本期支付，也不应当作为当期的费用。

（二）费用的计量

在实际的会计工作中，一般都是以交易价格，即实际成本为依据进行会计计量的。换言之，有明确的市场价格是费用计量的首要标准。

三、核算费用应设置的科目

费用主要包括主营业务成本、其他业务支出、主营业务税金及附加、销售费用、管理费用和财务费用等，对于"主营业务成本"、"其他业务支出"科目，前面已经介绍，这里重点介绍后四种。

（一）"主营业务税金及附加"科目

（1）定义：核算小企业经营活动中应负担的相关税费。

（2）核算内容：包括营业税、消费税、城市维护建设税、教育费附加和资源税等。

（3）明细账的设置：按小企业负担的税费种类进行明细核算。

（二）"管理费用"科目

（1）定义：核算小企业为组织和管理生产经营活动而发生的各种管理费用。

（2）核算内容：包括企业在筹建期间发生的开办费、董事会和行政管理部门在企业的经营管理中发生的或者应由企业统一负担的公司经费（包括行政管理部门职工薪酬、物料消耗、低值易耗品摊销、办公费和差旅费等）、工会经费、董事会费（包括董事会成员津贴、会议费和差旅费等）、聘请中介机构费、咨询费（含顾问费）、诉讼费、业务招待费、房产税、车船使用税、土地使用税、印花税、技术转让费、矿产资源补偿费、研究费用、排污费及企业生产车间（部门）和行政管理部门发生的固定资产修理费等。

（3）明细账的设置：按小企业负担的管理费用的种类进行明细核算。

（三）"财务费用"科目

（1）定义：核算小企业为筹集生产经营所需资金等而发生的筹资费用。

（2）核算内容：包括利息支出（减利息收入）、汇兑损益以及相关的手续费、企业发生的现金折扣或收到的现金折扣等。

（3）明细账的设置：按小企业负担的财务费用的种类进行明细核算。

（四）"销售费用"科目

（1）定义：核算小企业在销售商品、材料和提供劳务过程中发生的各项费用。

（2）核算内容：包括小企业在销售商品过程中发生的包装费、保险费、展览费和广告费、商品维修费、预计产品质量保证损失、运输费、装卸费等费用，以及企业发生的为销售本企业商品而专设的销售机构的职工薪酬、业务费、折旧费、固定资产修理费等费用。

（3）明细账的设置：按小企业负担的销售费用的种类进行明细核算。

四、涉及费用的业务节点与账务处理

涉及费用的业务节点与账务处理如表 10-11 所示。

表 10-11　　　　　　　　　　涉及费用的业务节点与账务处理

业务节点	账务处理
主营业务税金及附加	企业计算应负担的营业税、消费税、城市维护建设税、教育费附加和资源税时，借记"主营业务税金及附加"科目，贷记"应交税费——应缴营业税"等科目
管理费用	企业发生管理费用时，借记"管理费用"、"应交税费——应交增值税（进项税额）"科目，贷记"银行存款"等科目
销售费用	企业发生销售费用时，借记"销售费用"、"应交税费——应交增值税（进项税额）"科目，贷记"银行存款"等科目
财务费用	企业发生财务费用时，借记"财务费用"科目，贷记"银行存款"等科目

任务实施

任务实施一　管理费用的核算

江苏环宇公司从徐州百盛商城购入一批办公用品，价值 920 元，款项以现金支付，该批办公用品均被行政管理部门领用。

根据发票及办公用品领用表编制会计分录如下。

借：管理费用——办公费用　　　　　　　　　　　　　 920

　　应交税费——应交增值税（进项税额）　　　　　 156.4

　　　贷：库存现金　　　　　　　　　　　　　　　　　　 1 076.4

任务实施二　销售费用的核算

2013 年 12 月 25 日江苏环宇公司向众信广告设计有限公司支付本年度电视广告设计费 550 000 元，款项已通过银行支付。

根据专用发票编制会计分录如下。

借：销售费用——广告费　　　　　　　　　　　　　　　　　　550 000
　　应交税费——应交增值税（进项税额）　　　　　　　　　　 93 500
　　　贷：银行存款——中国银行　　　　　　　　　　　　　　　　 643 500

任务实施三　财务费用的核算

2013 年 12 月 24 日江苏环宇公司用银行存款支付一笔汇款手续费 10.5 元，如图 10-6 所示。

中国银行电汇手续费凭单

江苏环宇公司：

汇款金额￥35 100. 00 元、电汇手续费 10.50 元直接从你账户中转账扣款。

中国银行徐州开发区支行

2013 年 12 月 24 日

图 10-6　电汇手续费凭单

根据手续费凭单编制会计分录如下。

借：财务费用——手续费　　　　　　　　　　　　　　　　　　10.5
　　　贷：银行存款——中国银行　　　　　　　　　　　　　　　　 10.5

任务实施四　营业税的核算

2013 年 12 月 31 日，对本月出租厂房业务计算营业税，填制营业税计算表（见表 10-12），营业税税率为 5%。

表 10-12　　　　　　　　　　营 业 税 计 算 表

2013 年 12 月 31 日　　　　　　　　　　　　　　　　金额单位：元

项　目	行次	金额
应交税业务收入	1	30 000
营业税税率	2	5%
应交营业税	3	1 500

根据营业税计算表编制会计分录如下。

借：主营业务税金及附加　　　　　　　　　　　　　　　　　　1 500
　　　贷：应交税费——应交营业税　　　　　　　　　　　　　　　 1 500

任务三　结转利润、分配利润

任务导入

　　企业领导想要了解当月的经营成果，会计人员是否要抱来账本——翻给他看？企业实现的利润该如何分配，要不要遵循相关的法律法规和一定的程序？会计人员，特别是会计主管、财务负责人应该知晓企业利润的结转和分配的方法，应该知晓企业利润分配应遵循的法律法规和程序，并应该掌握相关的会计核算方法。

第一部分　确认、记录营业外收支

知识准备

一、营业外收支的内容

（一）营业外收入的内容

　　营业外收入是指企业发生的与其日常活动无直接关系的各项利得。营业外收入并不是企业经营资金耗费所产生的，不需要企业付出代价，实际上是经济利益的净流入，不可能也不需要与有关的费用进行配比。营业外收入主要包括非流动资产处置利得、盘盈利得、罚没利得、捐赠利得、确实无法支付而按规定程序经批准后转作营业外收入的应付款项等。

　　非流动资产处置利得包括固定资产处置利得和无形资产出售利得。固定资产处置利得指企业出售固定资产所取得价款和报废固定资产回收的材料价值和变价收入等，扣除处置固定资产的账面价值、清理费用、处置相关税费后的净收益；无形资产出售利得指企业出售无形资产所取得的价款，扣除出售无形资产的账面价值及相关税费后的净收益。

　　盘盈利得主要指对于现金等清查盘点中盘盈的现金等，报经批准后计入营业外收入的金额。

　　罚没利得是指企业取得的各项罚款，在弥补由于对违反合同或协议而造成的经济损失后的罚款净收益。

　　捐赠利得是指企业接受捐赠产生的利得。

（二）营业外支出的内容

　　营业外支出是指企业发生的与其日常活动无直接关系的各项损失，主要包括非流动资产处置损失、盘亏损失、罚款支出、公益性捐赠支出、非常损失等。

　　非流动资产处置损失包括固定资产处置损失和无形资产出售损失。固定资产处置损失指企业出售固定资产所取得价款或报废固定资产的材料价值和变价收入等，不足以抵补处置固定资产的账面价值、清理费用、处置相关税费所发生的的净损失；无形资产出售损失是指出售无形资产取得的价款，不足以抵补出售无形资产的账面价值、出售相关税费后所发生的净损失。

　　盘亏损失主要指对于固定资产清查盘点中盘亏的固定资产，在查明原因处理时按确定的损失计入营业外支出的金额。

罚款支出指企业由于违反税收法规、经济合同等而支付的各种滞纳金和罚款。

公益性捐赠支出指企业对外进行公益性捐赠发生的支出。

非常损失指企业对于因客观因素（如自然灾害等）造成的损失，在扣除保险公司赔偿后应计入营业外支出的净损失。

二、记录营业外收支应设置的会计科目

（一）"营业外收入"科目

（1）定义：指与企业生产经营活动没有直接关系的各种收入。

（2）核算内容：包括非流动资产处置利得、政府补助、盘盈利得、捐赠利得等。

（3）明细账的设置：按小企业营业外收入项目设置明细账，进行明细核算。

（二）"营业外支出"科目

（1）定义：指不属于企业生产经营费用，与企业生产经营活动没有直接关系，但应从企业实现的利润总额中扣除的支出。

（2）核算内容：包括非流动资产处置损失、公益性捐赠支出、盘亏损失、非常损失等。

（3）明细账的设置：按小企业营业外支出项目设置明细账，进行明细核算。

三、营业外收支的业务节点与账务处理

营业外收支的业务节点与账务处理如表 10-13 所示。

表 10-13   营业外收支的业务节点与账务处理表

业务节点	账务处理
取得营业外收入	借记"银行存款"、"固定资产清理"等科目，贷记"营业外收入"科目
发生营业外支出	借记"营业外支出"科目，贷记"银行存款"、"固定资产清理"、"待处理财产损溢"等科目

任务实施

任务实施一　营业外收入的核算

2013 年 12 月 28 日，财务科收到生产车间工人张豪强、胡英明每人罚款 1 000 元，现金收讫，如图 10-7 所示。

罚款通知单

财务科：

　　生产车间工人张豪强、胡英明，无故旷工十天。为严肃公司纪律，以防类似事件再次发生，经经理办公会研究决定，每人罚款壹仟元，交到你处。请查收！

现金收讫

经理办公室

2013 年 12 月 28 日

图 10-7　罚款通知单

根据罚款通知单、现金收据编制会计分录如下。

借：库存现金   2 000

  贷：营业外收入——罚款收入   2 000

任务实施二 营业外支出的核算

2013 年 12 月 31 日江苏环宇公司开出转账支票向希望工程捐款 20 000 元。

根据收据及转账支票存根编制会计分录如下。

借：营业外支出——捐赠支出   20 000

  贷：银行存款——中国银行   20 000

第二部分 利润总额形成的核算

知识准备

一、利润总额的组成与计算过程

（一）利润总额的组成

利润是指企业在一定会计期间的经营成果，包括营业利润、利润总额和净利润。

其中，营业利润是企业利润的主要来源，它又分为主营业务利润和其他业务利润两个部分。

（二）利润总额的计算过程

主营业务利润=主营业务收入-主营业务成本-主营业务税金及附加

其他业务利润=其他业务收入-其他业务支出

营业利润=主营业务利润+其他业务利润-销售费用-管理费用-财务费用

利润总额=营业利润+投资收益+营业外收入-营业外支出

净利润=利润总额-所得税费用

二、计算、结转利润总额的科目——"本年利润"

（1）定义：核算企业当期实现的净利润（或发生的净亏损）。

（2）核算内容：贷方登记期末从损益类账户转入的、企业本期实现的构成利润总额的各种收入和利得；借方登记期末从损益类账户转入的、企业本期发生的各种影响利润总额减少的成本、费用和损失等；经过期末损益类账户的结转，本账户如果出现贷方余额，反映为企业本年度自年初至本期末累计实现的利润总额，如果出现借方余额，则反映为企业本年度自年初至本期末累计发生的亏损总额。

（3）明细账的设置：一般不设置明细账。

三、结转利润总额的业务节点与账务处理

结转利润总额的业务节点与账务处理如表 10-14 所示。

表 10-14　　　　　　　　　结转利润总额的业务节点与账务处理表

业务节点	账务处理
将收入、利得转入"本年利润"	借记"主营业务收入"、"其他业务收入"、"营业外收入"等科目，贷记"本年利润"科目
将费用、损失（不含所得税）转入"本年利润"	借记"本年利润"科目，贷记"主营业务成本"、"其他业务支出"、"营业外支出"、"主营业务税金及附加"、"销售费用"、"管理费用"、"财务费用"、"资产减值损失"等科目

任务实施

利润总额的结转与计算。

江苏环宇公司平时采用表结法计算利润总额，年末一次结转损益类科目。2013 年有关损益类科目的年末余额如表 10-15 所示。

表 10-15　　　　　　　　　**2013 年损益类科目年末余额**

科目名称	借方余额	贷方余额
主营业务收入		200 000
其他业务收入		70 000
投资收益		6 000
营业外收入		5 000
主营业务成本	100 000	
其他业务支出	40 000	
主营业务税金及附加	20 000	
销售费用	10 000	
管理费用	5 000	
财务费用	8 000	
营业外支出	2 000	

步骤一：将收入类科目余额转入"本年利润"科目贷方。

借：主营业务收入	200 000
其他业务收入	70 000
投资收益	6 000
营业外收入	5 000
贷：本年利润	281 000

步骤二：将成本费用类科目余额转入"本年利润"科目借方。

借：本年利润	185 000
贷：主营业务成本	100 000
其他业务支出	40 000
主营业务税金及附加	20 000
销售费用	10 000

管理费用　　　　　　　　　　　　　　　　5 000

财务费用　　　　　　　　　　　　　　　　8 000

营业外支出　　　　　　　　　　　　　　　2 000

　　步骤三：计算利润总额。

利润总额= 200 000-185 000=15 000（元）

第三部分　　所得税费用的会计核算

📊 **知识准备**

一、所得税费用的认知

所得税费用是指企业按税法规定向国家缴纳所得税形成的费用。

二、应交所得税的计算

当期应交所得税=应纳税所得额×所得税税率

应纳税所得额是在企业税前会计利润（即利润总额）的基础上调整确定的，计算公式为：

应纳税所得额=税前会计利润+纳税调整增加额-纳税调整减少额

纳税调整增加额主要包括税法规定允许扣除项目中，企业已计入当期费用但超过税法规定扣除标准的金额（如超过税法规定标准的职工福利费、工会经费、职工教育经费、业务招待费、公益性捐赠支出、广告费和业务宣传费等），以及企业已计入当期损益但税法规定不允许扣除项目的金额（如税收滞纳金、罚金、罚款等）。

纳税调整减少额主要包括按税法规定允许弥补的亏损和准予免税的项目，如前五年内未弥补亏损、国债利息收入和符合条件的居民企业取得的股息、红利等权益性投资收益等。

提醒你　　企业的税前会计利润是企业根据会计制度、会计准则核算出来的，而应纳税所得额则是根据税法计算出来的。生产经营过程中，企业应按所得税法的规定计算缴纳所得税。所以一个企业是否应交所得税，不取决于有没有会计利润，而取决于有没有应纳税所得额。

三、"所得税费用"科目

（1）定义：核算小企业确认的应从当期利润总额中扣除的所得税费用。

（2）核算内容：资产负债表日，企业按照税法规定计算确定的当期应交所得税，借记本科目（当期所得税费用），贷记"应交税费——应交所得税"科目；期末，应将本科目的余额转入"本年利润"科目，结转后本科目无余额。

（3）明细账的设置：按"当期所得税费用"进行明细核算。

四、所得税费用的确认方法

《小企业会计准则》规定，小企业采用应付税款法计算所得税。应付税款法是指企业不确认时间差异对所得税的影响金额，把当期计算的应交所得税确认为所得税费用的方法。在应付税款法下，当期所得税费用等于当期应交的所得税。

五、账务处理

所得税费用的业务节点与账务处理如表 10-16 所示。

表 10-16　　　　　　　**所得税费用的业务节点与账务处理表**

业务节点	账务处理
资产负债表日，核算企业应缴纳的所得税费用	借记"所得税费用"科目，贷记"应交税费——应交所得税"科目
结转所得税（计算出企业的净利润）	借记"本年利润"科目，贷记"所得税费用"科目

任务实施

江苏环宇公司 2013 年度按小企业会计准则计算的税前会计利润为 80 000 元，所得税税率为 25%。经查，公司当年营业外支出中有 2 000 元为税收滞纳金，投资收益中含国债利息收入 20 000 元。假定江苏环宇公司全年无其他纳税调整因素，请计算其应缴纳的所得税费用。

步骤一：计算当期应交所得税

分析：税收滞纳金是不可以扣除的，另外国债利息收入是免征所得税的。

应纳税所得额=80 000+2 000-20 000=62 000（元）

当期应交所得税额=62 000×25%=15 500（元）

步骤二：根据所得税费用计算表编制会计分录如下。

借：所得税费用　　　　　　　　　　　　　　　　　　　　　15 500

　　贷：应交税费——应交所得税　　　　　　　　　　　　　　　　15 500

步骤三：将所得税费用转入"本年利润"科目中。

借：本年利润　　　　　　　　　　　　　　　　　　　　　　15 500

　　贷：所得税费用　　　　　　　　　　　　　　　　　　　　　　15 500

第四部分　分配利润的会计核算

知识准备

一、本年度可供分配的利润

可供分配的利润是企业年初未分配利润加上本年净利润和盈余公积补亏转入而形成的。

二、利润分配的一般程序

企业当年实现的净利润，应当按《中华人民共和国公司法》等有关法规的规定进行分配。

分配顺序如下所述。

（1）弥补以前年度亏损。企业发生的亏损，可以用以后年度实现的利润进行弥补，但连续弥补期限不得超过五年。

（2）提取法定盈余公积。法定盈余公积按照净利润扣除弥补以前年度亏损等后的余额的10%提取，当企业盈余公积金达到注册资本的50%时可不再提取。法定盈余公积用于扩大再生产支出等。

（3）提取任意盈余公积。企业在提取法定盈余公积后，还可根据需要和可能，提取一定比例的任意盈余公积。

（4）向投资者分配利润。企业以前年度未分配的利润可以并入本年度向投资者进行分配。

小企业的可供分配利润，在经过上述分配后，如果有剩余即为年末未分配利润（或未弥补亏损）。本年度的未分配利润可留待以后年度进行分配。

三、"利润分配"科目

（1）定义：核算企业利润的分配（或亏损的弥补）和历年分配（或弥补）后的余额。

（2）核算内容：企业按规定提取的盈余公积，借记本科目（提取法定盈余公积、提取任意盈余公积），贷记"盈余公积——法定盈余公积、任意盈余公积"科目；经股东大会或类似机构决议，分配给股东或投资者的现金股利或利润，借记本科目（应付利润），贷记"应付利润"科目；用盈余公积弥补亏损，借记"盈余公积——法定盈余公积或任意盈余公积"科目，贷记本科目（盈余公积补亏）。年度终了，企业将本年实现的净利润，自"本年利润"科目转入本科目，借记"本年利润"科目，贷记本科目（未分配利润），为净亏损的做相反的会计分录；同时，将"利润分配"科目所属其他明细科目的余额转入本科目"未分配利润"明细科目。结转后，本科目除"未分配利润"明细科目外，其他明细科目应无余额。本科目年末余额，反映企业的未分配利润（或未弥补亏损）。

（3）明细账的设置：分为"提取法定盈余公积"、"提取任意盈余公积"、"应付利润"、"盈余公积补亏"和"未分配利润"等进行明细核算。

四、利润分配的业务节点与账务处理

利润分配的业务节点与账务处理如表 10-17 所示。

表 10-17   利润分配的业务节点与账务处理表

业务节点	账务处理
把本年净利润转入"利润分配——未分配利润"	借：本年利润 　　贷：利润分配——未分配利润
若为净亏损	借：利润分配——未分配利润 　　贷：本年利润
按规定提取的盈余公积	借：利润分配——提取法定盈余公积 　　　　　　　　——提取任意盈余公积 　　贷：盈余公积——法定盈余公积 　　　　　　　　——任意盈余公积
经股东大会或类似机构决议，分配给股东或投资者的现金股利或利润	借：利润分配 ——应付利润 　　贷：应付利润

业务节点	账务处理
按董事会或类似机构批准的应转增资本的金额，在办理增资手续后	借：利润分配——转作资本的利润 　　贷：实收资本等
年度终了，结转利润分配的各明细账	借：利润分配——未分配利润 　　贷：利润分配——提取法定盈余公积 　　　　　　　　——提取任意盈余公积 　　　　　　　　——应付现金股利或利润 　　　　　　　　——转作资本的利润等

任务实施

任务实施一　利润分配的核算

江苏环宇公司 2012 年初未分配利润为贷方余额 50 000 元，本年实现净利润 600 000 元，本年提取法定盈余公积 60 000 元，宣告发放现金股利 20 000 元。假定不考虑其他因素，江苏环宇公司会计处理如下。

步骤一：结转净利润。

借：本年利润　　　　　　　　　　　　　　　　　　　　600 000
　　贷：利润分配——未分配利润　　　　　　　　　　　　　　　600 000

步骤二：提取法定盈余公积。

借：利润分配——提取法定盈余公积　　　　　　　　　　60 000
　　贷：盈余公积——法定盈余公积　　　　　　　　　　　　　　60 000

步骤三：宣告发放现金股利。

借：利润分配——应付利润　　　　　　　　　　　　　　20 000
　　贷：应付利润——××股东　　　　　　　　　　　　　　　　20 000

步骤四：结转利润分配其他明细。

借：利润分配——未分配利润　　　　　　　　　　　　　80 000
　　贷：利润分配——提取法定盈余公积　　　　　　　　　　　　60 000
　　　　　　　　——应付利润　　　　　　　　　　　　　　　　20 000

任务实施二　利润及利润分配的综合练习

江苏环宇公司 2013 年末各损益类账户余额如表 10-18 所示。

表 10-18　　　　　　　　　　**2013 年末损益类账户余额**

账户名称	借方余额	贷方余额
主营业务收入		500 000
主营业务成本	300 000	
销售费用	8 000	
主营业务税金及附加	20 000	

账户名称	借方余额	贷方余额
管理费用	5 000	
财务费用	3 000	
其他业务收入		150 000
其他业务支出	100 000	
投资收益		3 000
营业外收入		10 000
营业外支出	5 000	

该企业全年投资收益中含国库券利息收入 10 000 元; 营业外支出中含税收滞纳金 5 000 元。所得税率为 25%。

步骤一: 结转损益类账户。

借: 主营业务收入　　　　　　　　　　　　　　　　　500 000

　　其他业务收入　　　　　　　　　　　　　　　　　150 000

　　营业外收入　　　　　　　　　　　　　　　　　　 10 000

　　投资收益　　　　　　　　　　　　　　　　　　　　3 000

　　贷: 本年利润　　　　　　　　　　　　　　　　　663 000

借: 本年利润　　　　　　　　　　　　　　　　　　　441 000

　　贷: 主营业务成本　　　　　　　　　　　　　　　300 000

　　　　其他业务支出　　　　　　　　　　　　　　　100 000

　　　　主营业务税金及附加　　　　　　　　　　　　 20 000

　　　　营业外支出　　　　　　　　　　　　　　　　　5 000

　　　　销售费用　　　　　　　　　　　　　　　　　　8 000

　　　　管理费用　　　　　　　　　　　　　　　　　　5 000

　　　　财务费用　　　　　　　　　　　　　　　　　　3 000

　　　　利润总额=663 000-441 000=222 000 (元)

步骤二: 计算并结转所得税费用。

　　　应纳税所得额=税前会计利润+纳税调整增加额-纳税调整减少额

　　　　　　　　　=222 000+5 000-10 000=217 000

　　　应交所得税=应纳税所得额×所得税税率=217000×25%=54 250 (元)

借: 所得税费用　　　　　　　　　　　　　　　　　　 54 250

　　贷: 应交税费——应交所得税　　　　　　　　　　 54 250

借: 本年利润　　　　　　　　　　　　　　　　　　　 54 250

　　贷: 所得税费用　　　　　　　　　　　　　　　　 54 250

　　　　净利润=222 000-54 250=167 750 (元)

步骤三: 将净利润转入利润分配。

借: 本年利润　　　　　　　　　　　　　　　　　　　167 750

　　贷: 利润分配——未分配利润　　　　　　　　　　167 750

步骤四：按税后利润的 10%提取法定盈余公积。

借：利润分配——提取法定盈余公积   16 775

    贷：盈余公积——法定盈余公积   16 775

步骤五：经研究决定向投资者分配利润 20 000 元。

借：利润分配——应付利润   20 000

    贷：应付利润   20 000

步骤六：结转利润分配其他明细。

借：利润分配——未分配利润   36 775

    贷：利润分配——提取法定盈余公积   16 775

            ——应付利润   20 000

📊 项目总结

    本项目共有三个任务，其中任务一主要讲述了收入的确认及计量，收入是指小企业在日常活动中形成的、会导致所有者权益增加的、与所有者投入资本无关的经济利益的总流入。销售商品收入同时满足下列条件的才能予以确认：企业已将商品所有权上的主要风险和报酬转移给购货方；企业既没有保留通常与所有权相联系的继续管理权，也没有对已售出的商品实施有效控制；相关的经济利益很可能流入企业；相关的已发生或将发生的成本能够可靠计量；收入的金额能够可靠计量。企业销售商品符合收入确认条件的应及时确认收入，借记"银行存款"、"应收账款"等科目，贷记"主营业务收入"、"应交税费——应交增值税（销项税额）"等科目。企业销售商品后，通常在月份终了编制"商品发出汇总表"，汇总结转已销商品、已提供劳务的实际成本，按结转的实际成本，借记"主营业务成本"科目，贷记"库存商品"等科目；企业销售商品有时存在商业折扣、现金折扣、销售折让等。商业折扣是企业为促进商品销售而在商品标价上给予的价格扣除；现金折扣是指在赊销情况下，销货企业（债权人）为鼓励债务人在规定的期限内提前付款而向债务人提供的债务扣除；销售折让是指企业因售出商品的质量不合格等原因而在售价上给予的减让。销售退回是指因售出商品不符合质量要求或违反合同规定，购销双方按合同约定达成退货协议而引起的已销商品退回的业务。已确认销售商品收入的售出商品发生销售退回，应直接冲减当期销售商品收入，同时冲减当期销售商品成本，如按规定允许扣减增值税税额的，应同时用红字冲减"应交税费——应交增值税"科目的"销项税额"专栏。企业提供劳务收入的确认原则与计量方法，因劳务开始、完成时间的差异而不同。

    本项目任务二讲述了小企业费用的核算。费用是指小企业在日常活动中发生的、会导致所有者权益减少的、与向所有者分配利润无关的经济利益的总流出。费用主要包括主营业务成本、其他业务支出、主营业务税金及附加、销售费用、管理费用和财务费用等。"主营业务税金及附加"科目核算营业税、消费税、城市维护建设税、教育费附加和资源税等；"管理费用"科目核算内容包括企业在筹建期间发生的开办费、董事会和行政管理部门在企业的经营管理中发生的或者应由企业统一负担的公司经费（包括行政管理部门职工薪酬、物料消耗、低值易耗品摊销、办公费和差旅费等）、工会经费、董事会费（包括董事会成员津贴、会议费和差旅费等）、聘请中介机构费、咨询费（含顾问费）、诉讼费、业务招待费、房产税、车船使用税、土地使用税、印花税、技术转让费、矿产资源补偿费、研究费用、排污费及企业生产车间（部门）和行政管理部门发生的固定资产修理费等；"财务费用"科目核算利息支出（减利息收入）、汇兑损益及相关的手续费、企业发生的现金折扣或收到的现金折扣等；"销售费用"科目核算内容包括小企业在销售商品过程中发生的包装费、保险费、展览费和广告费、商品维修费、预计产品质量保证损失、运输费、装卸费等费用，以及企业发生的为销售本企业商品而专设的销售机构的职工薪酬、业务费、折旧费、固定资产修理费等费用。

　　本项目任务三主要讲述了利润的形成及分配。利润是指企业在一定会计期间的经营成果，包括营业利润、利润总额和净利润。其中，营业利润是企业利润的主要来源，它又分为主营业务利润和其他业务利润两个部分。主营业务利润=主营业务收入-主营业务成本-主营业务税金及附加；其他业务利润=其他业务收入-其他业务支出；营业利润=主营业务利润+其他业务利润-销售费用-管理费用-财务费用；利润总额=营业利润+投资收益+营业外收入-营业外支出；净利润=利润总额-所得税费用。在实际工作中，利润的核算方法有"账结法"、"表结法"两种，每月月末，企业可根据实际情况自行选用，年终则都要采用"账结法"。资产负债表日核算企业应缴纳的所得税费用时，借记"所得税费用"科目，贷记"应交税费——应交所得税"科目；结转所得税时，借记"本年利润"科目，贷记"所得税费用"科目。利润分配的一般程序如下：弥补以前年度亏损；提取法定盈余公积；提取任意盈余公积；向投资者分配利润。企业应通过"利润分配"科目，核算企业利润的分配（或亏损的弥补）和历年分配（或弥补）的未分配利润（或未弥补亏损）。

项目十一
编制会计报表、呈现经营状况

项目导航

知识目标

- 知悉财务会计报告的含义；
- 知悉资产负债表的含义及结构，掌握资产负债表相关项目的填列；
- 知悉净利润的核算，掌握利润表相关项目的填列；
- 了解现金流量表的内容及结构，理解其编制方法。

能力目标

- 能描述财务会计报告的组成部分；
- 能说出资产负债表的基本结构；
- 能分析计算资产负债表中的有关项目、编制资产负债表；
- 能辨析资产负债表与利润表的区别；
- 能写出利润表的五大项目；
- 能根据有关项目计算净利润，编制利润表；
- 能说出现金流量的类型和现金流量表的格式。

　　财务会计报告是指企业对外提供的反映企业某一特定日期的财务状况和某一会计期间的经营成果、现金流量等会计信息的文件。财务报告（又称财务会计报告）包括财务报表和其他应当在财务报告中披露的相关信息和资料。财务报表是对企业财务状况、经营成果和现金流量的结构性表述，是财务报告的核心。财务报表至少应当包括下列组成部分（四表一注）：

　　（1）资产负债表；

　　（2）利润表；

　　（3）现金流量表；

　　（4）所有者权益（或股东权益，下同）变动表；

　　（5）附注。

　　按财务报表编报期间的不同，可以分为中期财务报表和年度财务报表。中期财务报表是以短于一个完整会计年度的报告期间为基础编制的财务报表，包括月报、季报和半年报等。中期财务报表至少应当包括资产负债表、利润表、现金流量表和附注。与年度财务报表相比，中期财务报表中的附注披露可适当简略。

任务一　编制资产负债表

任务导入

资产负债表是反映企业特定时点财务状况信息的报表，反映了企业会计主体占有的资产和承担的负债和所有者权益，展现了资金的来源和运用情况。资产负债表包含不同的项目，有助于报表使用者判断企业生产经营活动的状况和面临的风险，并做出决策。资产负债表具有重要的意义，那资产负债表是如何编制的呢？作为会计人员应如何掌握资产负债表的相关知识呢？

知识准备

一、资产负债表的认知

（一）资产负债表的概念

资产负债表是反映企业在某一特定日期（如月末、季末、年末）财务状况的报表。资产负债表是根据"资产=负债+所有者权益"这一会计等式，按照一定的分类标准和顺序，将企业在一定日期的资产、负债、所有者权益各项目进行适当排列，对大量数据进行整理汇总后编制的。

（二）资产负债表的作用

资产负债表主要提供有关企业财务状况方面的信息，即某一特定日期关于企业资产、负债、所有者权益及相互关系的信息。资产负债表的作用如下所述。

（1）可以提供某一日期资产的总额及其结构，表明企业拥有或控制的资源及分布情况，使用者可以一目了然地从资产负债表上了解企业在某一特定日期所拥有的资产总量及结构。

（2）可以提供某一日期的负债总额及其结构，表明企业未来需要用多少资产或劳务清偿债务及清偿时间。

（3）可以反映所有者拥有的权益，据以判断资本保值、增值的情况及对负债的保障程度。

（三）资产负债表的结构

在我国，小企业的资产负债表采用账户式结构。账户式资产负债表是将资产负债表分为左右两方，资产项目列在报表的左方，负债和所有者权益项目列在报表的右方，使资产负债表左右两方数额平衡。资产和负债分流动资产和非流动资产、流动负债和非流动负债列示。具体格式如表 11-1 所示。

表 11-1　　　　　　　　　　资产负债表　　　　　　　　　会小企 01 表

编制单位：　　　　　　　　　　年　月　日　　　　　　　　金额单位：元

资产	行次	期末余额	年初余额	负债和所有者权益	行次	期末余额	年初余额
流动资产：				流动负债：			
货币资金	1			短期借款	24		
短期投资	2			应付账款	25		
应收票据	3			预收账款	26		
应收账款	4			应付职工薪酬	27		
预付账款	5			应交税费	28		
应收股利	6			应付利息	29		
应收利息	7			应付利润	30		
其他应收款	8			其他应付款	31		
存货	9			其他流动负债	32		
其他流动资产	10			流动负债合计	33		
流动资产合计	11						
非流动资产：				非流动负债：			
长期债券投资	12			长期借款	34		
长期股权投资	13			递延收益	35		
固定资产原价	14			其他非流动负债	36		
减：累计折旧	15			非流动负债合计	37		
固定资产账面价值	16			负债合计	38		
固定资产清理	17			所有者权益（或股东权益）：			
生产性生物资产	18			实收资本（或股本）	39		
无形资产	19			资本公积	40		
长期待摊费用	20			盈余公积	41		
其他非流动资产	21			未分配利润	42		
非流动资产合计	22			所有者权益（或股东权益）合计	43		
资产总计	23			负债和所有者权益总计	44		

1．"年初余额"的填列

本表中的"年初余额"栏通常根据上年末有关项目的期末余额填列，且与上年末资产负债表"期末余额"栏相一致。如果本年度资产负债表规定的各个项目名称和内容同上年度不一致，应对上年年末资产负债表各项目的名称和内容按本年度的规定进行调整，按调整后的数字填入本表"年初余额"栏内。

2．"期末余额"的填列

"期末余额"是指某一会计期末的数字，如月末或年末的数字。资产负债表各项目"期末余额"的数据来源，可以通过以下几种方式取得。

（1）直接根据总账账户的余额编制。

（2）根据几个总账账户的余额计算编制。

（3）根据有关明细账账户的余额计算编制。

（4）根据总账账户和明细账账户的余额分析计算编制。

（5）根据有关资产账户与其备抵账户抵销后的净额编制。

（6）备查登记簿记录。

（四）资产负债表各项目的填列方法

1．资产项目的填列

（1）"货币资金"项目，反映企业库存现金、银行结算户存款、外埠存款、银行汇票存款、银行本票存款、信用卡存款、信用证保证金存款等的合计数。本项目应根据"库存现金"、"银行存款"、"其他货币资金"科目期末余额的合计数填列。

（2）"短期投资"项目，反映小企业购入的各种能随时变现并准备随时变现的、持有时间不超过 1 年（含 1 年）的股票、债券和基金的余额。本项目应根据"短期投资"账户的期末余额填列。

（3）"应收票据"项目，反映小企业因销售商品、提供劳务等而收到的商业汇票，包括银行承兑汇票和商业承兑汇票。本项目应根据"应收票据"科目的期末余额填列。已向银行贴现和已背书转让的应收票据，不包括在本项目中，其中已贴现的商业承兑汇票应在会计报表附注中单独披露。

（4）"应收账款"项目，反映企业因销售商品、提供劳务等经营活动应收取的款项。本项目应根据"应收账款"和"预收账款"科目所属各明细科目的期末借方余额合计数填列。如果"应收账款"科目所属明细科目期末有贷方余额的，应在资产负债表"预收款项"项目内填列。

（5）"预付账款"项目，反映小企业按照合同规定预付的款项，包括根据合同规定预付的购货款、租金。本项目应根据"预付账款"和"支付账款"科目所属各明细科目的期末借方余额合计数填列。

（6）"应收利息"项目，反映小企业因债权投资而应收取的利息。企业购入到期一次还本付息债券应收的利息，不包括在本项目内。本项目应根据"应收利息"科目的期末余额填列。

（7）"应收股利"项目，反映小企业因股权投资而应收取的现金股利。本项目应根据"应收股利"科目的期末余额填列。

（8）"其他应收款"项目，反映小企业对其他单位和个人应收和暂付的除销货款外的各种款项。本项目应根据"其他应收款"科目的期末余额填列。

（9）"存货"项目，反映小企业期末在库、在途和在加工中的各项存货的成本，包括各种原材料、在产品、半成品、产成品、商品、包装物、低值易耗品、消耗性生物资产等。本项目应根据"在途物资"、"原材料"、"生产成本"、"库存商品"、"包装物"、"低值易耗品"、"消耗性生物资产"等科目的期末余额合计数填列。

（10）"其他流动资产"项目，反映小企业除以上流动资产项目外的其他流动资产。本项目应根据有关科目的期末余额填列。

（11）"长期股权投资"项目，反映小企业不准备在1年内（含1年）变现的各种股权性质的投资的成本。本项目应根据"长期股权投资"科目的期末余额填列。

（12）"长期债券投资"项目，反映小企业不准备在1年内（含1年）变现的各种债权性质的投资的成本。本项目应根据"长期债券投资"科目的期末余额分析填列。

（13）"固定资产原价"和"累计折旧"项目，反映小企业的各种固定资产原价及累计折旧。这两个项目应根据"固定资产"科目和"累计折旧"科目的期末余额填列。融资租入的固定资产，其原价及已提折旧也包括在内。融资租入固定资产原价应在会计报表附注中另行反映。

（14）"固定资产账面价值"项目，反映小企业固定资产原价扣除累计折旧后的余额。本项目应根据"固定资产"科目的期末余额减去"累计折旧"科目的期末余额后的金额填列。

（15）"固定资产清理"项目，反映小企业因出售、毁损和报废等原因转入清理但尚未清理完毕的固定资产的净额，以及固定资产清理过程中所发生的清理费用和变价收入等各项金额的差额。本项目应根据"固定资产清理"科目的期末借方余额填列；如果"固定资产清理"科目期末为贷方余额，以"-"号填列。

（16）"生产性生物资产"项目，反映小企业生产性生物资产的账面价值。本项目应根据"生产性生物资产"科目的期末余额减去"生产性生物资产累计折旧"科目的期末余额后的金额填列。

（17）"无形资产"项目，反映小企业无形资产的账面价值。本项目应根据"无形资产"科目的期末余额填列。

（18）"长期待摊费用"项目，反映小企业尚未摊销的摊销期限在1年以上的各种费用。本项目应根据"长期待摊费用"科目的期末余额扣除将于1年内（含1年）摊销的数额后的净额填列。

（19）"其他非流动资产"项目，反映小企业除以上非流动资产外的其他非流动资产。本项目应根据有关科目的期末余额填列。

2. 负债项目的填列

（1）"短期借款"项目，反映企业向银行或其他金融机构等借入的期限在1年以下（含1年）的借款。本项目应根据"短期借款"科目的期末余额填列。

（2）"应付账款"项目，反映小企业因购买材料、商品和接受劳务供应等经营活动应支付的款项。本项目应根据"应付账款"和"预付账款"科目所属各明细科目的期末贷方余额合计数填列。如果"应付账款"科目所属明细科目期末有借方余额的，应在资产负债表"预付款项"项目内填列。

（3）"预收账款"项目，反映小企业根据合同规定销售产品、商品、提供劳务预收购买单位或个人的购货款。本项目应根据"预收账款"和"应收账款"科目所属各明细科目的期末贷方余额合计数填列。

（4）"应付职工薪酬"项目，反映小企业根据有关规定应付给职工的工资、职工福利、社会保险费、住房公积金、工会经费、职工教育经费、非货币性福利、辞退福利等各种薪酬。

（5）"应交税费"项目，反映小企业按照税法规定计算应缴纳的各种税费，包括增值税、消费税、营业税、所得税、资源税、土地增值税、城市维护建设税、房产税、土地使用税、车船使用税、教育费附加、矿产资源补偿费等。企业代扣代缴的个人所得税，也通过本项目列示。本项目应根据"应交税费"科目的期末贷方余额填列；如果"应交税费"科目期末为借方余额，应以"-"号填列。

（6）"应付利息"项目，反映小企业尚未支付的借款利息。本项目应根据"应付利息"科目的期末余额填列。

（7）"应付利润"项目，反映小企业尚未向投资者支付的利润。本项目应根据"应付利润"科目的期末余额填列。

（8）"其他应付款"项目，反映企业除应付票据、应付账款、预收款项、应付职工薪酬、应付股利、应付利息、应交税费等经营活动以外的其他各项应付、暂收的款项。本项目应根据"其他应付款"科目的期末余额填列。

（9）"其他流动负债"项目，反映小企业除以上流动负债外的其他流动负债。本项目应根据有关科目的期末余额填列。

（10）"长期借款"项目，反映企业向银行或其他金融机构借入的期限在1年以上（不含1年）的各项借款。本项目应根据"长期借款"科目的期末余额填列，还要减去将于1年内到期的长期借款。

（11）"递延收益"项目，反映小企业收到的应在以后期间计入收入的款项。本项目应根据"递延收益"科目的期末余额填列。

（12）"其他非流动负债"项目，反映企业除长期借款、应付债券等负债以外的其他非流动负债。本项目应根据有关科目的期末余额减去将于1年内（含1年）到期偿还数后的余额填列。

3. 所有者权益项目的填列

（1）"实收资本（或股本）"项目，反映企业各投资者实际投入的资本（或股本）总额。本项目应根据"实收资本"（或"股本"）科目的期末余额填列。

（2）"资本公积"项目，反映企业资本公积的期末余额。本项目应根据"资本公积"科目的期末余额填列。

（3）"盈余公积"项目，反映企业盈余公积的期末余额。本项目应根据"盈余公积"科目的期末余额填列。

（4）"未分配利润"项目，反映企业尚未分配的利润。本项目应根据"本年利润"科目和"利润分配"科目的余额计算填列。未弥补的亏损在本项目内以"-"号填列。

任务实施

任务实施一

江苏环宇公司2013年12月31日结账后，"库存现金"账户余额为12 000元，"银行存款"账户余额为2 000 000元，"其他货币资金"账户余额为80 000元。

该公司2013年12月31日的资产负债表中"货币资金"项目的金额=12 000＋2 000 000＋80 000=2 092 000（元）

任务实施二

江苏环宇公司 2013 年 12 月 31 日结账后，有关账户余额如表 11-2 所示（假设"坏账准备"科目中为应收账款计提的坏账准备是 15 000 元）。

表 11-2　　　　　　　　　　江苏环宇公司 2013 年末部分账户余额表

账户名称	借方余额	贷方余额
应收账款	1 000 000	100 000
预付账款	8 00 000	80 000
应付账款	200 000	120 000
预收账款	300 000	700 000

该公司 2013 年 12 月 31 日的资产负债表中，相关项目的金额计算如下。

"应收账款"项目金额=1 000 000+300 000-15 000=1 285 000（元）

"预付账款"项目金额=800 000+200 000=1 000 000（元）

"应付账款"项目金额=80 000+120 000=200 000（元）

"预收账款"项目金额=100 000+700 000=800 000（元）

任务实施三

江苏环宇公司 2013 年 12 月 31 日结账后，有关账户余额如下："原材料"科目余额为 800 000 元，"库存商品"科目余额为 80 000 元，"生产成本"科目余额为 30 000 元。

该公司 2013 年 12 月 31 日的资产负债表中"存货"项目的金额=800 000+80 000+30 000=910 000（元）

任务实施四

江苏环宇公司 2013 年 12 月 31 日结账后"固定资产"科目余额为 500 000 元，"累计折旧"科目余额为 45 000 元。

该公司 2013 年 12 月 31 日的资产负债表中"固定资产"项目的金额=500 000-45 000=455 000（元）

任务实施五

江苏环宇公司 2013 年 12 月末长期借款情况如表 11-3 所示。

表 11-3　　　　　　　　江苏环宇公司 2013 年 12 月末长期借款情况表

借款起始日期	借款期限（年）	金额（元）
2010 年 1 月 1 日	5	800 000
2009 年 3 月 1 日	5	400 000
2012 年 8 月 1 日	4	200 000

该公司 2013 年 12 月 31 日的资产负债表中"长期借款"项目的金额=800 000+200 000=1 000 000（元）

任务实施六

江苏环宇公司 2013 年 12 月末有关总账如下："本年利润"期末余额为 10 000 元（贷方），"利润分配"期末余额为 7 500 元（借方）。

该公司 2013 年 12 月末资产负债表中"未分配利润"项目金额为=10 000-7 500=2 500（元）

任务实施七　根据有关账户余额编制资产负债表

江苏环宇公司 2013 年 12 月 31 日结账后有关账户余额及相关资料如表 11-4 所示。

表 11-4　　江苏环宇公司 2013 年 12 月 31 日结账后有关账户余额及相关资料表

账　户	借方金额	贷方金额	备　注
库存现金	360		
银行存款	4 282 050		
应收账款			"应收账款"账户同时核算应收账款和预收账款，只有应收账款计提了坏账准备
——A 公司	40 000		
——B 公司	30 000		
——C 公司		10 000	
坏账准备		2 120	
其他应收款	220 850		
在途物资	11 680		
原材料	91 670		
包装物	13 600		
库存商品	510 000		
低值易耗品	10 000		
无形资产	106 000		
短期借款		20 000	
应付账款			"应付账款"账户同时核算应付账款和预付账款
——甲公司	10 000		
——乙公司		195 802	
长期借款		100 000	一年内到期的长期借款为 24 000 元
长期应付款		450 000	

根据以上资料计算资产负债表中以下项目的填列金额。

（1）货币资金 = 360+4 282 050=4 282 410（元）

（2）应收账款 = 40 000+30 000-2 120=67 880（元）

（3）预付账款 = 10 000（元）

（4）存货 = 11 680+91 670+13 600+510 000+10 000=636 950（元）

（5）无形资产 = 106 000（元）

（6）应付账款 = 195 802（元）

（7）预收账款 = 10 000（元）

（8）长期借款 = 100 000-24 000=76 000（元）

任务二　编制利润表

任务导入

2008 年"5·12"地震募捐晚会上，王老吉集团慷慨捐赠 1 亿元给灾区人民。此事很快就在社会上引起了巨大的反响，进而掀起一番购买"王老吉"凉茶的狂潮。王老吉集团的善举给灾区人民送去了温暖，但对公司自身有没有正面影响呢？销售额有没有提高呢？利润有没有变化呢？这些信息我们应该从哪里可以获得？

知识准备

一、利润表的认知

（一）利润表的概念

利润表又称损益表，是反映企业在一定会计期间经营成果的报表。通过利润表可以了解企业某一期间实现净利润或发生亏损情况，分析企业利润计划的执行情况及利润增减变化的原因，判断企业的盈利能力及未来一定时期内的盈利趋势。《小企业会计准则》规定，小企业应于每月月末及年末编制利润表。

（二）利润表的格式

利润表正表的格式一般有两种：单步式利润表和多步式利润表。单步式利润表是将当期所有的收入列在一起，然后将所有的费用列在一起，两者相减得出当期净损益。多步式利润表是通过对当期的收入、费用、支出项目按性质加以归类，按利润形成的主要环节列示一些中间性利润指标，分步计算当期净损益。

我国小企业利润表应当采用多步式利润表，将不同性质的收入和费用进行对比，从而可以得出一些中间性的利润数据，便于使用者理解企业经营成果的不同来源。其格式如表 11-5 所示。

表 11-5　　　　　　　　　　　　　　利润表　　　　　　　　　　会小企 02 表

编制单位：　　　　　　　　　　年　　月　　　　　　　　金额单位：元

项　　目	行　　次	本期金额	上期金额
一、主营业务收入	1		
减：主营业务成本	2		
主营业务税金及附加	3		
二、主营业务利润（亏损以"-"号填列）	4		
加：其他业务收入	5		
投资收益（损失以"-"号填列）	6		

项　　目	行　次	本期金额	上期金额
减：其他业务支出	7		
销售费用	8		
财务费用	9		
管理费用	10		
三、营业利润（亏损以"-"号填列）	11		
加：营业外收支净额（亏损以"-"号填列）	12		
四、利润总额（亏损总额以"-"号填列）	13		
减：所得税费用	14		
五、净利润（净亏损以"-"号填列）	15		

二、利润表各项目的填列方法

（一）上期金额栏的填列方法

利润表"上期金额"栏内各项数字，应根据上年该期利润表"本期金额"栏内所列数字填列。如果上年该期利润表规定的各个项目的名称和内容同本期不一致，应对上年该期利润表各项目的名称和数字按本期的规定进行调整，填入利润表"上期金额"栏内。

（二）本期金额栏的填列方法

（1）"主营业务收入"项目，反映小企业经营主要业务所取得的收入总额。本项目应根据"主营业务收入"科目的发生额填列。

（2）"主营业务成本"项目，反映小企业经营主要业务发生的实际成本。本项目应根据"主营业务成本"科目的发生额填列。

（3）"主营业务税金及附加"项目，反映小企业经营主要业务应负担的营业税、消费税、城市维护建设税、资源税、土地增值税和教育费附加等。本项目应根据"主营业务税金及附加"科目的发生额填列。

（4）"主营业务利润"项目，反映小企业当期主营业务实现的利润。本项目根据"主营业务收入"扣除"主营业务成本"和"主营业务税金及附加"后的净额填列。如果为亏损总额，以"-"号填列。

（5）"其他业务收入"项目，反映小企业除主营业务以外取得的收入。本项目应根据"其他业务收入"科目的发生额填列。

（6）"投资收益"项目，反映小企业以各种方式对外投资所取得的收益。本项目应根据"投资收益"科目的发生额填列；如果为投资损失，以"-"号填列。

（7）"其他业务支出"项目，反映小企业除主营业务以外发生的支出。本项目应根据"其他业务支出"科目的发生额填列。

（8）"销售费用"项目，反映小企业在销售商品过程中发生的费用。本项目应根据"销售费用"科目的发生额填列。

（9）"财务费用"项目，反映小企业发生的财务费用。本项目应根据"财务费用"科目的发生额填列。

（10）"管理费用"项目，反映小企业发生的管理费用。本项目应根据"管理费用"科目的发生额填列。

（11）"营业利润"项目，反映小企业当期主营业务和其他业务实现的利润。本项目应根据"主营业务利润"加上"其他业务收入"、"投资收益"，扣除"其他业务支出"、"销售费用"、"财务费用"和"管理费用"后的净额填列。如果为亏损总额，以"－"号填列。

（12）"营业外收支净额"项目，反映小企业发生的与其生产经营无直接关系的各项收入扣除支出后的净额。本项目应根据"营业外收入"科目的发生额减去"营业外支出"科目的发生额后的金额填列。如果为损失，以"－"号填列。

（13）"利润总额"项目，反映小企业实现的利润总额。如果为亏损总额，以"－"填号填列。

（14）"所得税费用"项目，反映小企业按规定从本期应纳税所得税额中扣除的所得税费用。本项目应根据"所得税费用"科目的发生额填列。

（15）"净利润"项目，反映小企业实现的净利润。本项目应根据应纳税所得额扣除所得税费用后的金额填列。如果为净亏损，以"－"号填列。

任务实施

根据有关损益类账户的发生额编制利润表。

江苏环宇公司2013年度有关损益类科目累计发生净额如表11-6所示。

表11-6 　　　　江苏环宇公司2013年度损益类科目累计发生净额 　　　　金额单位：元

科目名称	借方发生额	贷方发生额
主营业务收入		625 000
主营业务成本	375 000	
主营业务税金及附加	1 000	
销售费用	10 000	
管理费用	78 550	
财务费用	20 750	
投资收益		15 750
营业外收入		25 000
营业外支出	9 850	
所得税费用	38 787.50	

根据上述资料，编制2013年度利润表，如表11-7所示。

表11-7 　　　　　　　　　　　利润表

编制单位：江苏环宇公司 　　　　　　　2013年 　　　　　　　金额单位：元

项　　目	行　次	本期金额	上期金额
一、主营业务收入	1	625 000	
减：主营业务成本	2	375 000	
主营业务税金及附加	3	1 000	
二、主营业务利润（亏损以"－"号填列）	4	249 000	

项　　目	行　次	本期金额	上期金额
加：其他业务收入	5	—	
投资收益（损失以"—"号填列）	6	15 750	
减：其他业务支出	7	—	
销售费用	8	10 000	
财务费用	9	20 750	
管理费用	10	78 550	
三、营业利润（亏损以"—"号填列）	11	155 450	
加：营业外收支净额（亏损以"—"号填列）	12	15 150	
四、利润总额（亏损总额以"—"号填列）	13	170 600	
减：所得税费用	14	38 787.50	
五、净利润（净亏损以"—"号填列）	15	131 812.5	

任务三　编制现金流量表

任务导入

　　某中型企业利润表显示本期净利润额为 2 000 万元，但当股东大会决定要求支付 1 000 万元现金股利时，财务处长说账面没钱，公司现在财务困难，不能支付大额现金股利，请问：为什么会有这种现象出现？企业的货币资金为何与利润额不相等？其实这就体现了现金流量的重要性。现金是企业经营的血液，是企业最基本的流动资产之一，一个盈利丰厚的企业可能因为现金不足而陷入困境甚至破产倒闭。基于人们对现金流量的重视，现金流量表应运而生。

知识准备

一、现金流量表的认知

（一）现金流量表的概念

　　现金是指企业库存现金以及可以随时用于支付的存款。不能随时用于支付的存款不属于现金。

　　现金等价物是指小企业持有的期限短、流动性强、易于转换为已知金额现金、价值变动风险很小的投资。期限短一般是指从购买日起三个月内到期。现金等价物通常包括三个月内到期的债券投资等。权益性投资变现的金额通常不确定，因而不属于现金等价物。

　　现金流量表是指反映企业在一定会计期间现金和现金等价物流入和流出的报表。

（二）现金流量的分类

现金流量是指现金和现金等价物的流入和流出，可以分为三类，即经营活动产生的现金流量、投资活动产生的现金流量和筹资活动产生的现金流量。

1. 经营活动产生的现金流量

经营活动是指企业投资活动和筹资活动以外的所有交易和事项，包括销售商品或提供劳务、购买商品或接受劳务、收到税费返还、支付职工薪酬、支付各项税费、支付广告费用等。

2. 投资活动产生的现金流量

投资活动是指企业长期资产的购建和不包括在现金等价物范围内的投资及处置活动，包括取得和收回投资、购建和处置固定资产、购买和处置无形资产等。

3. 筹资活动产生的现金流量

筹资活动是指导致企业资本及债务规模和构成发生变化的活动，包括发行股票或接受投入资本、分派现金股利、取得和偿还银行借款、发行和偿还公司债券等。

二、现金流量表的内容和结构

现金流量表包括正表和补充资料两部分。

（一）现金流量表的正表

正表是现金流量表的主体，小企业一定会计期间现金流量的信息主要由正表提供。正表采用报告式的结构，按照现金流量的性质，依次分类反映经营活动产生的现金流量、投资活动产生的现金流量和筹资活动产生的现金流量，最后汇总反映小企业现金及现金等价物净增加额。在有外币现金流量折算为人民币的小企业中，正表中还应单设"汇率变动对现金的影响"项目，以反映小企业外币现金流量折算为人民币时，所采用的现金流量发生日的汇率折算的人民币金额与"现金及现金等价物增加额"中外币现金净增加额按期末汇率折算的人民币金额之间的差额。正表结构如表 11-8 所示。

表 11-8   现金流量表

编制单位：   年   月   金额单位：元

项　　目	行次	本期金额	上期金额
一、经营活动产生的现金流量：			
销售产成品、商品、提供劳务收到的现金	1		
收到其他与经营活动有关的现金	2		
购买原材料、商品、接受劳务支付的现金	3		
支付的职工薪酬	4		
支付的税费	5		
支付的其他与经营活动有关的现金	6		
经营活动产生的现金流量净额	7		
二、投资活动产生的现金流量：			
处置固定资产和无形资产收回的现金净额	8		
收回短期投资、长期债券投资和长期股权投资收到的现金	9		
取得投资收益收到的现金	10		
购建固定资产和无形资产支付的现金	11		

项　　目	行次	本期金额	上期金额
短期投资、长期债券投资和长期股权投资支付的现金	12		
投资活动产生的现金流量净额	13		
三、筹资活动产生的现金流量：			
取得借款收到的现金	14		
吸收投资者投资收到的现金	15		
偿还借款本息支付的现金	16		
分配利润支付的现金	17		
筹资活动产生的现金流量净额	18		
四、现金净增加额	19		
加：期初现金余额	20		
五、期末现金余额	21		

（二）现金流量表补充资料

补充资料包括以下三部分内容。

（1）将净利润调节为经营活动的现金流量（即按间接法编制的经营活动现金流量）。

（2）不涉及现金收支的投资和筹资活动。

（3）现金及现金等价物净变动情况。

三、现金流量表的填列方法

（一）现金流量表主表中各项目的填列

现金流量表主表中各项目填列的方法一般是采用直接法。具体工作中又分为工作底稿法、T形账户法和分析调整法，使用较多的是分析调整法。

分析调整法：根据本期发生的全部经济业务，通过对利润表和资产负债表中的全部项目进行调整编制现金流量表。

1．经营活动产生的现金流量

（1）"销售产成品、商品、提供劳务收到的现金"项目

该项目反映小企业本期销售产成品、商品、提供劳务收到的现金（含销售收入和应向购买者收取的增值税额），主要包括：本期销售商品和提供劳务本期收到的现金，前期销售商品和提供劳务本期收到的现金，本期预收的商品款和劳务款等，本期发生销货退回而支付的现金应从销售商品或提供劳务收入款项中扣除。本项目可以根据"库存现金"、"银行存款"、"应收账款"、"应收票据"、"预收账款"、"主营业务收入"和"其他业务收入"科目的本期发生额分析填列。

（2）"收到其他与经营活动有关的现金"项目

该项目反映小企业本期收到的其他与经营活动有关的现金，如罚款收入、流动资产损失中由个人赔偿的现金收入。本项目可以根据"库存现金"、"银行存款"和"营业外收入"科目的本期发生额分析填列。

（3）"购买原材料、商品、接受劳务支付的现金"项目

该项目反映小企业购买原材料、商品、接受劳务支付的现金，主要包括：本期购买商品、

接受劳务本期支付的现金（包括支付的增值税进项税额），本期支付前期购买商品、接受劳务的未付款项和本期预付款项。本期发生购货退回而收到的现金应从购买商品或接受劳务支付的款项中扣除。本项目可以根据"库存现金"、"银行存款"、"应付账款"、"应付票据"、"原材料"、"库存商品"等科目的本期发生额分析填列。

（4）"支付的职工薪酬"项目

该项目反映小企业本期向职工支付的薪酬，包括本期实际支付给职工的工资、奖金、各种津贴和补贴等，以及为职工支付的其他费用。支付给在建工程人员的工资，在"购建固定资产、无形资产和其他长期资产所支付的现金"项目中反映。本项目可以根据"库存现金"、"银行存款"、"应付职工薪酬"科目的本期发生额分析填列。

（5）"支付的税费"项目

该项目反映小企业按规定支付的各种税费，包括小企业本期发生并支付的税费，以及本期支付以前各期发生的税费和本期预交的税金。如预交的营业税、土地增值税、房产税、车船使用税、印花税、教育费附加、矿产资源补偿费等，但不包括计入固定资产价值的、实际支付的耕地占用税，也不包括因多计等原因于本期退回的各项税费。本项目可以根据"库存现金"、"银行存款"、"应付税费"等科目的本期发生额分析填列。

（6）"支付的其他与经营活动有关的现金"项目

该项目反映小企业除上述各项目外所支付的其他与经营活动有关的现金，如经营租赁支付的租金、支付的罚款、差旅费、业务招待费、保险费等。本项目可以根据"库存现金"、"银行存款"等科目的本期发生额分析填列。

2. 投资活动产生的现金流量

（1）"处置固定资产和无形资产收回的现金净额"项目

该项目反映小企业处置固定资产和无形资产取得的现金，减去为处置这些资产而支付的有关费用后的净额。本项目可以根据"库存现金"、"银行存款"、"固定资产清理"等科目的记录分析填列。

（2）"收回短期投资、长期债券投资和长期股权投资收到的现金"项目

该项目反映小企业出售、转让或到期收回短期投资、长期股权投资而收到的现金，以及收回长期债券投资本金而收到的现金。不包括长期债权投资收回的利息。本项目可以根据"库存现金"、"银行存款"、"短期投资"、"长期股权投资"、"长期债券投资"等科目的记录分析填列。

（3）"取得投资收益收到的现金"项目

该项目反映小企业因权益性投资和债权性投资取得的现金股利和利息。本项目可以根据"库存现金"、"银行存款"、"投资收益"等科目的记录分析填列。

（4）"购建固定资产和无形资产支付的现金"项目

该项目反映小企业购买、建造固定资产和取得无形资产支付的现金，不包括为购建固定资产而发生的借款利息资本化的部分，以及融资租入固定资产支付的租赁费。小企业支付的借款利息和融资租入固定资产支付的租赁费在筹资活动产生的现金流量中反映。本项目可以根据"库存现金"、"银行存款"、"固定资产"、"在建工程"、"无形资产"等科目的记录分析填列。

（5）"短期投资、长期债券投资和长期股权投资支付的现金"项目

该项目反映小企业进行权益性投资和债权性投资支付的现金，包括小企业取得短期股票投资、短期债券投资、短期基金投资、长期债券投资、长期股权投资支付的现金，以及支付的佣金、手续费等交易费用。本项目可以根据"库存现金"、"银行存款"、"短期投资"、"长

期债券投资"、"长期股权投资"等科目的记录分析填列。

3. 筹资活动产生的现金流量

（1）"取得借款收到的现金"项目

该项目反映小企业举借各种短期、长期借款收到的现金。本项目可以根据"库存现金"、"银行存款"、"短期借款"、"长期借款"等科目的记录分析填列。

（2）"吸收投资者投资收到的现金"项目

该项目反映小企业收到的投资者投入的现金，可以根据"库存现金"、"银行存款"、"实收资本"等科目的记录分析填列。

（3）"偿还借款本息支付的现金"项目

该项目反映小企业以现金偿还借款的本金和利息，可以根据"库存现金"、"银行存款"、"短期借款"、"长期借款"、"应付利息"等科目的记录分析填列。

（4）"分配利润支付的现金"项目

该项目反映小企业实际支付的利润。可以根据"库存现金"、"银行存款"、"应付利润"等科目的记录分析填列。

（二）现金流量表补充资料填列

1. 将净利润调节为经营活动现金流量

现金流量表补充资料填列一般采用间接法，既从净利润开始，加上实际没有支付现金的费用，剔除不属于经营活动的损益，加上经营应收应付项目的增减变动，把净利润调整为经营活动现金流量净额，如表11-9所示。

表11-9　　　　　　　　　　现金流量表补充资料填列

补 充 资 料	
将净利润调节为经营活动现金流量：	
净利润	
加：资产减值准备	实际没有支付现金的费用
固定资产折旧、油气资产折耗、生产性生物资产折旧	
无形资产摊销	
长期待摊费用摊销	
处置固定资产、无形资产和其他长期资产的损失（收益以"-"号填列）	
固定资产报废损失（收益以"-"号填列）	
公允价值变动损失（收益以"-"号填列）	不属于经营活动的损益
财务费用（收益以"-"号填列）	
投资损失（收益以"-"号填列）	
递延所得税资产减少（增加以"-"号填列）	
递延所得税负债增加（减少以"-"号填列）	
存货的减少（增加以"-"号填列）	
经营性应收项目的减少（增加以"-"号填列）	经营应收应付项目的增减变动
经营性应付项目的增加（减少以"-"号填列）	
其他	
经营活动产生的现金流量净额	

2. 不涉及现金收支的重大投资和筹资活动

3. 现金及现金等价物净变动情况

🏃 任务实施

任务实施一　计算"销售产成品、商品、提供劳务收到的现金"

江苏环宇公司2013年有关经营资料如下：①应收账款项目：年初数100万元，年末数120万元；②应收票据项目：年初数40万元，年末数20万元；③预收款项项目：年初数80万元，年末数90万元；④主营业务收入6 000万元；⑤应交税费——应交增值税（销项税额）1 020万元。

步骤一：先假设主营业务收入6 000万元和应交税费——应交增值税（销项税额）1 020万元全部收到现金，则此时的"销售产成品、商品、提供劳务收到的现金"=7 020万元。

步骤二：再对上述假设不成立的地方进行调整：如应收账款项目年末比年初增加20万元，表示"应收账款"项目在上面的收入中有20万元的收入没有收到现金，应减少"销售产成品、商品、提供劳务收到的现金"20万元；应收票据项目年末比年初减少20万元，表示"应收票据"项目不仅今年的收入全部收到现金，而且把去年的应收票据要回来20万元，应增加"销售产成品、商品、提供劳务收到的现金"20万元；预收款项项目年末比年初增加10万元，表示"预收款项"项目今年又增加了10万元的预收款的现金流入，应增加"销售产成品、商品、提供劳务收到的现金"10万元。

步骤三：计算"销售产成品、商品、提供劳务收到的现金"=（6 000+1 020）+（100-120）+（40-20）+（90-80）=7 030（万元）。

任务实施二　计算"购买原材料、商品、接受劳务支付的现金"

江苏环宇公司2013年有关经营资料如下：①存货项目：年初数为100万元，年末数为80万元；②应付账款项目：年初数100万元，年末数120万元；③应付票据项目：年初数40万元，年末数20万元；④预付款项目：年初数80万元，年末数90万元；⑤主营业务成本4 000万元；⑥应交税费——应交增值税（进项税额）600万元；⑦生产成本中直接工资项目和制造费用中车间管理人员工资共计100万元，本期制造费用发生额为60万元（其中消耗的物料为5万元）。

步骤一：先假设主营业务成本4 000万元全部从存货结转而来，而且和应交税费——应交增值税（进项税额）600万元全部以现金支付，则此时的"购买原材料、商品、接受劳务支付的现金"=4 600万元。

步骤二：再对上述假设不成立的地方进行调整：就存货项目而言，年末比年初减少20万元，本期领用的存货中有20万元是期初的，是上期购入的，在本期没有现金流出，应减少"购买原材料、商品、接受劳务支付的现金"20万元；就应付账款项目而言，年末比年初增加20万元，今年购入存货有20万元的营业成本没有支付现金，应减去"购买原材料、商品、接受劳务支付的现金"20万元；应付票据项目年末比年初减少20万元，表示"应付票据"项目不仅今年购入的存货全部支付现金，而且偿还去年的应付票据20万元现金，应增加"购买原材料、商品、接受劳务支付的现金"20万元；预付款项目年末比年初增加10万元，表示"预付款项"项目今年又增加了10万元的预付款的现金流出，应增加"购买原材料、商品、接受劳务支付的现金"10万元。生产成本中直接工资项目和制造费用中车间管理人员工资共计100万元，应通过"支付的职工薪酬"项目计算，减去100万元；制造费用发生额没有产生现金流量应减去，但是，消耗的物料的价值已经包含在"本期购入的存货"中，为了避免重复计算，应该将制造费用中由物料形成的部分扣除，应减少"购买原材料、商品、接受劳务支付的现金"5万元。

步骤三：计算"购买原材料、商品、接受劳务支付的现金"＝（4 000＋600）＋（80-100）＋（100-120）＋（40-20）＋（90-80）-（100＋5）＝4 485（万元）。

任务实施三　计算"支付的职工薪酬"

有关职工薪酬资料如表11-10所示。

表11-10　　　　　　　　　　　职工薪酬资料　　　　　　　　　金额单位：万元

项　目		年初数	本期分配或计提数	期末数
应付职工薪酬	生产工人工资	10	100	8
	车间管理人员工资	4	50	3
	行政管理人员工资	6	80	4.5
	在建工程人员工资	2	30	1.5
	合计	22	260	17

步骤一：先假设本期分配应付职工薪酬全部以现金支付，则"支付的职工薪酬"＝260万元。

步骤二：再对上述假设不成立的地方进行调整：在建工程人员的工资及奖金应在"购建固定资产、无形资产支付的现金"项目中反映，计算本项目时，不予考虑在建工程人员工资，"支付的职工薪酬"应减少30万元，另外，应付职工薪酬项目年初数为20万元（剔除在建工程人员），期末数为15.5万元（剔除在建工程人员），表示"应付职工薪酬"项目不仅本年分配的工资230万元用现金支付了，而且上一年的应付职工薪酬还支付了4.5万元，"支付的职工薪酬"应增加4.5万元。

步骤三：计算"支付的职工薪酬"＝260-30＋4.5＝234.5（万元）。

任务实施四　计算"支付的税费"

有关资料如下：①2013年利润表中的所得税费用为5万元（均为当期应交所得税产生的所得税费用）；②"应交税费——应交所得税"科目年初数为2万元，年末数为1万元。③"应交税费——应交增值税（已交税金）"借方发生额3万元、"应交税费——应交增值税（未缴增值税）"借方发生额7万元；④利润表中"主营业务税金及附加等"1.2万元；"应交税费"其他明细科目年初数与年末数相等；⑤管理费用中的印花税、车船税等计0.2万元。

步骤一：支付的所得税费用=5+（2-1）=6（万元）。

步骤二：支付的增值税=3+7=10（万元）。

步骤三：支付的城建税、教育费附加等=1.2（万元）。

步骤四：支付的印花税、车船税=0.2（万元）。

步骤五：计算"支付的税费"=6+10+1.2+0.2=17.4（万元）。

任务实施五　计算"支付其他与经营活动有关的现金"

2013年度发生的管理费用为22万元，其中：以现金支付管理人员工资9万元，存货盘亏损失2万元，计提固定资产折旧4万元，无形资产摊销2万元，其余均以现金支付。

步骤一：先假设2013年度发生的管理费用22万元全部以现金支付。

步骤二：再对上述假设不成立的地方进行调整：管理人员工资9万元应计入到"支付的职工薪酬"项目，应减去9万元；存货盘亏损失2万元，不产生现金流量，不属于现金流量表反映的内容；计提固定资产折旧4万元，无形资产摊销2万元，直接计入管理费用，也不产生现金流量。

步骤三：计算"支付的其他与经营活动有关的现金"项目的金额=22-9-2-4-2=5（万元）。

任务实施六　计算"取得借款收到的现金"及"偿还借款本息支付的现金"

2013年度"短期借款"账户年初余额为120万元，年末余额为140万元；"长期借款"账户年初余额为360万元，年末余额为820万元。2013年借入短期借款240万元，借入长期借款460万元。"应付利息"的借方发生额72万元。除上述资料外，债权债务的增减变动均以货币资金结算。

步骤一：本年借入短期借款240万元，长期借款460万元，表示通过借款收到现金700万元，"取得借款收到的现金"=240+460=700（万元）。

步骤二："短期借款"账户年初余额为120万元，本期贷方发生额为240万元，年末余额为140万元，表示已用现金偿还短期借款220万元；"长期借款"账户年初余额为360万元，本期贷方发生额为460万元，而年末余额为820万元，表示没有产生偿还长期借款本息而支付的现金。"应付利息"的借方发生额72万元，表示支付了利息72万元。

"偿还借款本息支付的现金"=220+72=292（万元）。

任务实施七　计算"分配利润支付的现金"

"应付股利"账户年初余额为30万元，年末无余额。

步骤一：应付股利项目年末比年初减少30万元，表示用现金支付了的应付股利30万元。

步骤二：计算"分配利润支付的现金"=30万元。

项目总结

　　本项目共有三个任务，其中任务一，主要讲述了资产负债表的概念、结构及填列方法。资产负债表是反映小企业在某一特定日期财务状况的报表，通过资产负债表可以了解小企业某一特定日期的资产、负债、所有者权益的总额及其结构，掌握小企业某一特定日期的财务状况。资产负债表的格式有账户式和报告式两种，我国小企业采用的是账户式，账户式资产负债表分为左右两部分，左边为资产项目，右边为负债和所有者权益，左右两方数额平衡。资产负债表在编制时需填列两部分："年初余额"和"期末余额"。其中表上的"年初余额"栏通常根据上年末有关项目的期末余额填列，且与上年末资产负债表"期末余额"栏相一致。如果本年度资产负债表规定的各个项目名称和内容同上年度不一致，应对上年年末资产负债表各项目的名称和内容按本年度的规定进行调整，按调整后的数字填入本表"年初余额"栏内。而"期末余额"的填列，大多数项目是根据某个账户余额直接填列，少数项目需要根据若干个账户余额分析、计算填列，主要有以下几种方式：直接根据总账账户的余额编制；根据几个总账账户的余额计算编制；根据有关明细账账户的余额计算编制；根据总账账户和明细账户的余额分析计算编制；根据有关资产账户与其备抵账户抵销后的净额编制；备查登记簿记录。

　　本项目任务二，讲述了利润表的编制。利润表是反映了小企业某一会计期间经营成果的报表。通过利润表可以了解小企业某一期间实现净利润或发生亏损情况，分析企业利润计划的执行情况及利润增减变化的原因，判断企业的盈利能力及未来一定时期内的盈利趋势。利润表有单步式利润表和多步式利润表两种，我国小企业采用的是多步式利润表，对当期的收入、费用、支出项目按性质加以归类，按利润形成的主要环节列示一些中间性利润指标，分步计算出主营业务利润、营业利润、利润总额及净利润，便于使用者理解企业经营成果的不同来源。

　　本项目任务三主要讲述了现金流量表的概念、内容及填列方法。现金流量表，是指反映企业在一定会计期间现金和现金等价物流入和流出的报表。现金，是指企业库存现金及可以随时用于支付的存款。包括现金、银行存款、其他货币资金。现金等价物，是指小企业持有的期限短、流动性强、易于转换为已知金额现金、价值变动风险很小的投资。通常包括三个月内到期的债券投资等，但是从银行提取现金及用现金购买短期到期的国库券等现金和现金等价物之间的转换，不属于现金流量。小企业产生的现金流量分为三类：经营活动产生的现金流量；投资活动产生的现金流量；筹资活动产生的现金流量。现金流量表采用报告式结构，主要采用直接法进行填列。

参考文献

［1］财政部会计司编写. 小企业会计准则讲解. 北京：中国财政经济出版社，2012.

［2］焦建平. 财务会计实务. 苏州：苏州大学出版社，2010.

［3］吴建新. 会计岗位综合实训. 苏州：苏州大学出版社，2010.

［4］张燕. 会计基础实务操作教程. 北京：立信会计出版社，2011.